わがまちが残った

――ひとりの研究者が見つめた幻の合併の記録

早川鉦二　著

わがまちが残った

——ひとりの研究者が見つめた幻の合併の記録

〈目次〉

第一章　東濃西部合併協議会の発足まで　1

第二章　新しいまちづくり計画と合併協定項目　43

第三章　多治見市の取り組み　169

第一章　東濃西部合併協議会の発足まで

第一節　行政主導による唐突な合併協議会の立ち上げ

合併協議会設置の経緯

それは本当に唐突だった。法定の東濃西部合併協議会の設置は。

住民発議によって法定合併協議会が設置される場合を除いて、関係市町村の首長らで構成する合併研究会や任意の合併協議会でまず合併が検討される。それというのも、合併の議論を基本から積み上げるとともに、「合併問題の議論にしたがって合併の規模や合併の是非という選択肢を各自治体が考えるためにも」[1]、それらにおける議論が重要であるからである。

そして合併研究会や任意合併協議会での検討と並行して、合併に関する住民説明会がそれぞれの自治体で開催される。住民の意思にもとづいて合併協議を進めようとすれば、それは当然のことである。

たとえば、合併問題に限って住民の意思を問う住民投票条例を制定したさいに、永住外国人にも投票資格を与えたことで大変注目を浴びた滋賀県米原町の場合は、こうであった。いかなる市町村の枠組みで合併協議を進めるかを決める住民投票の実施までに、町民全体を対象とした説明会が四回、学区別では四学区、字を単位とする二四地域の実に合計三二回もの説明会が行われた。[2]

こうしたプロセスを経て、合併協議に関する住民の理解と関係自治体間の合意を得た後に、新市町村建設計画の作成のほか、合併の時期・形態、新しい市町村の名称などを協議する法定合併協議会の設置に進むのが一般的である。

しかるに多治見市の場合は、これらの過程を経ずに、多治見市、土岐市、瑞浪市ならびに笠原町の三市一町で法定合併協議会を二〇〇二年六月をめどに立ち上げることを三市一町の首長・議長で合意をみたことが、二〇〇二年三月に発表されたのであった。これら三市一町で組織する東濃西部広域行政事務組合は、この発表に先立つことわずか一年前に、合併でなく広域連合の設立を検討する必要を述べた『第四次東濃西部地域広域市町圏計画』[4]を策定したばかりであった。[3]しかも、徹底した情報公開と市民参加の積極的な推進で知られる多治見市であるだけに、なおさら我が目や耳を疑ったのは私だけではあるまい。

ところで、今なぜこのように急いで法定合併協議会を設置することになったのか。

『東濃西部合併協議会だより』の創刊号（二〇〇二年八月一日発行）は、「これまでの経緯」として**図表1**とともに、次のような文章を掲載している。

図表１　東濃西部合併協議会設置までの経緯

期日	内容
昭和 60 年 4 月	3 市 1 町合併を目標に「東濃西部経済懇話会」が設立
平成元年 7 月	東濃西部経済懇話会、「東濃西部複合都市構想」策定
平成 9 年 6 月	陶都経済懇話会（旧東濃西部経済懇話会）、3 市 1 町合併に関する要望書を各首長に提出
平成 12 年 10 月 11 日	陶都経済懇話会、「陶都への道—合併を考える」セミナー開催
11 月 23 日	笠原 21 研究会による「第 1 回合併問題シンポジウム」開催（笠原町中央公民館）
平成 13 年 12 月 1 日	住民有志により「東濃西部 3 市 1 町合併問題シンポジウム」開催（土岐市文化プラザ）
12 月 28 日	4 市 3 町合併に向けて多治見市長に合併協議会設置請求書の提出（有効署名数 3,478、必要数 1,635）
平成 14 年 1 月 8 日	合併協議会設置請求書の提出を受け、多治見市長が 3 市 3 町の長に対して「合併協議会の設置を議会に付議するか否か」を照会
1 月末	瑞浪市、可児市、兼山町、笠原町から議会に付議しない旨の回答を受け、4 市 3 町の枠組みがなくなる。
3 月 2 日	3 市 1 町の首長及び議長が意見交換（7 月の法定協議会設置を目指した合併協議準備会の設置を確認）
3 月 29 日	3 市 1 町の首長、合併協議準備会の設置に関する協定締結
3 月	東濃西部広域行政事務組合、「東濃西部地域市町村合併に関する調査報告書」作成
4 月 1 日	東濃西部合併協議準備会発足（事務所…東濃西部総合庁舎内）
5 月～ 6 月	3 市 1 町の各議会に「合併問題特別委員会」が設置される。
5 月末	東濃西部広域行政事務組合、合併に関するパンフレット作成、3 市 1 町全戸配布
6 月末	3 市 1 町の各議会において東濃西部合併協議会設置議案を可決
6 月 28 日	東濃西部合併協議会規約制定に係る協議書締結
7 月 1 日	東濃西部合併協議会発足（事務所…セラトピア土岐内）

（出所）東濃西部合併協議会事務局『東濃西部合併協議会だより』創刊号（02.8.1）。

「三市一町の合併については、地域住民の日常生活圏が同一であることや歴史的、産業的なつながりがあることなどで、以前から話題になってきました。

平成一二年頃から住民有志により、合併問題を考えるセミナーやシンポジウムが開催されたり、各市町の庁内、議会で研究会ができるなど、合併に関する動きが活発になってきました。そんな中、平成一三年一二月に住民発議によって出された可児市郡を含めた四市三町合併に向けた合併協議会設置の請求は、結果的には議会に付議されませんでしたが、これを機に三市一町の枠組みが今まで以上にクローズアップされてきました。

その後、三市一町の首長・議長により会合が重ねられ、機が熟したとの判断で、七月の法定協議会設立に向けた準備会を平成一四年四月から発足させることが合意されました。各市町の六月議会で、東濃西部合併協議会設置議案が可決され、七月一日から正式に協議会がスタートしました」[5]。

これに対し私は、何をもって「機が熟した」と判断したのか問い合わせたところ、東濃西部合併協議会事務局長から「以上のように、財界においてはかなり前から合併の議論がされてきたこと、近年の協議会設置要求など、議会や住民の合併問題に関する意識が高まってきた状況を踏まえ、法定の合併協議会を設置し、本格的な合併協議を進めることの機が熟したとの判断がなされたものです」[6]、との回答を得た。

住民の関心が低い中での立ち上げ

この回答の中に「住民の合併問題に関する意識が高まってきた」とあるが、本当にそうであろうか。

そこでも指摘されているように、そのさいよく引き合いに出されるのが、多治見市民の「市町村合併を考える会」による可児市郡を含む四市三町による合併協議会設置請求である[7]。しかしこの直接請

図表２　東海３県にみる住民発議による合併協議会設置の直接請求

実施年	請求団体	有効署名数	有権者に占める割合	合併協議会設置
1997	明日の志摩を考える会	11,999	23.6	否
2000	宝飯豊川合併協議会の設立を望む会	24,276	17.7	設置
2001	市町村合併を考える会（多治見市民）	3,478	4.3	否
2002	名古屋との合併を進める会（西枇杷島町民）	6,291	47.1	否
2002	碧海の合併協議会設置を望む実行委員会	81,005	22.8	請求中
2002	岐阜市と合併したい人の会（高富町民）	998	6.6	請求中

2002年９月１日現在。

求の有効署名数は三、四七八筆で、有権者数に占める割合は四・三％にすぎない。**図表２**から明らかなように、「岐阜市と合併したい人の会」を除くと、他のケースとは比較にならない程低い。

次に、多治見市では一二の小学校があって、その学区別の地区懇談会が年二回行われている。二回のうちの一回は、市長が出席しあらかじめ決められたテーマに関し、地区住民と意見交換する地区懇談会である。昨年度は年度の後半に、多治見市の財政状況をテーマにして行われた。今年度は合併問題という緊急の課題が生じたため、東濃西部三市一町の合併をテーマに、五月一五日を皮切りに年度の前半に行われている。当日の意見や提言、それに対する市の回答をとりまとめた地区懇談会の「お礼とご報告」が、町内会（自治会）組織を介して住民に回覧される。これまでに決裁をみたものに限られるが、それ

図表3　市長出席の地区懇談会への参加者数の比較

学区名	今回（テーマ　合併問題）	前回（テーマ　財政状況）	増減
1 北　栄	20	19	1
2 養　正	24	21	3
3 南　姫	7	14	△7
4 市之倉	20	22	△2
5 池　田	28	30	△2
6 小　泉	36	92	△56
7 滝　呂	28	37	△9

（出所）1～4までの地区は「回覧」による。5から7までの地区はホームページによる。前回の参加者数は多治見市『挑戦する都市—多治見市—』公人の友社、2002年、92頁による。

によって今回と前回の地区懇談会への住民の参加者数をみたものが**図表3**である。

住民の合併問題に関する意識が高まっていれば、地区懇談会への参加者が当然多くなるはずである。私が参加した北栄学区ではそれなりに合併問題が話し合われたが、しかしながら参加者数は前回と比べ大きな変化はみられなかった。他の会場でもほぼ同様であったことは、**図表3**から明らかである。

さらに、六月二日に「みんなで考えよう！　東濃西部三市一町の合併」という多治見市タウンミーティングが開催された。私はそのパネリストの一員として参加したが、多治見市からのパネリスト依頼の文章の中には、「今後この協議会の場において、合併の議論を進めていくことになりますが、住民にとって合併に対する関心と理解が薄いのが現状です」(8)、と素直にありのままのことが書かれている。そしてまた当日の参加者も決して多くなく、私はその場で「(今日の) この会への出席者が多いとは思えません。合併に対して市民の気運があまりないのに、法定協議会を設置することに問題があるのではないでしょうか」、と発言したのであった。(9)

私の知る事実は、以上の通りである。当局の「住民の合併問題に関する意識が高まってきた」という認識とは、あまりにも大きくへだたっている。

さて、東濃西部合併協議会が新市の誕生を二〇〇五年一月を目標にしていることを考えれば、言うまでもなくそれは、市町村合併特例法の適用をみすえて設置されたものである。そのために、合併協議会の設置を急がねばならなかった。東濃西部合併協議会は「機が熟して」設置されたのではなく、高嶋瑞浪市長が言うように、(10)厳しい財政状況をふまえて、行政主導で特例法の関係から急拠設置されたものと思われる。

その結果、合併論議から住民が置き去りにされた。また、準備期間がなかったので、合併協議に寄せる各自治体の期待や思いは自治体間であまり調整されていないものと推測される。あるいは合併の必要性がどれだけ成熟しているのか、疑問である。こうした二つの問題点をかかえてスタートした合併協議が、今後どのように展開していくのか、大変注目されよう。

第二節　三市一町の合併に関する調査研究報告書の批判的検討

四冊の調査研究報告書

東濃西部三市一町の合併に関する調査研究報告書として、東濃西部広域行政事務組合による『東濃西部地域　市町村合併に関する調査（中間報告）平成一四年一月三一日』（以下『中間報告』という）と『東濃西部地域　市町村合併に関する調査報告書　平成一四年三月』（以下『調査報告書』という）がある。この東濃西部広域行政組合というのは、東濃西部三市一町からなる東濃西部地域広域市町圏の広域行政機構で、一九七二年九月に設立された。(11)

これらのほかに、各市町の庁内研究会によるものとして、瑞浪市市町村合併庁内研究会『市町村合併に関する研究報告書』平成一三年一二月（以下『研究報告書』という）、笠原町市町村合併庁内研究会『市町村合併Q&A＝笠原町編（一般）＝二〇〇二年三月二〇日』（以下『Q&A』という）がある。『Q&A』が三市一町だけの合併を想定していると思われるのに対し、『研究報告書』はそれ以外の合併パターンも対象としているが、三市一町の合併が中心となっているので、ここに含める。

ここでは以上の四冊を取りあげて、特徴的な点を中心にみてみよう。三市一町の合併の必要性やメリット・デメリットが、いかなるデータや思いでつづられているかに、とりわけ関心がある。

三市一町の概況

合併に関する調査研究報告書を検討する前に、東濃西部三市一町の姿を**図表4**の圏域図と**図表5**の東濃西部三市一町の概況で見てみると、次の通りである。

圏域は岐阜県の南東部に位置し、愛知県と接する。豊富な陶土を埋蔵するほか、土岐市から瑞浪市にかけて、わが国では最大のウラン鉱床がある。圏域のほぼ中央部を土岐川が流れ、盆地状の地形の中に市街地が形成され、圏域の大部分が比較的ゆるやかな丘陵地帯からなる。この丘陵地帯に、多治見市では大規模な住宅団地、瑞浪市では多くのゴルフ場がある。土岐川沿いにJR中央線、中央自動車道、国道一九号線といった交通の動脈が走る。さらに、名古屋を中心とした三〇～四〇キロメートル圏に分散する自立性の高い都市群を結ぶ東海環状自動車道の建設が行われているほか、リニア中央新幹線の実現と圏域内への駅設置に大きな期待をかける。圏域はまた、核融合科学研究所や超高温材

図表4　圏域図

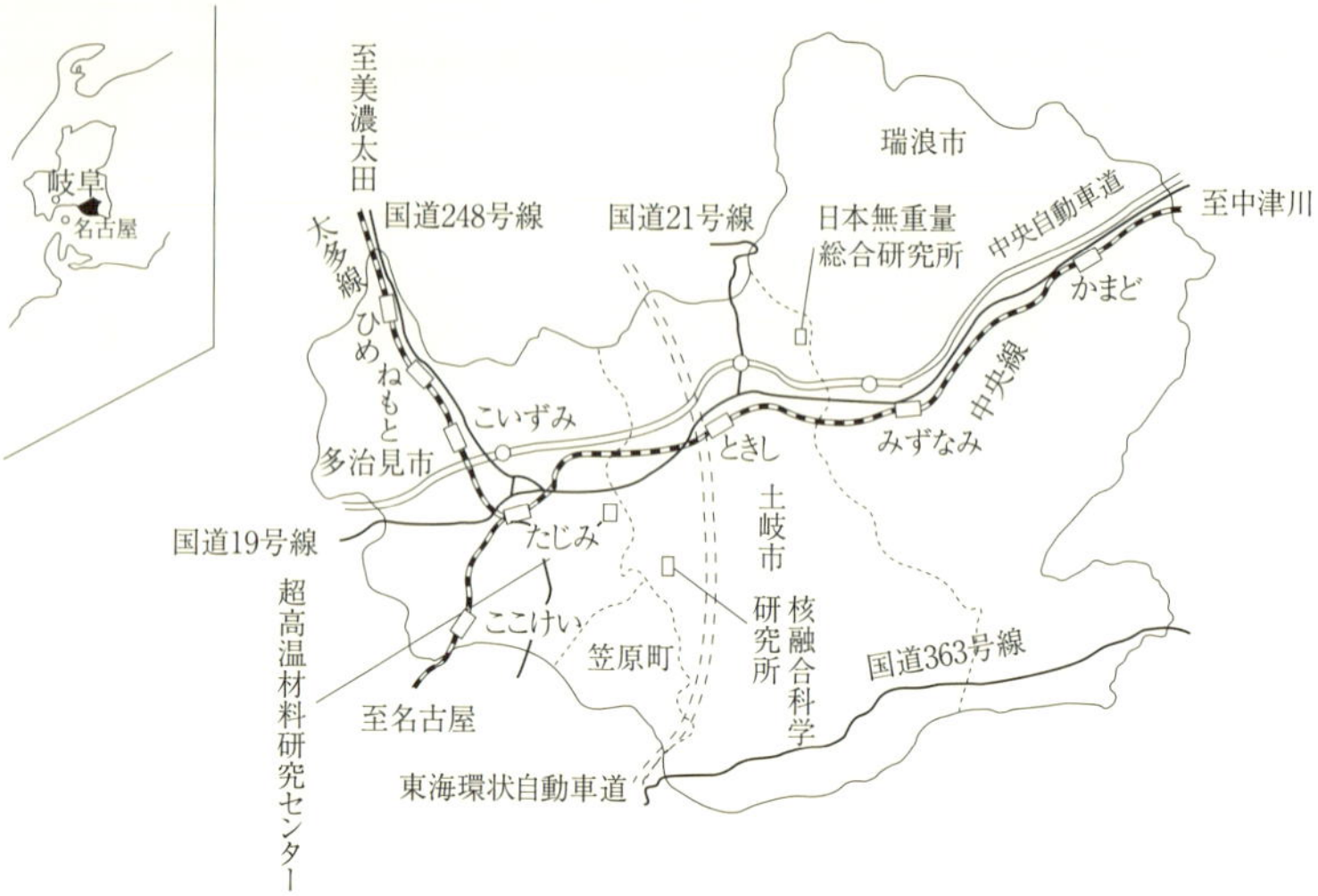

図表5　東濃西部3市1町の概況

		多治見市	土岐市	瑞浪市	笠原町	計
面積（k㎡）		77.8	116.0	175.0	13.5	382.3
人口（00年国調）		104,134	63,283	42,298	11,605	221,320
産業別就業人口	第1次	308 (0.6%)	183 (0.5%)	613 (2.8%)	38 (0.5%)	1,142 (1.0%)
	第2次	20,092 (38.3%)	17,926 (48.6%)	8,970 (41.2%)	4,175 (58.8%)	51,163 (43.3%)
	第3次	32,073 (61.1%)	18,782 (50.9%)	12,176 (56.0%)	2,886 (40.7%)	65,917 (55.7%)
（95年国調）	計　（分類不能含）	52,553	36,915	21,766	7,099	118,333
財政力指数（97～99平均）		0.75	0.61	0.66	0.55	0.68

料研究センター、日本無重量総合研究所などの「極限環境」をテーマとした研究開発機能が集積する東濃西部研究学園都市に指定されている。首都機能を東濃に移転促進する運動も展開されている。

これまで名古屋のベッドタウンとして人口増加がみられた多治見市を除くと、人口はあまり変化していない。三市一町が合併すると、面積は三八二・三平方キロメートルで人口は三二万人を超える。開発行為の許可などの都市計画に関する業務や、水質汚濁防止などの環境行政などに関する権限が委譲される特例市となることができる。産業別就業人口の割合では、地場産業である陶磁器産業が盛んであるため、第二次産業のウエイトが非常に高い。この地場産業が日本経済の低迷と中国などの追い上げによって、厳しい状況下にある。バブル経済の崩壊によって、タイルのまちで知られる笠原町の財政力指数は、〇・八近くから大きく低下した。また多治見市は、圏域の中では財政力指数が高いが、政府の景気対策に便乗して起債でハコモノを積極的に整備したため、経常収支比率や起債制限比率を一時高めた。

東濃西部広域行政事務組合『東濃西部地域　市町村合併に関する調査報告書』

さて、東濃西部広域行政事務組合による『中間報告』[12]と『調査報告書』は、東濃西部広域行政事務組合が社団法人地域問題研究所へ業務委託してできたものである。この業務委託された「東濃西部地域市町村合併に関する調査事業」の調査目的として、「本調査は、国における行政改革のなかで市町村合併の推進が図られていることに対応して、東濃西部地域における市町村合併に向けた対応方向を検討することを目的として実施する。具体的には東濃西部地域の各市町の行政サービスの実態を把握するとともに、その経済的・社会的効果や課題を明確にするとともに、東濃西部地域が一体となった場合の長期ビジョンを描くものである[13]」、という。

『中間報告』でも、「今回の調査の目的は、東濃西部地域の各市町の行政サービスの実態を把握するとともに、その経済的・社会的効果、課題等について調査、整理を行い、住民間の合併に対する議論を深め、住民等が自主的な判断と検討により市町村合併に取り組むための基礎資料を作成するものです[14]」、と同じようなことが繰り返されている。

しかしながら、実際に作成された『中間報告』も『調査報告書』も、合併を検討する客観的な基礎資料を提供するという本来の調査目的から逸脱して、合併ありきが基調となった調査研究報告書となっている。くわしくは後述するが、たとえば「効率的で良好なサービスを提供できる人口規模をめざして、行政統合を図ることこそ、真の住民のための自治体であると言えよう[15]」、などとよくも書けたものである。とりわけ『中間報告』に、それが顕著にあらわれている。『調査報告書』も、「合併に伴うデメリットの整理と今後の課題」が述べられたり、『中間報告』の手直しが若干行われたりしているが、合併ありきの基調には変更がない。

図表6　『中間報告』と『調査報告書』の構成比較

『中間報告』	対応	『調査報告書』
1　自治体財政からみた経済効果の検討		第1章　調査検討の背景
		第2章　圏域の現況
		第3章　自治体財政からみた経済効果の検討
2　行政サービスの比較		第4章　行政サービスの比較
3　東濃西部地域の合併による新都市ビジョン（枠組みの案）		第5章　合併に伴うデメリットの整理と今後の課題
		第6章　東濃西部地域の合併による新都市ビジョン（枠組み案）
補足　調査検討の背景		

『中間報告』は、「自治体財政からみた経済効果の検討」、「行政サービスの比較」、「東濃西部地域の合併による新都市ビジョン（枠組みの案）」ならびに補足としての「調査検討の背景」からなる。これらの四つの項目が最終報告にあたる『調査報告書』では、**図表6**のようにそのままの文言からなる四つの章をなす。もちろん中味の手直しや新たな分析、追加もあるが、これら四つの章は『中間報告』がベースとなっている。したがって、『調査報告書』の第二章の「圏域の現況」と第五章「合併に伴うデメリットの整理と今後の課題」のみが、全く新たに書かれたものである。

二つの報告書が以上のような構成になっているので、両者を別々に検討することは重複が避けられない。そこで、『調査報告書』の第二章と第五章を除いて一体的に検討する。

まずは、「自治体財政からみた経済効果の検討」からみてみよう。

ここでの結論は、三市一町が合併すれば合併後一五年間の累計で、三市一町の標準財政規模の一・五倍にあたる六五〇億円を超える「投資可能財源」が生み出され、実に大きな経済効果がある、というのである。しかも一般的には、地方交付税額の算定の特例（交付税合併算定替特例）や合併特例債などを、合併に伴う財政上の優遇措置としてとらえるのであるが、ここでは公共事業に充当できる財源ということを強調したいがためか、「投資可能財源」として経済効果を把握していることが特徴的である。

さてこの分析は、正しいのか。まず**図表7**の「東濃西部地域」と「ひがし美濃地域」の合併後の投資可能財源の予測をしたものを、比較検討してみよう。地域問題研究所の同一人の執筆と思われるが、しかもほぼ同時期に書かれたものであるにもかかわらず、「ひがし美濃地域」には入っている「交付税」と「基金」が、「東濃西部地域」では、脚注はあるが入っていない。これでは、投資可能財源の数値に対する信頼が大きく揺らいでしまう。

合併しても一〇年間（続く五年間は段階的に縮減）は、各自治体が合併していないものとして算定された交付税の合算額を交付する合併算定替と、この報告書の人件費等の削減期待額の関係は、次のようにとらえるべきであろう。

その前に、三市一町が合併すると地方交付税がどうなるかをみたのが**図表8**である。そのさい、人

図表7　合併後の投資可能財源の予測

〔A〕東濃西部地域　3市1町の場合

年	1	2	3	4	5	6	7	8	9	10	11	12	13	14	15
人件費	6.3	6.6	6.9	7.2	7.5	7.8	8.1	8.4	8.7	9.0	9.3	9.6	9.9	10.2	10.5
物件費等	1.0	2.0	3.0	4.0	5.0	6.0	7.0	8.0	9.0	10.0	11.0	12.0	13.0	14.0	15.0
特例債	38.8	38.8	38.8	38.8	38.8	38.8	38.8	38.8	38.8	38.8					
臨時交	3.6	3.6	3.6	3.6	3.6										
公共調	6.0	3.6	2.4												
補助金	2.7	2.7	2.7												
合計	58	57	57	54	55	53	54	55	57	58	20	22	23	24	26

＊注）人件費：人件費の削減期待額
物件費：物件費と維持補修費の削減期待額
特例債：合併特例債の交付税算入分
臨時交：臨時的経費の普通交付税措置分
公共調：公共料金等格差是正に対する特別交付税措置額
補助金：合併市町村補助金
〈上記から除いたもの〉
普通交付税算定特例による交付税の差額：約330億円（10年据え置き・その後5年間も措置有り）は、一般財源を大きく確保する必要があり、上記には掲載していない。
地域振興基金の交付税算入分：23億円（10年間）積むことができるが、その利子を活用するため上記には掲載していない。
（出所）東濃西部広域行政事務組合『東濃西部地域市町村合併に関する調査（中間報告）平成14年1月31日』10頁。

〔B〕ひがし美濃地域　中津川市・恵那市など13市町村の場合

年	1	2	3	4	5	6	7	8	9	10	11	12	13	14	15
人件費	18.1	19.1	20.2	21.3	22.3	23.4	24.5	25.5	26.6	27.7	28.7	29.8	30.9	31.9	33.0
物件費	1.5	2.9	4.4	5.9	7.3	8.8	10.3	11.7	13.2	14.7	16.1	17.6	19.1	20.5	22.0
維持費	0.3	0.5	0.8	1.1	1.3	1.6	1.9	2.1	2.4	2.7	2.9	3.2	3.5	3.7	4.0
交付税	60.0	60.0	60.0	60.0	60.0	60.0	60.0	60.0	60.0	60.0	54.0	42.0	30.0	18.0	6.0
特例債	61.8	61.8	61.8	61.8	61.8	61.8	61.8	61.8	61.8	61.8					
基金	0.13	0.13	0.13	0.13	0.13	0.13	0.13	0.13	0.13	0.13	0.13	0.13	0.13	0.13	0.13
臨時交	6.0	6.0	6.0	6.0	6.0										
特別交	5.6	3.3	2.2												
補助金	4.0	4.0	4.0												
合計	157	158	160	156	159	156	159	161	164	167	102	93	84	74	65

＊注）交付税：普通交付税算定特例による交付税の差額、人件費：人件費の削減期待額、物件費：物件費の削減期待額、維持費：維持管理費の削減期待額、特例債：合併特例債・建設事業債分、基金：地域振興基金の起債分を0.5％で運用した利子分、臨時交：臨時的経費の普通交付税措置分、特別交：公共料金等格差是正に対する特別交付税措置額、補助金：合併市町村補助金
（出所）社団法人地域問題研究所『ひがし美濃地域市町村合併に関する調査報告書』平成14年3月、33頁。

図表8　3市1町の合併に伴う地方交付税の変化

（1997年～99年の平均）

3市1町の基準財政需要額	346億円
3市1町の基準財政収入額	234億円
地方交付税	112億円
⇩	
都市群（清水市、富士市）をとると	
2市の平均の基準財政需要額	313億円
3市1町の基準財政収入額	234億円
地方交付税	79億円
112億円－79億円＝33億円の減少	

（出所）東濃西部広域行政事務組合『東濃西部地域市町村合併に関する調査（中間報告）平成14年1月31日』7頁。

口や可住地面積が三市一町と最も類似している清水市・富士市の二市の平均の基準財政需要額をもってきて、合併後の地方交付税を算出している。合併すると地方交付税は一一二億円から七九億円となり、三三億円の減額となる。したがって、交付税の合併算定替特例は一〇年間の合計で約三三〇億円となる。ただしこれは、単なる計算上の数字にすぎない。

この交付税合併算定替は、合併に伴う財政上の優遇措置のひとつではあるが、それはそのままでは意味をなさない。つまり合併しても経費が少しも削減できないのであれば、それは他の経費に少しも充当することができない。合併により人件費などが削減できて、はじめてその削減額を他の経費に支出できる。したがって、これらの削減期待額を合併後の投資可能財源に算入することは問題がない。しかるに「ひがし美濃地域」のように、交付税合併算定替特例をさらに計上するのは間違いである。「東濃西部地域」にはそれが除いてあるが、しかしそれは脚注の「一般財源を大きく確保する必要がある」ためでなく、そのままではそもそも使うことができないからである。それはともかくとして、「削減期待額」はまさに「期待額」にすぎないことを忘れてはいけない。

合併特例債についても、これまた誤解がある。地域振興基金を除く合併特例債の発行額は、五五四億円である。これがそのまま「投資可能財源」なのである。そして、これの償還に必要な金額の七〇%が交付税の基準財政需要額に算入されるにすぎない。もし償還条件が利率一・八%で、二〇年（三年すえおき）の元利均等償還として、五五四億円の償還金が六七六億円とすれば、その七〇%の四七三億円が基準財政需要額に算入される。しかし、四七三億円が交付税として決して交付されるわけではない。[16]

しかるにこの報告書では、五五四億円の七〇%が交付税措置されるとして、三八八億円が投資可能財源としている。それというのも、三八八億円がそのまま交付税として交付されると考えているからであろう。したがって、ここには二重の誤解がある。

このように、合併特例債は確かに大きな金額である。しかしそれはあくまで借金なのであって、自治体の負担も大きい。安易に依存すると、財政危機を招くことになりかねない。[17]また、地域社会をよくしていくのは自分たちである、という気概をそぐ外部依存効果をもつことにも注意する必要がある。[18]

次に「行政サービスの比較」をみると、三市一町の負担分や行政サービスの料金等が具体的な数字で示され、三市一町の行政サービスを比較検討するうえで有益な資料となっている。ただしそのさい留意すべきことは、サービスは最も高い自治体のものに統一し、負担は最も低い自治体の水準に合わせる、という比較の方法が今や色あせつつあることである。[19] この報告書でも、将来の財政負担をみすえて、サービスのあり方やサービスに対する受益者負担の検討などの必要性を指摘するに至っている。

合併後の新都市がどうなっていくのか。あるいはなっていくべきなのか。将来の社会経済情勢の変化をふまえて、一〇年後の二〇一五年～二五年の新都市の姿を描いたものが「東濃西部地域の合併による新都市ビジョン」である。これは「新都市がめざす姿の概要」、「広域都市戦略（中部圏のなかの新市）」、「都市のおおまかな骨格やポイントになる場（都市構造）」ならびに『調査報告書』で新たに加えられた「都市のグランドデザインの検討」からなる。本来であれば、こういうまちをつくるために合併するのであるから、報告書の終わりでなく冒頭にもってくるべきものである。もっともそれは、業務委託した報告書にそれを期待する方が無理というべきかもしれない。

さてこれを読んだ私の印象は、第一に産業や情報、文化、環境、福祉、ふれあいなど、さまざまなことが書かれているが、あまりに総花的でこんな個性的なまちになるという、具体的なイメージがわいてこない。第二に、抽象的な文言でいろいろ書かれていても、今の東濃西部がどのように変わっていくのか、これまたよくわからない。第三に、合併しなければ二〇万都市、特例市になることはできない。これは事実である。しかしここで書かれていることは、合併しなくてもできることがたくさん列挙されているように思われる。これでは合併する必要性がそもそもないことを証明しているのではなかろうか。

『中間報告』の補足は、「調査検討の背景」ということで、市町村合併に対する関心の高まりの背景のほかに、合併の経済効果や算定できない経済効果がいくつか列挙されている。いかに合併がのぞましいかが強調されている。

その勇み足ともいうべきなのか、大変気になる記述がみられる。たとえば、「町から市、五万・一〇万都市から二〇万都市に昇格することは、他の都市に《（ママ）》人々に与える印象を変化させ、一流都市に仲間入りするというように住民や地域産業のプライドを刺激し、それがより深くふるさとを考える機会になると考えられる」[20]。人口が多いほど一流都市とは、あいた口がふさがらない。また、「しかし、依然として自治体は、さまざまな行政分野において、市町村界にこだわり対応しようとしている。例えば、小さな町の商店街の振興にこだわったり、自市町村内へのショッピングセンターの誘致に努力したりしている。それは、効率性と市場原理が経済活動の原則である現代社会に逆行しており、自治体経営の観点からも逸脱している」[21]とも言う。これも素直に本音が出ている。効率性を追求する合併が、過疎に拍車をかけ、周辺部を衰退させるを意に解さないことを、まさに告白したようなものである。

さすがに『調査報告書』では、こうしたあからさまな表現は影をひそめたが、合併を推進する立場からの論述にはいささかの変化も見られない。

次のものは、『調査報告書』で新たに追加されたものである。

「圏域の現況」で、本圏域がプロジェクトの推進に重要な役割を担うものとして、東濃研究学園都市、リニア中央新幹線構想の実現ならびに首都機能移転の促進が列挙されている。しかし、リニアも首都機能の移転も近い将来実現する可能性は非常に小さかろう。

『中間報告』があまりにも露骨な合併推進の中味であったため、多くの批判を受けた。このこともあって、『調査報告書』の「合併に伴うデメリットの整理と今後の課題」は、十分とはいえないが、それなりの配慮が感じられる。多くの場合デメリットが列挙されても、しかじかの対応で解決が可能というケースが多いのに対し、ここでは何々が必要という記述が一般的である。大事なことは、合併のデメリットをきちんと問題として認識し、合併する場合はその問題を緩和るためにできるだけの対策をとることである。

合併による住民自治・住民参加の後退は、「住民の声が届きにくくなる」だけではない。自治の主人公である住民が他人まかせになること。また、住民の声が無視されることである[22]。こうした問題をできるだけ緩和するため、住民参加のさまざまなしくみが工夫される必要がある。

ところで私の大変懸念することで、何も触れていないことがある。それは東濃西部の三市一町が合併したとして、本当に一体化できるのか、ということである。独自に発展してきた歴史のあるまち同士が一体化することは、きわめて困難である。[23] 三市一町の場合は串だんごのように立地するという地理的条件が、一層一体化を困難にする。しかも、名古屋のベッドタウンの性格を濃厚にもつ多治見市と、他のまちとは大きなちがいがある。合併はしたが、その後は足の引っぱりあいでは困る。この問題の検討も決して忘れてはいけない。

以上が、『中間報告』と『調査報告書』に関してである。

瑞浪市市町村合併庁内研究会『市町村合併に関する研究報告書』

次に検討する『研究報告書』と『Q&A』は、瑞浪市と笠原町の庁内研究会の手になるものである。多治見市や土岐市では作成されずに、瑞浪市と笠原町でこうしたものが作られたのは、瑞浪市は三市一町が合併すれば新市の東端に位置することになるし、広い市域にはいくつかのさびれた地区を含む。笠原町は、人口が少ない。したがって、合併のデメリットが恐らく一番強く作用することになるので、独自の調査研究を必要としたからと思われる。

庁内研究会という性格のために、当然のことながらそれぞれのまちのことが中心となる。したがって『研究報告書』では、住民サービスの比較をする場合、瑞浪市にとってのメリット・デメリットが問題とされる。また合併パターンも、三市一町を中心に述べながらも、四市三町や五市二郡[24]にも触れている。『Q&A』においても、そういうことは問題となっていないが、やはり笠原町のことが念頭にある。

『研究報告書』は、「合併の背景」、「合併の経済的効果等の検討」、「市町村建設計画の描き方」、「合併協議」、「合併協定」ならびに「東濃西部地域の合併の可能性」の各章からなる。市民や職員への便利さを考慮してのことだと思われるが、合併に関する制度や法律などにかかわる説明が、報告書のかなりの部分を占める。

特質すべき点を中心に紹介すると、次のようである。

今なぜ瑞浪市が合併する必要性があるのかを、**図表9**の合併をしない場合の瑞浪市の財政予測から説明する。これは二〇二五年の財政状況を一九九九年度の決算状況を基に、住民一人あたりの数値に人口数をかけ合わせて求めたものである。ただし民生費に関しては、老人福祉施設の整備や老人医療への繰り出し金などからなる高齢者加算[25]がなされている。そうすると、二〇二五年以前に住民サービスを切り下げないと財政運営できない状況が発生する。「すなわち、遅かれ早かれ、行政をスリムにし、住民サービスの低下を招かない方策として、合併は避けて通れない課題といえます[26]」という。

ずいぶんと乱暴な推計である。民生費に高齢者加算するのであれば、教育費は児童・生徒減を考慮する必要があろう。また税制も変わるだろうし、経費だって社会構造の変化につれて変わる。そもそ

図表 9　合併をしない場合の瑞浪市の財政予測

（単位：億円）

	1999 実績	2010 年	2025 年	人口増加率('99 を 100)(%)
人口（人）	41,353	44,600	37,368	90.4
65 歳以上の人口	8,276	10,600	11,883	143.6
15 歳～ 65 歳人口	26,593	27,800	20,328	76.4
15 歳未満人口	6,484	6,200	5,157	79.5
地方税	51.8	55.8	46.8	
地方譲与税	2.0	2.2	1.8	
利子割交付金	0.5	0.5	0.4	
地方消費税交付金	3.9	4.2	3.5	
ゴルフ場利用税交付金	3.5	3.8	3.2	
特別地方消費税交付金	0.0	0.0	0.0	
自動車取得税交付金	1.4	1.5	1.3	
軽油引取税交付金	0.0	0.0	0.0	
地方特例交付金	1.3	1.4	1.1	
地方交付税	34.5	37.2	31.2	
普通	26.2	28.3	23.7	
特別	8.3	8.9	7.5	
（一般財源計）	98.8	106.6	89.3	
交通安全対策特別交付金	0.1	0.1	0.1	
分担金・負担金	1.9	2.0	1.7	
使用料	3.6	3.9	3.3	
手数料	2.0	2.2	1.8	
国庫支出金	14.2	15.4	12.9	
国有提供交付金(特別区財調交付金)	0.0	0.0	0.0	
都道府県支出金	6.1	6.6	5.5	
財産収入	1.2	1.2	1.0	
寄付金	0.2	0.2	0.2	
繰入金	0.4	0.4	0.3	
繰越金	4.2	4.6	3.8	
諸収入	4.9	5.3	4.4	
地方債	7.5	8.0	6.7	
歳入合計	145.0	156.4	131.0	
議会費	2.0	2.2	1.8	
総務費	18.9	20.4	17.1	
民生費	32.5	35.0	42.2	高齢者加算
衛生費	11.7	12.6	10.6	
労働費	1.3	1.4	1.2	
農林水産業費	4.0	4.3	3.6	
商工費	3.3	3.6	3.0	
土木費	21.5	23.2	19.5	
消防費	5.4	5.9	4.9	
教育費	17.2	18.5	15.5	
災害復旧費	2.7	2.9	2.4	
公債費	15.3	16.5	13.8	
諸支出金	1.3	1.4	1.2	
前年度繰上充用金	0.0	0.0	0.0	
特別区財調納付金	0.0	0.0	0.0	
歳出合計	137.1	147.9	136.7	
差引	7.9	8.5	－ 5.7	

＊推定の基準　①物価、社会保障制度、税制、地方交付税制度は、H11 の水準を維持が前提
②2025 年は、人口減少率を加味して推計

（出所）瑞浪市市町村合併庁内研究会『市町村合併に関する研究報告書』平成 13 年 12 月、3 頁。

も二〇年後の単純推計が意味をもつのであろうか。

合併による経済効果として、まず税金が安くなったり、安い料金で行政サービスが受けられたり、福祉などのサービス水準が向上するなど、住民が行政から受けるサービスの向上がある。こうした直接効果に加え、合併により効率的な行政を実現し、その余剰財源でより充実した住民サービスが提供される、間接効果がある。『研究報告書』は、合併による影響がほぼ消滅した一五年後の間接効果を次のようにして求める。既述した東濃西部広域行政事務組合の報告書が、合併後の財政支援に焦点を合わせていたのに対し、ここではその財政支援がなくなった後の姿を問題とする。

まず歳入に関しては、合併で一番大きな影響を受けるのは地方交付税なので、地方交付税が合併でどうなるかが問題である。類似団体平均の基準財政需要額を合併後の基準財政需要額として仮定すると、**図表10**のように地方交付税は二五億円となり、今よりも一〇二億円も減る。実に八割も減少する。なお、住民一人あたりの交付税額で類似団体平均と比較して求めると六一億円の減少となる。いずれにせよ、**図表8**の東濃西部広域行政事務組合の調査報告による減少額三三億円とは大きく異なる。

他方歳出では、同様に類似団体と比較すると、性質別では人件費と物件費、目的別では議会費、総務費、教育費を中心に、合併一五年後には約二〇億円以上の削減ができる。

報告書の記述は、ここで終わっている。何もコメントがないのが不思議である。間接効果が二〇億円以上あると言えば、地方交付税が一〇二億円も減っているのでもちろん間違いである。地方交付税

図表10　3市1町の合併に伴う地方交付税の変化

(1999)

3市1町の基準財政需要額	356億円
3市1町の基準財政収入額	229億円
地方交付税	127億円
⇩	
類似団体の平均をみると	
類似団体平均の基準財政需要額	254億円
3市1町の基準財政収入額	229億円
地方交付税	25億円
127億円－25億円＝102億円の減少	

（出所）瑞浪市市町村合併庁内研究会『市町村合併に関する研究報告書』平成13年12月、38頁。ただし、そこでは特別交付税を合算した153億円が3市1町の地方交付税の実績値となっているが、それを訂正した数字で算出した。

が一〇二億円も減るのに人件費などが二〇億円程度しか削減できないとすれば、逆に行政経費を八〇億円も削減せざるをえない。まさに大変な事態が待ちかまえているのである。

前のところで、瑞浪市は合併しないと財政的にやっていけないことを言っていたのに、ここでは三市一町が合併すると、財政的にやっていけないことを語っている。単独でも合併でも、いずれも地獄であることを言いたいのかもしれない。私には、少なくともそうとしか読めない。[27]

東濃西部地域には、豊かに広がる自然資源、豊かな歴史・文化資源、名古屋大都市圏に隣接する地理的条件など、地域づくりの恵まれた地域資源がある。しかし、瑞浪市が抱える課題を中心に整理した「改善が必要な地域課題」として、次のようなことが列挙されている。それというのも、合併によって何よりもそうした課題が改善されることを期待してのことと思われる。

基幹的な県道の改良が進んでいないのに加え、広い市域をカバーする生活道路の整備が一向に進まないといった、道路整備の遅れ。ケーブルテレビが未整備など、情報基盤整備が遅れている。今だに無水源地域が散在するし、下水道化が遅れているなど、生活環境の整備が遅れている。このことは瑞浪市に限られたことではないが、中心市街地のスプロール化が進み、次から次へと市域内のバス路線が廃止され、公共交通の利便性が欠如している。

このほか『研究報告書』には、県立多治見病院の移転やとりあえずの新庁舎として土岐市庁舎が望ましい、といった多治見市民としては気になる指摘もみられる。しかし大変興味深かったことは、研究会にたずさわった各委員のひとことメッセージが、合併に慎重、消極的な委員を含めて、紹介されていることである。住民にとっても大変参考になる、有意義な企画である。


笠原町市町村合併庁内研究会『市町村合併Q&A＝笠原町編（一般）＝』

笠原町の『Q&A』は、「政策編」、「資料編」、「Q&A総括編」及び「Q&A実務編」からなる。まさにQ&Aが中心となっているが、各課に関する多くのことがらが、合併によってどうなるかが簡潔に説明されている。

「合併に伴う効果」が「合併に伴う課題」とともに列挙されているが、あまりにも期待や夢が盛られているように思われる。新産業の創出、企業や大学の誘致、将来人口を減少から増加に転ずることなど、バラ色で色どられている。これらは、笠原町のままでいたらまず実現不可能であるが、合併すれば実現可能性が出てくるものを取りあげたという。[28] 夢を描くことはかまわないが、それを信じた人には大きな失望を与えかねないであろう。

Q&Aに関しても、気になる回答がみられる。たとえば、次のようなケースである。

「今回の市町村合併の動きは、国が無理やりやらせようとしているのではないのですか」という質問に対し、「合併は国や県のために行うものではなく、また国や県が無理やり合併させるものでもありません。住民の皆さんの利益のために行うものです。そして、行政は、議会や住民の皆さんに対して十分な情報提供を行い、また、住民の皆さんの意見・考え方を十分に踏まえた上で市町村合併の検討を行わなければなりません。また、住民の皆さん一人ひとりも、自らの地域の将来に関する問題としてとらえ、市町村合併について議論を深めていただきたいと思います。国や県の支援措置も積極的に活用しながら、市町村合併問題を議論し、住民と行政が一体となった取り組みとなることが必要であると思います[29]」、というのが回答である。笠原町の合併に対する対応は回答のようでよいとしても、なぜ素直に今回の合併が国や県の主導によって進められていることを認めようとしないのか。

もうひとつだけ取り上げよう。「合併しなかったらどうなりますか」の問いに対する回答は、「仮に合併しなくても、一般的にどこの市町村も一定のレベルの自治体としてやっていけるものと考えられます。しかし、今後、税収が現在よりも大幅に伸びるとは考えにくい状況にあります。また、高齢者人口の増加による歳出増などが、自治体の財政をひっ迫させることになると思われ、現在の行政サービスを維持していくことがかなり難しくなるものと予想されます。現在の自分たちのことだけを考えるのではなく、自分たちの将来、また次の世代を担う子どもたちの将来を考えて、本当の豊かさを追及し、未来に希望と夢を持って合併問題に対する議論を行うことが大事ではないでしょうか[30]」。

ほぼ定番となっている回答である。財政的にやむをえないという苦渋の選択が読みとれる。しかし私は、それが必要な行政サービスであれば、税であれ料金であれそれを負担するのをいとわない市民が、どうしたら多く生まれ育つのかが大事であると思う。それには、市民が自治の担い手であることを実感できる規模の自治体でなければならない。何も好んで、人口二二万、名古屋市より広い行政区域のまちを求める必要はないのである。

このように、合併を是とする立場からの回答であるため、私とは異なる見解がみられるが、『Q&A』が合併に関する問題をQ&A形式で住民にわかりやすく説明している点は、評価できる。

第三節　合併に対する首長の見解と各市町議会の論議

その構図

ここでは、四つの市町議会の最近の会議録と自治体の広報誌に掲載された首長の随想から、首長の合併に対する見解とそれに対する市町議会における論議をみてみたい。法定合併協議会の設置を議決した二〇〇二年六月の各市町議会の臨時会までを対象とするのが望ましいが、執筆時点ではその時の会議録がまだできていなかったので、二〇〇二年三月の定例会までにとどめた。

法定合併協議会の立ちあげに四つの自治体の首長と議会議長が合意した二〇〇二年三月までの、首長の合併に対する態度とそれに対する市町議会における特徴的あるいは印象的な合併論議を、簡潔に表現すると次のようである。

将来の道州制や連邦制をみすえて、可児市郡を含む四市三町合併で中核市をめざす塚本保夫土岐市長に対し、当面は三市一町の合併をめざすべきだとする土岐市議会。三市一町の合併推進論者である水野隆夫笠原町長に対し、その実現をめざして積極的な行動を求める笠原町議会。住民主導の合併を唱えて合併に慎重な高嶋芳男瑞浪市長と、合併にあまり積極的でない瑞浪市議会。四人の首長の中では合併に一番消極的な西寺雅也多治見市長に対し、その態度変更を執拗に迫る多治見市議会。もちろん市町議会における議員の発言は、合併に賛成から反対まで多様であるが、あえて各市町議会の特徴的な面をクローズアップすれば、ほぼ以上のような構図を描くことができると思う。

それでは、この順番にみていく。

土岐市

塚本土岐市長は、通例の三市一町ではなく可児市郡を含む四市三町合併になぜ思いをめぐらすのか。以下のように、「当地域百年の大計を立てるため、やる以上は中核市を目指し、地方の時代をリードするしっかりとした行政基盤を構築すべきであると考えておりますので、面積五二六平方キロ、人口三四万弱の四市三町による木曽川南連合は、適当な都市集積と緑豊かな余裕ある空間が組み合わさり、一方で首都機能移転が東海地方に決まるとすれば、まさに中枢部に相当すると考えられますので、これを理想的なものと考えておる」(31)からである。つまり、地方の時代をリードするにふさわしい、しっかりとした大きな行財政基盤を創出するとともに、首都機能移転の受け皿とするためである。そして首都機能の移転によって、新しい先端産業が展開する可能性が高まり、この地域が大きく活性化することが期待できるからである。

なおこうした広域合併が、将来の道州制や連邦制をみすえたものであることは、「最終的に岐阜県が五市に統合されることになれば、県の存在意義は無くなり、中部圏の数県で『東海道』または『中部州』といった道州制の要請が高まり、連邦制への移行も夢でなくなって、真の分権社会が出現するでありましょう」[32]、と述べていることからも明らかである。

分権社会の流れを高く評価していることと、首都機能の移転に大きな期待を寄せていることが特徴的である。しかし、私は今の地方分権は、地方自治の確立を目的としたものではなく、経済の国際化に伴う国家機能の純化、つまり対外的な政治に専念する国家づくりにかかわるものであると考える。[33]また、県が再編されるとしても、それは連邦制でなく道州制であると思う。首都機能の移転に関しては、近い将来の実現可能性がきわめて小さいことは、既述した通りである。

それはともかく、以上のように四市三町の合併論者であるがゆえに、多治見市の住民による四市三町の合併協議会設置の直接請求に、土岐市長は御嵩町長とともに議会に付議する旨を多治見市長に回答したのであった。

さてこうした四市三町の合併をめざす土岐市長の考えは、土岐市議会でいかに受けとめられたか。

最近のＪＡ合併、また今回の森林組合合併のほかに、既存の東濃西部広域行政事務組合や美濃焼の業界組合である岐工連などが三市一町で組織されている。住民のみならず、商業のつながりも深い。加えて、自然環境や地形的にも三市一町は非常に共通点が多い。したがって、「私は三市一町合併なくしては、ほかの合併は絶対にないと思います」[34]、という発言がみられる。

また、可児市は中濃地区等との関連が深いので、土岐市長の四市三町合併の提唱に可児市長は困惑している。可児市議会では、今後さらに都市基盤の整備を進める必要がある土岐市や瑞浪市となぜ合併する必要があるとか、さまざまな雑音が入っている。そういう点から、四市三町合併の実現可能性に疑問が投げかけられている[35]。

以上のように、土岐市長の四市三町合併論は土岐市議会の合併推進派議員の中でもあまり好意的に受けとめられていない。四市三町合併は三市一町合併の実現をみた将来の課題として、まずは三市一町の合併をめざすべきであり、その実現に向けてリーダーシップを発揮することを市長に求めている。

笠原町

同じ合併推進論者でも、水野笠原町長は土岐市長の四市三町の合併論に批判的である。それというのも、合併市町村が増えれば増えるほど、小さな町村は自己主張ができにくくなる。また合併しやすいのは、生活圏が共通していることや、自治体が協力して事務を処理してきた基盤があることである。[36]かくして、笠原町長はオーソドックスな三市一町の合併論者として登場する。

それでは、今なぜ合併なのか。公共投資に充当する財源のためであることを、単刀直入に次のように言う。「一方で合併の大きな狙いは、合併することにより職員や議員の定数を縮小し、組織をスリムにすることによって浮いたお金を有効に使い、合併するお互いの自治体にプラスになるようにすることです。……しかも今なら合併特例法も利用することができます」[37]。この合併特例法の利用というのは、合併特例債のことであるが、「これ（合併特例債のこと―引用者）を上手く利用するかせんかということによって大きくいえばその町の浮沈がかかっていると言っても過言ではないと」[38]さえ、議会で答弁している。

そして、笠原町の将来のまちづくりの基本として継承してもらいたいものとして、笠原のシンボルとなるタイル資料館などの総合施設、老若男女が憩えるまち並みづくり計画や滝呂バイパスなど道路整備、上下水道など生活環境の整備など五項目を列挙している。[39]

一見すると、笠原町のありうべき未来の姿から合併を唱えているかのようにも見えるが、実はそうではなく合併によって手にした財源で整備してもらいたいものを列挙したにすぎなかろう。しかもそれは、各種の公共事業に関連したものが大半である。それにしても、笠原町長がこれほどあからさまに財源めあてに合併を主張しているのも、笠原町のタイル業界と町財政の厳しさに基づくものと思われる。

これに対する議会の合併賛成派の中からは、「笠原町の合併を町長さんはが《ママ》合併を選挙公約にして町長になっておられますが、九月議会の答弁を聞いても、広報かさはらに掲載されている合併についての文面を読んでも、合併巣毀《ママ》賑町長だとは思えません」[40]と町長をなかば挑発し、これまで合併の実現に向けて一体何をやってきたのか。またこれから何をする計画なのか。とにかく法定合併協議会の設置に向けて、たとえば住民に対する合併推進説明会の開催や合併推進パンフレットの各家庭への配布など、町長が先頭に立って、町民や議員を引っぱって行くことを求める発言がみられる。合併に向けてさらなる積極的な行動をとるよう、町長に発破をかけている。

瑞浪市

これまでみてきた塚本土岐市長や水野笠原町長と違い、高嶋瑞浪市長と西寺多治見市長は、それまで合併に慎重あるいは消極的であった。二人に共通している点は、市町村合併は住民の生活基盤や地域のコミュニティなどに直接かかわる問題であるため、住民が合併をリードする住民主導で、もしくは少なくとも住民の合意を得て進められることが望ましいとする点である。合併の機運が住民の中にない中で、行政が先頭に立って合併に向けて住民を引っぱっていくことは避けるべきである、という至極当然の考えである。

これに加えて瑞浪市長が強調してきたことは、合併推進も選択肢の一つではあるが、現行のもとで市町村が基礎的自治体としての基盤整備を進め、役割を強化することも重要である。(41)これは恐らく、瑞浪市は行政区域が広く、生活基盤の整備などがまだまだ進んでいないのに、もし三市一町が合併すれば新市の東の端になってしまうこともあって、基盤整備がさらに取り残されることへの懸念を反映しているものと思われる。また大湫とか日吉、釜戸、陶のようなさびれた地区をかかえている。三市一町が合併すれば、これらの地区の衰退に拍車がかかることは火をみるよりも明らかである。

瑞浪市のこうした地域事情から、他の市町議会の様相とはかなり異なり、瑞浪市議会では合併に消極的で、批判的な発言が目につく。たとえば、「国の推進する特例法に従う道しか、瑞浪市の明日は見出せないのか、それとも小規模だが自治体として存在していく意義を再確認して、住民に目の届く自治体行政を進めていくのかが、今問われている」(42)とか、「最初から合併は避けてとおれないなどと頭から決めつけないで、合併に関する研究を契機に、住民の主体的な判断で瑞浪市の将来像を見出していくような、住民への資料提供と意見のキャッチボールをしていただきたい」(43)という発言である。

ところが、二〇〇二年三月二日の三市一町首長・議長の意見交換会で、六月をめどに法定合併協議会を立ち上げることに合意するに至った。その三月議会の所信表明で、「地方分権の推進、少子高齢化社会の進展、財政状況の悪化などを背景に、行財政基盤の強化や広域対応の視点から、合併を促進していかなければならない時代になってきたと思います。……私は、瑞浪市民の幸せを第一に考え、地域のバランスを考慮し、さきに議員の皆様方に意思表示をしましたように、三市一町を基本としての合併が現実的であり、一番取り組みやすい方向であると考えております」[44]と述べてはいるものの、合併に慎重だったのにこのたびなぜ賛成するに至ったのか、触れていない。

一般質問をめぐるやりとりの中でも、住民発議の動向や合併が実現するまで基盤整備に努めるという発言はあるものの、賛成にまわった理由を十分にうかがい知ることができない。住民発議の署名は多治見市民の有志が行ったものであり、西寺多治見市長がそれを重く受けとめるのは当然としても、瑞浪市長がその方針変更の理由として持ち出すべきすじあいのものではない。その多治見市長にしても、その住民発議から合併の機運が住民の中に醸成されていると認識するのは正しくない。それはともかく、瑞浪市長も多治見市長も、三月二日の時点でなぜ態度を変更したのか、あるいは変更せざるをえなかったのか、私には十分な説明責任を果たしているとは思えない。

多治見市

住民主導に加えて地域の実情から合併に慎重な態度を取った瑞浪市長に対し、多治見市長は自治体のあるべき姿から、合併の消極論を唱えてきた。

「現状のサイズがまちづくりに適している」し、「合併は民意を行政に反映させる距離を物理的にも精神的にも拡大させたり、かえって地域エゴの拡大、また旧の自治体間の社会資本投資の格差を是正するために支出増大が起こってくるといったデメリットの発生も同時にもたらし得ますし、こうしたデメリットは合併による合理化あるいは効率化の期待に反しまして、かえって行政効率を悪くする可能性もある」[45]と、合併のデメリットを強調する。そしてまた、合併よりも三市一町の広域行政を重視したいとも述べてきた。

合併に対して一貫して消極的な姿勢を示した多治見市長に対し、多くの合併推進派議員によってさまざまな観点から合併推進の質問が投げかけられた[46]。そのひとつに、合併特例債は多治見市のインフラを整備する「千載一遇のチャンス」と考える発言がみられる。これは、既に述べた笠原町長の合併のねらいに通ずる考えである。

〔注〕

(1) 平井一臣「市町村合併の現状―住民参加の観点から」鹿児島地方自治研究所『市町村合併を考えるシンポジウム　1＋1＝1？』八頁。

(2) 説明会以外にも、合併関係の資料をまとめた『将来のまちづくりと市町村合併―米原町合併問題地域フォーラム―』という冊子が全戸配布されたほか、米原町の広報誌『ほっと』に「市町村合併を考える」というシリーズが一六回にわたって掲載されるなど、住民が合併に関して判断できるように、住民に合併に関する情報が積極的に提供されている。

(3) 東濃西部広域行政事務組合『第四次東濃西部地域広域市町圏計画』平成一三年三月、一九頁。

(4) 拙稿「公募委員が参加する審議会・委員会などについて―岐阜県多治見市を中心にして―」『愛知県立大学外国語学部紀要(地域研究・国際学編)』第三四号、二〇〇二年三月。多治見市『挑戦する都市―多治見市―』公人の友社、二〇〇二年、などを参照されたい。

(5) 東濃西部合併協議会事務局『東濃西部合併協議会だより』創刊号(二〇〇二年八月一日)、二頁。

(6) 木股信雄東濃西部合併協議会事務局長の筆者への「回答書」による。

(7) 東濃西部三市一町の合併論が以前から根強くあるなかで、四市三町の合併協議会設置の直接請求をしたのは、より広い範囲で東濃西部を考えることの必要性と、中核市をめざしたからだと言われる(『東濃情報　the Sun』第四二〇号、二〇〇二年三月五日号)。

(8) 「シンポジウムのパネリストについて(依頼)」多企第七一号、平成一四年四月二五日。

(9) 広報たじみ『Tajimist』No.一九九九、平成一四年八月一日。この号に当日のシンポジウムの概要が掲載されている。

(10) 『中日新聞』二〇〇二年七月二〇日。

(11) くわしくは拙稿「地方定住と広域市町村圏(その五)―岐阜県東濃西部地域広域市町村圏の場合―」『愛知県立大学外国語学部紀要(地域研究・関連諸科学編)』第二五号、一九九三年三月を参照されたい。

(12) (社団)地域問題研究所へ委託したのは、中津川・恵那、可児・加茂の周辺の二つの組合が既にそこへ調査委託していることと、今後の合併論議を進めるにあたり、広域的な情報を活用できる利点からであるという(『平成一四第一回多治見市議会定例会会議録』)。

(13) 「東濃西部地域　市町村合併に関する調査　仕様書」による。なお引用文の小見出しが「調査内容」とあるが、「調査目的」のことであると思われる。

(14) 『東濃西部地域　市町村合併に関する調査(中間報告)』の表紙裏の「東濃西部地域市町村合併に関する調査(中間)報

告について」による。
(15)『東濃西部地域　市町村合併に関する調査（中間報告）』三三頁。『東濃西部地域　市町村合併に関する調査報告書』四頁。
(16)これを合併特例債の錯覚という（高木健二「交付税の制度改正・見直しの現状―交付税は中長期では市町村合併に中立―」自治労鹿児島県本部自治研推進委員会『地方自治を住民の手に―第二二回地方自治研究鹿児島県集会　二〇〇二年六月二八〜二九日、資料一一頁』）。多治見市の広報『Tajimist』二〇〇〇号記念号、二〇〇二年八月一五日も同じ誤りをおかしている。
(17)川瀬憲子「市町村合併　交付税依存は財政危機招く」『朝日新聞』二〇〇二年五月八日。
(18)今川晃「住民参加型合併のすすめ」『合併する自治体、しない自治体』（月刊『地方自治職員研修』臨時増刊号　№六九、二〇〇二年三月号）二一―二二頁
(19)西尾勝『これからの行政活動と財政―第二次分権改革の焦点』（TAJIMI CITY Booklet No. 3）公人の友社、二〇〇二年、八八頁。
(20)『東濃西部地域　市町村合併に関する調査（中間報告）』三八頁。
(21)同右、三一頁。
(22)拙著『市町村合併を考える』開文社出版、二〇〇一年、を参照されたい。
(23)松平要「広域化で効率化より弊害が尾を引く結果に」『日本の進路・地方議員版』一四号、二〇〇二年二月に、一九六七年に布施市、河内市、枚岡市の三市が合併してできた東大阪市の実態が紹介されている。
(24)東濃西部の三市一町に中津川市、恵那市、恵那郡を加えたものが、五市二郡である。
(25)瑞浪市企画政策課からの聞き取りによる。
(26)瑞浪市市町村合併庁内研究会『市町村合併に関する研究報告書　平成一三年一二月』一頁。
(27)瑞浪市企画政策課からの聞き取りでは、住民にとって関心があるのは経費の削減額だから、それだけを試算すればよかった。地方交付税の減額まで含めたため、マイナスの間接効果となってしまったが、しかしその分は地方交付税で補てんされるものと考えるので、それほど問題視していないとのことであった。
(28)笠原町総務課企画調整係からの聞き取りによる。

(29) 笠原町市町村合併庁内研究会『市町村合併Q&A=笠原町編（一般）=』二〇〇二年、三月二〇日、二九頁。
(30) 同右、三〇頁。
(31) 『平成一三年土岐市議会第四回定例会会議録』一二六頁。
(32) 塚本保夫「随想」土岐市『広報とき』Vol.一二六二、二〇〇一年五月一五日。
(33) 拙稿「地方分権と地方自治」現代社会問題研究会編『日本資本主義の現状と改革課題』えるむ書房、二〇〇一年、を参照されたい。
(34) 『平成一三年土岐市議会第四回定例会会議録』一二三頁。
(35) 『平成一三年土岐市議会第五回定例会会議録』一一九頁。
(36) 水野隆夫「町政の窓」笠原町広報『かさはら』No.五一九、二〇〇一年一二月一日。
(37) 同右。
(38) 『平成一三年第四回笠原町議会定例会会議録』二一―一一頁。
(39) 水野隆夫、前掲論文。
(40) 『平成一三年第六回笠原町議会定例会会議録』三一―一七頁。
(41) 『平成一三年第一回瑞浪市議会定例会会議録』三一頁。このほかに、水野笠原町長によれば、山岡町や明智町から瑞浪市に出てくる人が多く、そういうほうからラブコールがあるので、瑞浪市長はもう少し合併問題を考えさせて欲しいという話もあったという（『平成一四年第一回笠原町議会定例会会議録』三一―六頁）。
(42) 『平成一三年度第三回瑞浪市議会定例会会議録』六四頁。
(43) 同右、七八―七九頁。
(44) 『平成一四年度第一回瑞浪市議会定例会会議録』三三頁。
(45) 『平成一一年第三回多治見市議会定例会会議録』二〇九頁。
(46) 『平成一三年度第三回多治見市議会定例会会議録』一八一頁。

第二章　新しいまちづくり計画と合併協定項目

第一節　合併協議会の発足

合併協議会の組織・運営

多治見市、瑞浪市、土岐市ならびに笠原町の三市一町からなる東濃西部合併協議会は、二〇〇二年七月一日に発足した。

合併協議会が新市町村建設計画の作成のほか、合併の時期・形態・新しい市町村の名称などの協定項目を協議する機関であることは言うまでもない。そして住民発議で設置される合併協議会は、合併を検討してみることが主眼であり、決して合併を前提としたものではなく、したがって合併の是非を含めて協議するものである。事実、この場合の合併協議会規約には「合併の是非を含めた市町村の合併に関する協議」が、「協議会の事務」としてその冒頭に掲げられるのが通例である。(1)

これに対し、行政主導でつくられた合併協議会は、合併を前提として合併協議を進める組織である。

このために合併協議会の規約には、「合併の是非を含めた」を削除した「市町村の合併に関する協議」、と書かれているだけである。(2)合併協議会といっても、私の知る限りではこうした相違がある。

行政主導で設置された東濃西部合併協議会の場合、したがってその規約で「市町の合併に関する協議」(3)、とあるのも何ら不思議ではない。しかるに、二〇〇三年六月から七月にかけて三市一町で行われた、合併協議会主催の住民説明会の資料『〜活力、安心、創造を求めて〜みんなでつくる、緑あふれる、交流のまち（東濃西部三市一町合併協議の状況報告書）』（以下『状況報告書』という、また巻末に〈資料〉その三として掲載してある）には、「現在、協議会においては、合併の是非を含め、三市一町合併の具体的な検討・協議を進めています」(4)、とあるのである。これは一体どうしてなのか。(5)合併協議会の本質にかかわることなので留意しておきたい。

さて**図表1**は、東濃西部合併協議会の組織図である。簡単に説明すると次の通りである。協議会委員は一号委員（長と助役）八名、二号委員（議長と議会推せんの議員各二名）一二名、三号委員（三市一町から各五名と全体枠の大学教授二名の学識経験者）二二名の総計四二名である。協議会の会長は西寺雅也多治見市長、副会長は高嶋芳男瑞浪市長、塚本保夫土岐市長、水野隆夫笠原町長である。会長と副会長は、三市一町の長が協議して委員となるべき者の中から選任された。また三号委員のうち全体枠の大学教授二名は、関係市町の長の協議によって選任された。

協議会委員に関して特筆すべきことは、三号委員のうち関係市町の長が選任する者のうち、一部の

図表1　協議会の組織図

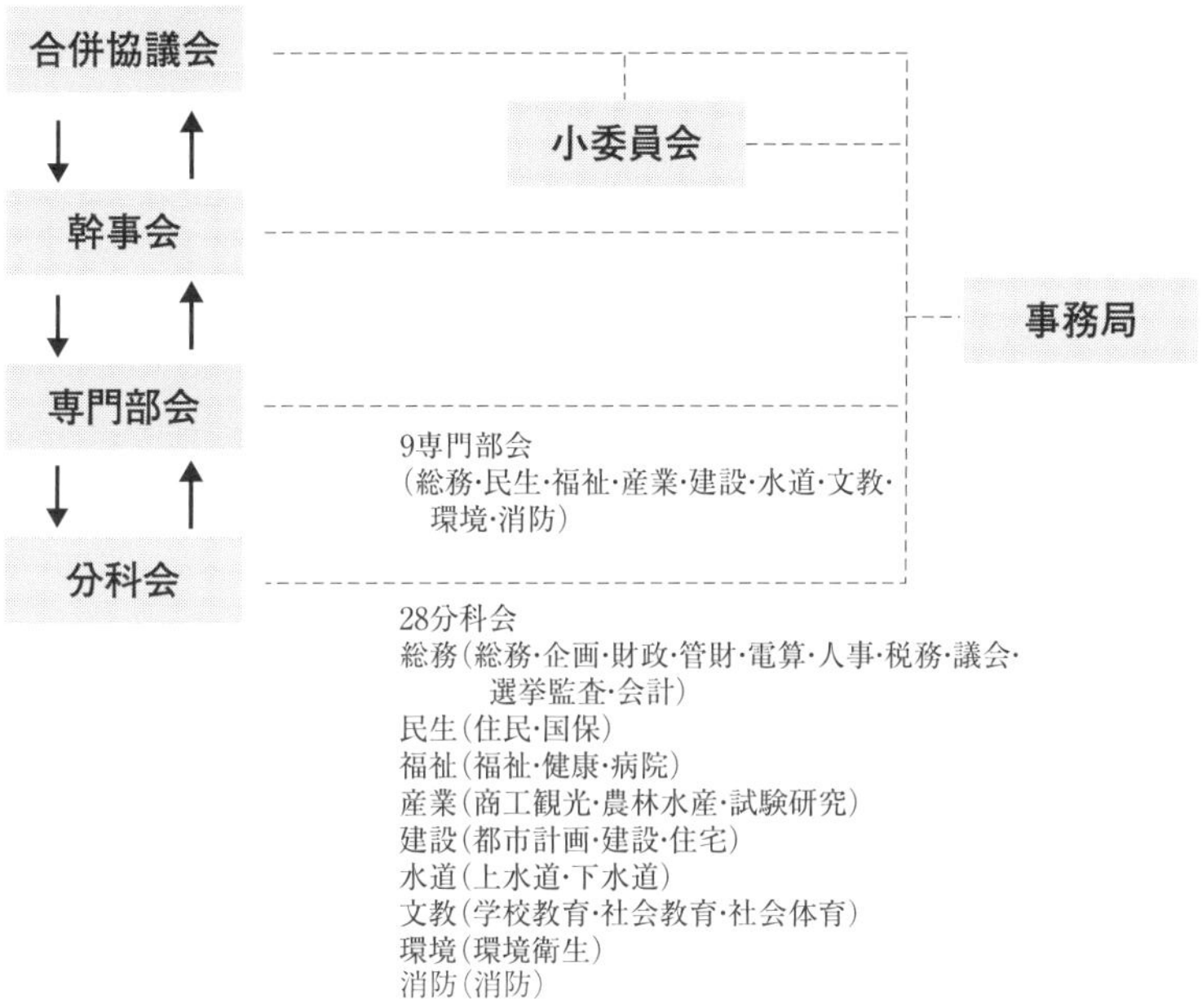

（出所）東濃西部合併協議会事務局『東濃西部合併協議会だより』創刊号（02. 8. 1）。

委員が公募によって選任されたことである[6]。公募によって市民代表（学識経験者）の協議会委員を選任する方法は、今でこそかなり一般的なものとなっているが、当時としてかなり画期的なことであった[7]。

またかなり多くの合併協議会で、県の地方事務所の所長などが名前を連ねている。新市建設計画に「県事業の推進」を盛り込むために、それが必要であるという。しかし東濃西部合併協議会では、東濃地域振興局の局長と振興課長をオブザーバーにとどめている。これもまた見識ある対応である。

協議会から付託された事項につき調査審議を行う小委員会として、「新市建設計画作成」「新市名称候補選定」「新市事務所の位置選定」「広報公聴」ならびに「新市議員定数等検討」の五つの小委員会が設置されている。これらのうち、広報公聴小委員会は二〇〇三年三月から、新市議員定数等検討委員会は二〇〇三年八月からそれぞれスタートした。[8]

幹事会というのは、三市一町の助役、総務部長（笠原町は総務課長）、企画部長（笠原町は総務課長補佐）から構成され、協議会会長の指示を受けて、「協議会の会議に付すべき事項についての協議又は調整に関すること」のほか、三市一町の「合併に必要な事項についての協議又は調整に関する」事務を行う。[9]つまり、協議会で審議される議案の原案はほぼここで作られるなど、幹事会は大きな権限をもつ。

そして幹事会の事務を円滑に行うため、三市一町の担当分野の部長相当職（笠原町は課長相当職）を委員とする専門部会が幹事会に置かれる。さらに、その専門部会に三市一町の担当分野の課長相当職などを委員とする分科会が置かれている。

協議会の事務を処理するため、事務局が置かれている。事務局は三市一町から各三名が派遣され、事務局長以下総計一二名の職員からなる。

以上、合併協議会の組織について見てきた。次に会議の運営などに関する主な規程や予算について触れておきたい。

むろん会議は公開である。そして「議長は必要があると認めるときは、傍聴人の数を制限することができる」[10]という条項はあるものの、かなり多くの合併協議会のように傍聴できる人数を数字で掲げるようなことはしていない。また会議にさいしては、会場に意見箱が設置され、傍聴者は質問や意見を書いたペーパーを自由に投函することができる。それ以外でも、自宅からＦＡＸなどで送付してもよい。これらに対しては、必要があれば事務局から回答が送られてくるし、次回の会議にさいし、「意見箱等の意見」として協議会委員の目にも触れるようになっている。さらに会議録や会議に提出された文書は、言うまでもなく公開されているし、情報公開に関しては多治見市情報公開条例が適用される。

なお委員の意見がなかなか合意に達しない場合、会議の議事は出席者の三分の二以上の賛成によって決まる。

二〇〇二年度の合併協議会の予算は、四、二九〇万円であった。歳入では均等割一〇〇分の五〇、人口割一〇〇分の五〇でもって算出した三市一町の負担金がほぼそのすべてである。歳出では、住民意識調査などの委託料からなる一、七〇〇万円の調査・研究費が一番多く、広報費、事務局費、協議会会議運営費とつづく。

翌二〇〇三年度の予算は三、八五七万円である。歳入では県から二、〇〇〇万円の合併協議会支援補助金[11]がきたので、三市一町の負担金が一、八〇〇万円に減少した。歳出では調査・研究費が大きく減少したほかは、それほど大きな変化はみられない。

このようにみてくると、公募で市民代表を選び、意見箱を設置し、傍聴者の人数を制限しなかったり、情報公開条例を適用するなど、東濃西部合併協議会は他の合併協議会に比べずいぶん市民に開放されている。唐突に合併協議会を立ち上げ、合併論議から住民を置き去りにした時とは、かなり異なる事態である。

行政ペース

とはいえ、活発な議論が交わされているが、合併協議会の協議が行政ペースで運ばれていく点では、他の合併協議会とそれほど大きな相違はなかろう。いずれの合併協議会も、二〇〇五年三月までの合併特例法の期限内に新市の誕生を実現するために合併協議を急いでいるが、東濃西部合併協議会も**図表2**のようなスケジュールに沿って行政ペースで着々と物事が運んでいる。そのことを象徴する若干の事例を以下に紹介する。

第一回新市建設計画作成小委員会が、第一回目の合併協議会の休憩中に開かれた。それだけでも異例のできごとなのに、住民アンケートの中味まで決めようとしたため、委員からたとえば次の意見が飛び出している。

「…今日の会議を見て誠に申し訳ないですが、非常に速いテンポでこれが淡々と進んでいくという

図表2　合併に至るまでの流れ

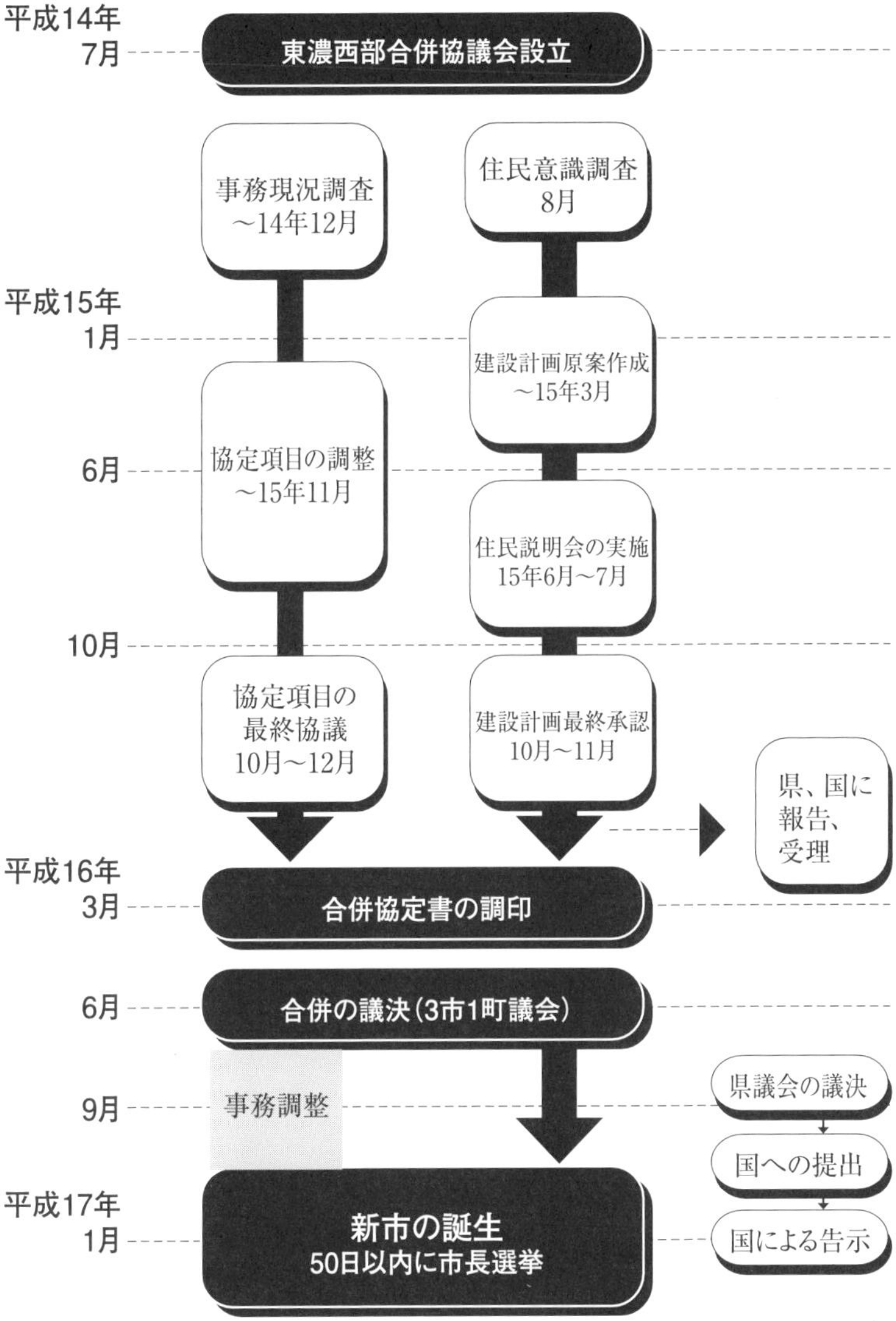

（出所）東濃西部合併協議会事務局『東濃西部合併協議会だより』創刊号（02.8.1）。

ことで、先程からも二、三人の方から異議が出ていますが、このアンケートについても私も議員の代表ということで一度帰って皆さんと相談するということを約束してきております。そういうことでここで、性急にぱっと決めると、ここで委員会で決めるとすぐ協議会で決定してアンケートを出すというような方向性を言われましたが、もう少しですね、時間をいただいて、ちょっとよく読まんと分かりません我々も。またいろいろな問題がアンケートの欲しいところがあるかと思います。そういうことで、そういうことは出来ないでしょうか[12]」。

結局この件は「拙速ではないか」という意見が多く出て、この日は持ち帰って次回に意見を集約することになった。会議の初回からこうなのである。

また協議会で、次のような報告があった。「三月までに建設計画をまとめ、六〜七月に各中学校区で説明会が予定されているが、実質的な審議、協議というのが、今回、次回、一二月、一月が山場を迎えると思う。これからの事務量が多く大変と感じているが、小委員会、協議会で意見が出なければ承認されたものとして、その項目は通り過ぎていくのが、欠点である。このため、協議会メンバーによる自主的な勉強会を行うべきと考えている。残された時間で七〜八回開催したい[13]」。

この報告が、勉強会でなく意見集約の場ではないのかという疑念を生んで物議をかもした。しかし私には、この発言に行政ペースで次々と進められていることへの強いいらだちが感じられる。本来であれば、会議のこうした運営にもっと論議が集中すべきであったと思う。しかしこの件は「勉強会として進めてもらえばいいと考える」、という会長発言でケリがついたのであった。[14]

以上の二例は、委員が会議の進行に直接言及したものである。次のことはそれとは異なる。住民アンケート調査をした時の意見や要望等の「自由記述」を公開すべきかどうかが、協議会で大きな問題となった。アンケート調査の記入を依頼した時に、「あなたのご意見やお考えが外部にもれることはない」とした手前、公開を躊躇した当局に対し、住民から情報公開請求が出された。これに対し協議会は採決で非公開に決定したが、これに対し異議申し立てがなされ、「東濃西部合併協議会公開審査会」は「平成一四年一二月四日東濃西部合併協議会が非公開と決定した『平成一四年八月、東濃西部合併協議会が実施したアンケート調査に関し、調査票末尾の自由意見のすべて』については、その手書き原本中に記載された特定個人が識別され、プライバシーが侵害されうる情報部分を除き全て公開すべきである」[15]、という答申を行なうに至った。

ほぼこうした経緯をたどったのであるが、委員がもっと時間をかけて自分たちで作り上げたアンケート表であったならば恐らくこんなことは問題にならなかったにちがいない。[16] 幹事会が用意周到にお膳立てしたものに意見を求められる協議会のあり方が、こうした問題を引き起こしたものと思われる。

第二節　住民説明会

開催状況

三市一町の合併問題に関する住民説明会が、図表3のように各市町で開催された。

この住民説明会は、三市一町でこの七月から合併協議会を立ち上げることに関して住民の意向を把握するためのものではない。合併協議を今なぜ始めるに至ったかを住民に説明するとともに、合併協議への要望を聞くためのものであった。

このため、多治見市の一部の地区のように合併協議会発足の前に開催されたところもあるが、ほとんどの説明会が合併協議会発足後間もなくに行われている。また合併協議会でなく三市一町が各市町の都合に合わせて自主的に行ったものであるため、会の名称も様々である。したがって瑞浪市のように、合併説明会が新しい第五次総合計画に向けての地域計画策定のための地域懇談会に相乗りしたよ

図表3　3市1町の合併問題に関する住民説明会

	開催名	開催日	会場数	出席者数
多治見市	平成14年度前期地区懇談会 （市長出席．テーマ合併問題）	02年5月15日 ～10月17日	12	331
瑞浪市	○地域計画策定に係る地域懇談会	02年7月18日 ～8月1日	8	587
	○第2回地域懇談会	02年9月24日 ～10月11日	8	371
土岐市	合併問題懇談会	02年7月29日 ～8月26日	8	275
笠原町	市町村合併地区別住民説明会	02年9月13日 ～10月3日	13	411

うなケースもある。この場合には、出席者が一般住民でなくまちづくり推進協議会[17]のまちづくり推進委員を対象に行われた。

全体的に出席者が少ない。[18]とりわけ多治見市や土岐市の出席者が少ないことが気になるが、三市一町の住民説明会でどんな意見交換が行われたのか。もちろん様々な質問や意見、要望が出されているが、ここでは各市町で質問や要望で多かったことや、いかにもその地区に特徴的なものと思われるものを中心に紹介したい。それによって、三市一町の住民が合併問題にどんな思いを持っているか知ることができよう。また、各首長が住民投票についてどんな見解を述べているかにも触れておく。

多治見市の地区懇談会

まずは多治見市の地区懇談会からみてみよう。[19] ここでは質問や要望の中味が非常に多様であるが、合併のメリット、デメリットに関するものと、現在多治見市で進行中あるいは計画中の諸事業が合併後どうなるのか、という質問が多い。

合併のメリット、デメリットに関しては、それを具体的に提示して欲しいということが中心で、それに対しては、「首長や議員、職員が減り、重複した事務も減らせる」といったことや、現在協議中であり具体的な内容が決まった段階で知らせるとの答弁がなされた。合併のデメリットとして、税金や上下水道料金が高くなるのが心配であるとの発言もあるが、こうした具体的な問題点を指摘してメリット、デメリットに迫る意見はほとんどない。しかし、合併によって議員数や職員数がどれだけ減らせるのかという質問がいくつかあることを考えると、住民はこれらの削減にメリットを見出しているのかもしれない。

今多治見市が取り組んだり、計画している事業が合併によってどうなるのかは、学校や公民館の建設、下水道整備、新処分場の選定、市街化区域及び調整区域の設定など、当然のことながら具体的なことがらが取り上げられている。これらに対しては、できる限り新市に継続されていくよう協議を進めるとしか答えようがない。

このようにみてくると、他市町と比べきわめてクールというのか、第三者的な質問や意見が多いように思われる。それは多分、合併による影響が他市町ほど大きくはないと考えられているからであろう。

住民投票に関しては、「あくまでも合併をするかどうかを決めるのは市民であることを守ってほしいという意見」も出された。また、市長は「合併に際して住民投票を実施しよう考えている理由について質問があり、市民の皆さんより意思表示したいという意見をしばしばお聞きするので実施してはと考えていると答えた」のであった。西寺多治見市長の住民投票に対する姿勢は、明快である。

瑞浪市の地域懇談会

次は瑞浪市の地域懇談会での状況である。(20) 前述したように、瑞浪市の地域懇談会はもともと地域計画策定のために開催されたもので、それに合併に関する説明会が便乗して開催された。またその時のことを瑞浪市がまとめた「地域懇談会で出された意見や提案等」には、行政側の答弁が掲載されていない。このため住民の質疑や要望に、市長などがいかなる答弁をしたか残念ながら記すことができない。

瑞浪市は現在でも一七五平方キロメートルと行政区域は広いし、いくつかの地盤沈下した地区をかかえる。生活基盤の整備もまだまだであるうえに、三市一町が合併すれば新市の東の端になってしまう。こうした地域の実情から、高嶋瑞浪市長も瑞浪市議会も合併に積極的でなかったことは既述した通りである。こうしたことは当然のことながら、瑞浪市の地域懇談会での住民の発言にも強く反映し、合併そのものへの疑問や合併への懸念が相次いで出されている。また合併協議への要望も多く、合併問題を切実な問題として受けとめる瑞浪市民の思いが、いかにも伝わってくるかのようである。二回に及ぶ地域懇談会からそれらを紹介すると、以下の通りである。[21]

その唐突な合併協議会の発足から、「突然、合併の話が出てきたような感じがする」。また、「なぜ合併しなければならないのかわからない」という発言が目につくが、それは合併そのものが本当に分からないというよりも、合併を否定する思いから出た言葉ではあるまいか。さらに、「少子高齢化や財政状況の悪化という問題があるが、合併してもこれは解決できる問題ではないと考える」。

しかもまたメリット、デメリットに関しても、「行政はデメリットの部分をひた隠して良いことばかりを言っている」とか、「合併に伴うデメリットに値するメリットをきちんと示して欲しい」という。こうした発言は、まさに合併そのものへの批判から発せられたものであろう。

合併に伴う懸念として指摘されている主なことを列挙すると、こうである。

・新市の人口重心が多治見・土岐方面となるので、こちらの要望が届かなくなる。

・合併するとさらに衰退してしまう。
・新市になるともっと端になって、末端まで目が届かなくなる。
・地元選出議員の減少によって、地域の意見が届かなくなる。
・人口の多い多治見中心の行政となってしまう
・行政と住民の人間的な関係が難しくなる。
・水洗化等の事業が中央へ集中してしまう。
・過疎化に拍車がかかる。

このようにみてくると、地元選出議員の減少によって地域の意見が届かなくなることや、新市の行政と住民との人間的な関係が難しくなるといった瑞浪市に限定されない懸念があるにはある。しかしながら大半の懸念が、三市一町が合併すると瑞浪市の周辺地区が新市の中心部から地理的のみならず、社会的にもますます遠い周辺部となってしまうことから来ていることがわかる。したがって、多くの瑞浪市民が合併に懸念を持つことは必然的である。そしてまたこうした懸念が、合併そのものへの疑問にもつながっているものと思われる。

このため、合併協議への要望も多い。「もっと地域自治を大切にしてほしい」。農林業の「担い手の支援や基盤整備について、市は主体性を持って進めてほしい」。社会福祉施設をより地域に密着した施設となるよう、地区で建設したり運営できないものか。遠隔地に住む老人や子供が中心部へいく足を確保してもらいたい。これからは不便なところに人々が住んで自然を守っていくことが必要であり、若い人が生活できるように全体的な支援体制の充実が必要である。「金太郎飴のような町をつくるのではなく、また、大きくしたり新しくするだけが全てではない。自然保全や人材育成などに積極的に取り組むべきである」など。

合併によって大きな自治体になれば、他方では小さな地区での自治が重要となる。瑞浪市にはまちづくり推進協議会があって、地区住民によるまちづくりの歴史と基盤があることもあってか、地域自治の強化が要望されている。社会福祉施設の地区運営もこれに関することである。また合併へのさまざまな懸念が少しでも解消されるよう、住民は山間部に住み続けることができる積極的な施策を求めているのである。

なお「市長は、合併に対して住民投票をしないとのことであったが、住民投票はやるべきである。多治見市は実施するとのこと。全てを議員に託すのではなく、重要なことは住民が決めるべきである」という発言はみられるものの、前述したように「地域懇談会で出された意見や提案等」[22]には、行政側の答弁が書かれていない。

土岐市の合併問題懇談会

土岐市の曽木や鶴里の濃南地区では、瑞浪市で見たような合併による地域間格差や過疎化への懸念が問題となっているが、市全体で大きな関心となっているのが特財制度（特定財源制度）の問題である。財産区のような法人格をもたないが、地区住民が既得権益をもつもので、合併後もそれが継続されるかどうかである。そしてまた、多治見市と同様に合併のメリット、デメリットがかなり論議の対象となっている。(23)

特財制度というのは、次のようなものであるという。八つの町村が合併して土岐市が誕生したのであるが、この「昭和の合併のときの合併条件で、旧町村の土地から生まれた立木、土石は旧町村に帰属するという合併条項になっている。土地について実はうたっていない、三〇年ころは土地についてあまり関心が高くなく、そのころは木や粘土や石により価値を見出していた」からである。ところが市内でもゴルフ場ができたり、列島改造などで土地に関心が高まる中で、財産区と財産区をつくらなかった地区の「入会権」とのアンバランスを補完するため、地区住民に一定の権益を付与する特財制度が一九七二年にできた。つまりその土地を売却した場合、一五％を差し引いた残りを市と地元で折半する。(24) ただしその財源は、地元が自由に使えるのではなく、必要な土地を購入したり、基準以上の公民館を建設したときの建設費などに限られる。そしてこの特財制度は、市内の旧八町村のすべてに存在し、約三、〇〇〇ヘクタール、つまり土岐市の山林面積の約四分の一がその対象であると言われる。

この特財制度を、合併後も絶対に残してもらいたいという強い要望が、多くの出席者から出された。これに対する答弁は、土岐市だけで決められる問題ではないが、その存続に向けてできる限りの努力をするというものである。

合併のメリット、デメリットを具体的に示して欲しいという意見が多いのも、土岐市の説明会の特徴であることは既に述べたとおりである。多治見市の場合と違って、土岐市ではその答弁がかなりくわしく記録されているので、その主なものをピックアップしてみよう。なお、デメリットに対する対応や、考え方も示しておく。

〈メリット〉

・「行政経費の削減」
・「職員が高度化・専門化して充実した行政ができる」
・「地方が主体性をもって地域の住民の皆様のよりためになる事業ができる」
・「二二万人の特例市になることによるイメージアップ」
・「三市一町合併による土岐市のメリットとして、今後、東海環状などの交通網が整備され地域ポテンシャルが高まりつつあり、さらに三市一町の中心地でもあることから、合併によって土岐市がマイナスになるようなことは少ないと考えている」

〈デメリット〉

・市会議員の減少により、住民の声が行政に伝わりにくくなる―必要があれば地域審議会を設置
・公共施設の統廃合により、施設までの距離が遠くなる―車社会であるし、コミュニティーバスや福祉バスを充実
・地域に対する帰属意識、愛郷心、一体感、自治意識などが薄れる―IT社会なので情報が即座に取れ、それほど大きな問題ではない

以上であるが、メリットの最後に掲げた事項は本音が出ていて大変おもしろい。デメリットの最後の点は非常に重要なことであるが、どうして情報だけの問題に還元されてしまうのか、私には全く理解できない。なお、地域審議会が土岐市で旧町村の八地区にそれぞれ設置することが可能であるかのような答弁がされているが、旧市町に一つである。

住民投票に関しては、議会制民主主義の観点のほか、合併協議会で八割の市民代表が参加して合併協議を行っており、現時点では考えていない。ただし、どうしても議会で決めることができない事態が生じた時には、住民投票を考えることがあるかもしれない、というのが塚本土岐市長のスタンスである。

笠原町の市町村合併地区別住民説明会

出席者は三市に比べ相対的に多いのに、質問や要望がきわめて少ないのが笠原町の住民説明会である。[25]そういう中で「合併するなら三市一町で、多治見市との合併（編入）はやめてほしい」、「対等な合併は可能なのか」、という笠原町に特有のものと思われる発言がある。三市では編入合併は問題外であるが、小さな町だけに合併の方式が危惧されるのももっともである。

なお「住民投票については、合併の合意を得るまでには、合併協議会の中で三分の二の合意を得、各市町の議会で議決を得るという厳しい条件をクリアーしなければならないこと、さらに簡単に住民投票を行うことは、議会制民主主義の考えに反していること、また住民の皆さんの代表者である議会議員の方々をないがしろにすることになると考え、現時点では考えていない」、と水野笠原町長は答弁している。

以上のように西寺多治見市長を除く首長が、議会制民主主義を建前にして、現時点では住民投票を行う意思がないことを表明している。はなはだ残念に思う。住民投票は議会制民主主義を否定したり、軽視したりするものではなく、それを補完するものである。[26]また何よりもまちづくりの主人公は住民であり、住民が結果に対して主体的な責任をもつためにも、合併の是非は住民投票で決めるべきである。

第三節　新しいまちづくり計画の批判的検討

新しいまちづくり計画案と説明会資料との相違

新市建設計画作成小委員会が策定した『新市まちづくり計画（案）』（以下『計画案』という）は、二〇〇三年三月六日の第九回合併協議会で承認された。この『計画案』は、六月から七月にかけて三市一町の二一ヶ所で開催される住民説明会での住民の意見をふまえて、年内には最終決定をみることになっている。

この『計画案』の概要版とも言うべきものが、説明会の資料である『状況報告書』に掲載されている。『状況報告書』における「新市まちづくり計画の概要」がそれである。説明会の資料であるため図表を多く取り入れるなどわかりやすくコンパクトにしてあることのほか、合併がいかに望ましいかをますます強調する立場から作成されていることが特徴的である。たとえば『計画案』では、「合併における留意点」が住民アンケート調査結果（設問：合併した場合の心配）にとどめ、「合併を進めていくうえでは、これらの不安解消に向けて、対策を講じていく必要があります」[27]とある。これに対し『状況報告書』の「合併の不安と対策」では、全ての不安がいかにも解消されるかのような対策について述べている。とりわけ驚いたのは、「住民の声が行政に届きにくくなるのでは？」に対し、「人口規模の大きな市でも、議員数が少なくて問題が生じていることはありません」[28]などと、断定していることである。その他、財政計画でも合併のメリットがことさら強調されている。

『計画案』と『状況報告書』の「新市まちづくり計画の概要」とでは、以上のような相違が見られるが、三市一町の新しいまちづくり計画案を批判的に検討する。

今なぜ合併なのか

まずは今なぜ合併なのか。三市一町の合併の目的に関してである。

言うまでもなく、市町村合併はまちづくりの一つの手段であって目的ではない。したがって「地域の課題は何か、その原因はどこにあるのか、解決のためには何が必要であるのか、その延長線上にはじめて合併という選択肢があるわけ」[29]である。

たとえば、兵庫県多紀郡四町の合併で一九九九年四月に誕生した篠山市は、ごみ処理場の改築や水の確保、火葬場の不足、総合病院の充実などの地域課題を解決するために合併したのであった。[30] このような指摘があると、なぜ今合併なのか大変わかりやすい。

しかしがなら三市一町のまちづくり計画において、合併の必要性として列挙されているのは少子高齢化の進行、住民生活の質的変化・生活範囲の拡大、地方分権の進展ならびに財政基盤の悪化である。これは今日市町村合併を必要とする社会的潮流とか、背景として一般的に強調されていることである。

ここから今なぜ三市一町の合併なのかを理解するのは、決して容易ではない。なぜなら、ここで指摘されている合併の必要性は、三市一町のみならず全国の自治体が多かれ少なかれ直面する課題だからである。しかもこれらの合併の必要性からすれば、過疎地の小規模自治体こそ合併が急務となる。それなのに、小規模自治体の中にも合併せずに単独を追求する自治体がかなり多く存在するからである。

しかるに、合併の必要性として列挙された四つの「新たな課題に対応するために、行財政の効率化、行政能力の向上への早急な対応が求められています。三市一町の合併は、これらの現状や課題に対する有効な対応策として考えられます」[31]、というのである。

これまでの文脈から三市一町の合併の必要性は理解しかねるが、少子高齢化などに対応するため、行財政の効率化、行政能力の向上をめざして合併するのだという。本当にそうなのであろうか。

行財政の効率化が目的であれば、二〇〇六年四月三〇日までの市町議員の在任特例はどう考えても奇異である。この点に関しては、各地の住民説明会でも手厳しい批判が相次いだ。また財政力指数（一九九九年度～二〇〇一年度三年度平均）〇・七二〇の多治見市にとって、それ以下の市町と合併してはたして行政能力の向上が見込めるのであろうか。

とりわけ問題なのは、行財政の効率化や行政能力の向上による財政構造改革が合併の目的とされているのであるが、そのためには「自治体の借金体質と公共事業依存型の財政構造を見直すことが大前提にあるはずで[32]」ある。なぜならそうした財政構造の見直しをせずに財政構造改革をしても、その効果はしれているからである。

それでは、新しいまちづくり計画では、借金体質と公共事業依存からの脱皮がいかに図られているのか。

図表4から地方債残高をみると、二〇〇一年の五九六億円が合併後一〇年目にあたる二〇一四年度末にはそのほぼ二倍近い一、一八〇億円に達する。償還に必要な元利の七割が地方交付税で措置される合併特例債を除外したとしても、二〇一四年度末で七一三億円へと増える。さらにこの間の一〇〇億円程の基金現在高の増加を考慮しても、借金体質は合併後も決して解消の方向にはない。

合併した場合と合併しなかった場合の経費の予測をしたものが、**図表5**である。これによれば合併した場合の投資的経費は、合併前よりもさらに増えている。そしてそれはまた合併しなかった場合と

図表4　地方債残高と基金現在高の見通し

（単位：百万円）

		2001	2005	2009	2014	2019
年度末地方債残高		59,642	74,544	105,309	118,014	95,720
地方債内　訳	合併特例債	0	10,099	34,542	46,718	24,982
	その他地方債	59,642	64,445	70,767	71,296	70,738
年度末基金現在高		24,158	24,764	24,769	34,175	34,108
基金内訳	財政調整基金	7,324	6,492	4,418	5,679	7,683
	減債基金	3,065	3,671	6,915	16,024	13,889
	特定目的基金	13,769	14,601	13,436	12,472	12,536

（出所）東濃西部合併協議会『東濃西部合併協議会　住民説明会　東濃西部３市１町合併協議の状況報告』（2003年６月13日現在）、25頁より作成。

比べ、非常に大きな差があり、合併後一〇年間で実に九〇〇億円にも達する。このように、ますます公共事業に依存する財政となっている[33]。

借金体質と公共事業依存型の財政構造を見直すことが財政構造改革の大前提であるはずなのに、新しいまちづくり計画ではそのようになっていない。見直すどころか、一層その傾向を助長している。

一体どうしてそうなのか。川瀬憲子静岡大学助教授は「市町村同士が必要に応じて自主的に合併を決めたのではないのです。人口四〇〇〇人未満の自治体に対する交付税を引き下げる一方で、二〇〇五年三月までに合併すれば、合併特例債と地方交付税の算定替えなどの財政支援が受けられる。そういう期限付きの財政支援策の影響を受けて合併に向かっていることが、こうした歪んだ構造を生んでいるゆえんです[34]」、と指摘する。

図表5　合併した場合と合併しなかった場合の経費の見通し

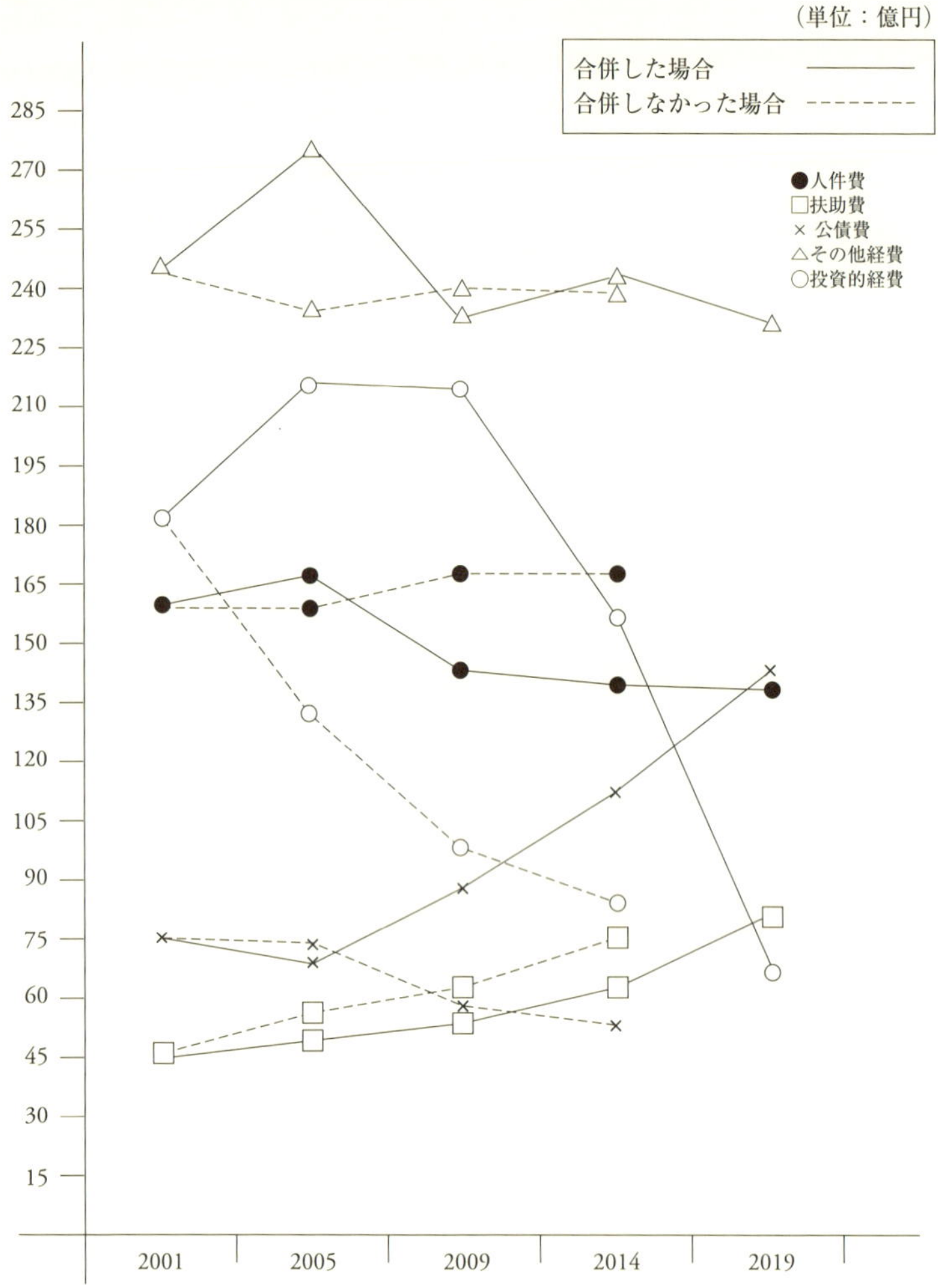

(出所) 合併した場合の数値は、東濃西部合併協議会『東濃西部合併協議会　住民説明会　東濃西部3市1町合併協議の状況報告』25頁。合併しない場合の数値は「3市1町財政推計」(第7回新市建設計画作成小委員会) による。

図表6　財政計画（10年間）の比較

（単位：百万円）

		東濃西部3市1町 （05年度～14年度）	西東京市 （01年度～10年度）	さぬき市 （02年度～11年度）	静岡市 （03年度～12年度）
歳入	市（町）税	258,093 （35.4）	286,808 （48.1）	55,370 （20.8）	1,345,000 （51.0）
	地方交付税	146,580 （20.1）	67,705 （11.4）	104,796 （39.4）	133,300 （5.1）
	国・県支出金	91,268 （12.5）	121,126 （20.3）	28,777 （10.8）	279,000 （10.6）
	市（町）債	120,980 （16.6）	47,272 （7.9）	36,731 （13.8）	291,800 （11.1）
	その他収入	112,565 （15.4）	73,202 （12.3）	40,511 （15.2）	588,100 （22.3）
	合計	729,486 （100.0）	596,113 （100.0）	266,185 （100.0）	2,637,200 （100.0）
支出	人件費	151,389 （20.8）	131,115 （22.0）	47,345 （17.8）	543,900 （20.6）
	扶助費	62,726 （8.6）	82,351 （13.8）	16,870 （6.3）	281,500 （10.7）
	公債費	84,726 （11.6）	47,601 （8.0）	37,897 （14.2）	344,800 （13.1）
	その他経費	241,323 （33.1）	264,273 （44.3）	108,558 （40.8）	928,000 （35.2）
	普通建設事業費	189,322 （26.0）	70,773 （11.9）	55,515 （20.9）	539,000 （20.4）
	合計	729,486 （100.0）	596,113 （100.0）	266,185 （100.0）	2,637,200 （100.0）

（出所）各新市財政計画より作成。

合併の目的が財源にあることを率直に言う水野笠原町長や、合併特例債はインフラを整備する「千載一遇」のチャンスと発言した多治見市議会議員の思いが、[35] あたかも実現しているかのようである。

なお各新市の一〇年間の財政計画を比較すると、東濃西部三市一町の地方債と普通建設事業費（投資的経費）の構成比がきわめて高いことを付け加えておく（**図表6**を参照）。

どんなまちが構想されているか

さて次は、合併によってどんなまちが構想されているかである。それは市民が誇りに思えるようなまちであることは当然であるが、合併の効果が十分に発揮され、また合併の必要性がよくわかるようなまちであることが必要である。要は、合併しないと実現できないまちが提起されているかどうかである。

図表7は、新市の将来像、基本理念、基本方針をまとめたものである。そして、将来像と基本理念を一緒にした「～活力、安心、創造を求めて～みんなでつくる、緑あふれる、交流のまち」が、いわゆる新市のキャッチフレーズである。

新市の具体的な事業は、まちづくりの基本方針に沿って施策の柱が立てられ、そしてその柱ごとにまとめられている。たとえば「魅力あふれる活き活きとしたまち」という基本方針にそって、「地場

図表7　新市の将来像、基本理念、基本方針

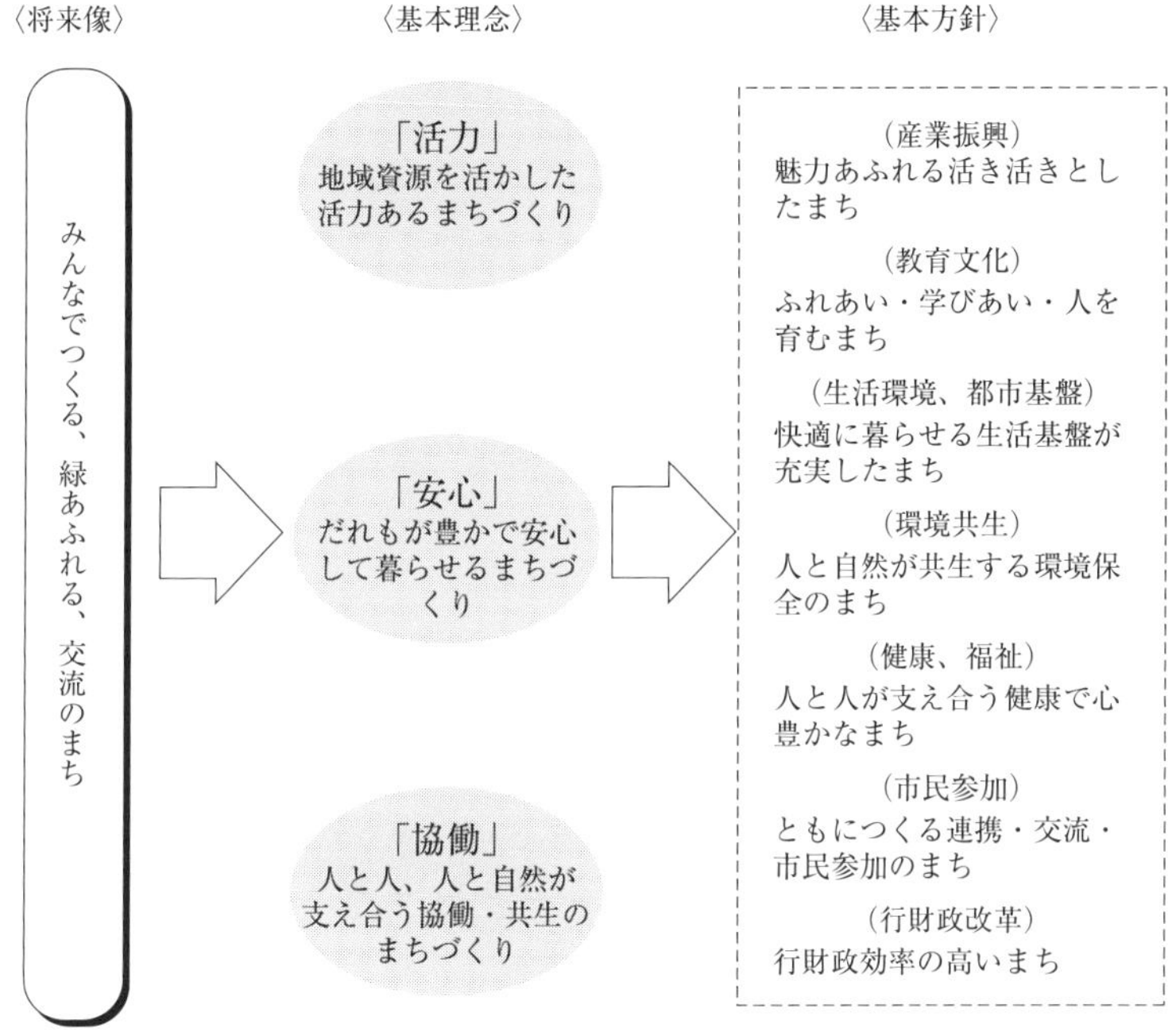

産業の振興」など六つの施策の柱が立てられている。そしてその柱のもとに「研究施設の機能強化」など、事業名ごとに事業概要、(36)事業期間（前期・後期）、実施予定場所を明記した四つの事業名が掲げられている。

以上のような新しいまちづくり構想に関し、まちづくりの基本理念である「協働」が、キャッチフレーズではなぜ「創造」になっているのか。「活力」はまさに産業振興の代名詞となっておる。そして産業振興をまちづくりの基本方針の冒頭に持ってくるとは、前世紀の経済至上主義への回帰をみるような思いがする(37)。原子力関係の研究や施設を認めておいて、「安心」とは何事だという批判もこのたびの住民説明会で出された。

しかしながら何よりも大きな問題は、新市のまちづくり構想や施策から合併の必要性がほとんど感じられないことである。合併すると合併しない場合と違って、このようなまちができるということを私は読み取ることができない。どうしてそうなのか。

田無市・保谷市合併推進協議会は、「両市の現状を踏まえたうえで両市の合併の必要性・効果を検証し、これらの合併効果からどのような新市のまちの将来像を描けるのかをまとめたもので、法定協議会において策定する新市建設計画のグランドデザインとして位置づけられた[38]」新市将来構想を策定したが、東濃西部ではそれが作られていないためである。

東濃西部では三市一町の現状、住民アンケート、関連計画、大規模プロジェクトから、「六つの新市の課題[39]」を決める。そこから新市の将来像や基本理念、基本方針などが決められる形態をとってはいる。しかし新市の将来像さえ一二の例示が行政から提起され、将来像の決定をみない前から基本理念や基本方針がなかば不動のものとして存在する。そして施策の柱ごとに、『第四次東濃西部広域市町圏計画』や各市町の総合計画からピックアップされた事業が列挙される。したがって三市一町の場合は、「合併の必要性・効果を検証し、これらの合併効果から」新市のまちの将来像を描いたものにはとうていなりえていない。

そしてまた、本巣町・真正町・糸貫町・根尾村合併協議会の新市建設計画では、「•本巣町、真正町、糸貫町及び根尾村の三町一村が合併することによって、初めて展開が可能となる施策であって、新市建設計画のなかで中心になる施策、・住民のニーズを十分踏まえた施策であって、事業効果が新市全域におよび、かつ、合併の効果が十分に実感できる施策、・合併に伴う国・県の財政支援を最大限有効に活用できる施策」が、新市建設計画の最重点プロジェクトとしてまとめてある。[40] 東濃西部では、多くの施策の中からこのような最重点プロジェクトが掲げられていない。[41]

以上のように、新市将来構想が策定されていないことや、新市建設計画の最重点プロジェクトが掲げられていないため、新市のまちづくり計画から合併の効果や必要性をほとんど理解することができない。これでは合併する必要があるのか、ますます疑念が深まるばかりである。

財政的に大丈夫か

最後に取り上げたいのは、**図表4**と**図表6**でみたようにこれほどの借金をして財政的に大丈夫かという問題である。

地方債が大幅に増えているのは、五八六億円[42]に及ぶ合併特例債のためである。利率二％で借り入れたとすると、**図表8**のように元利償還金予定額は六九五億円になる。元利償還金の七〇％にあたる四八七億円は地方交付税で措置されるので、市の負担は二〇八億円ですむ。大変有利な借金というのである。

ところが、合併協議会を立ち上げる直前の多治見市の広報『Tajimist』は、「今、合併を考える時にきています」という見出しの記事の中で、次のように言っていた。「国、県、市町村の財政難から、地方交付税制度の維持が困難になり、市の財政の悪化も深刻化する恐れがあります」[43]と。市町村合併を考えないといけない時には、地方交付税制度が今にも破綻するかのように言う。合併協議が進んで公共事業にお金を使うための借金をするときには、その地方交付税制度が面倒をみてくれるから大丈夫だというのである。

多治見市の広報と合併協議会は直接関係がないと言われれば、その通りである。しかし、「市債」について「市の長期にわたる借入金のことです。学校などの長期にわたって利用される施設の建設に必要な資金について、世代間の公平を図る観点から、地方債という形で調達しています」[44]という説明は、合併協議会のものである。本来ならばできるだけ地方債に依存しない財政を心がけるのであるが、これでは借金の累積も若い人には悪いが、何も気にかける必要はないということになる。こうした記述は実に「ご都合主義」とでも言うべきであるが、ただ確かなことは国の借金が増えれば増えるほど、借金の七〇％を国が面倒をみることは、ますます困難になることである。

このほか、合併特例債のような「交付税頼みの制度が地方の自主性を妨げ、財政悪化を助長してきたことは間違いない」[45]。また、合併せずに単独で行くことを模索している自治体の地方交付税を削減

図表8　合併特例債償還及び交付税算入額推計

（単位：千円）

年度	借入額	償還元金	償還利息	償還額計	交付税算入額	一般財源負担額	残高
17	10,099,000	0	0	0	0	0	10,099,000
18	6,299,000	0	169,055	169,055	118,339	50,716	16,398,000
19	6,299,000	0	307,424	307,424	215,197	92,227	22,697,000
20	6,299,000	0	431,333	431,333	301,933	129,400	28,996,000
21	6,299,000	752,554	555,639	1,308,193	915,735	392,458	34,542,446
22	4,656,000	1,237,067	664,158	1,901,225	1,330,858	570,367	37,961,379
23	4,656,000	1,731,319	735,434	2,466,753	1,726,727	740,026	40,886,060
24	4,656,000	2,235,506	791,419	3,026,925	2,118,848	908,077	43,306,554
25	4,656,000	2,749,826	837,271	3,587,097	2,510,968	1,076,129	45,212,728
26	4,658,000	3,152,052	873,393	4,025,445	2,817,812	1,207,633	46,718,676
27		3,562,362	901,464	4,463,826	3,124,678	1,339,148	43,156,314
28		3,980,920	843,321	4,824,241	3,376,969	1,447,272	39,175,394
29		4,407,891	761,578	5,169,469	3,618,628	1,550,841	34,767,503
30		4,843,593	671,253	5,514,846	3,860,392	1,654,454	29,923,910
31		4,940,949	573,896	5,514,845	3,860,392	1,654,453	24,982,961
32		5,040,262	474,583	5,514,845	3,860,392	1,654,453	19,942,699
33		4,186,028	378,028	4,564,056	3,194,839	1,369,217	15,756,671
34		3,674,170	296,854	3,971,024	2,779,717	1,191,307	12,082,501
35		3,152,024	225,968	3,377,992	2,364,594	1,013,398	8,930,477
36		2,619,383	165,578	2,784,961	1,949,473	835,488	6,311,094
37		2,076,036	115,893	2,191,929	1,534,350	657,579	4,235,058
38		1,677,224	76,357	1,753,581	1,227,507	526,074	2,557,834
39		1,270,397	44,836	1,315,233	920,663	394,570	1,287,437
40		855,392	21,493	876,885	613,820	263,065	432,045
41		432,045	6,491	438,536	306,975	131,561	0
合計	58,577,000	58,577,000	10,922,719	69,499,719	48,649,806	20,849,913	－

借入条件：

利率　2%

元利均等半年賦　15年償還うち3年据置

（出所）東濃西部合併協議会事務局調べによる。

する作用をもつ。さらに、三市一町の住民にとっては得であっても、国民全体の借金をさらに増やすことになるなど、合併特例債は多くの問題をかかえていることを看過すべきでない。[46]

合併特例債の発行や合併算定替特例などで合併後一〇年間は財政的にたとえ「ゆとり」があったとしても、それ以後が大変である。合併特例債を償還するための市の負担分が、**図表8**のように一〇年経過後にピークを迎える。合併算定替とは、**図表9**のように合併するとスケールメリットが作用して基準財政需要額が縮小し、地方交付税が減少するが、一〇年間は合併していないものとして算出した地方交付税が交付されることをいう。一〇年経過後は段階的に縮小されて、一五年経過後は一本算定した地方交付税となる。東濃西部では、二〇〇一年度の算定ベースで約三〇億円の減少が見通されている。

こうした結果、三市一町合併による財政効果を試算した**図表10**からわかるように、一三年経過後から合併効果はマイナスとなる。このため比較的余裕のある合併後一〇年間に、一〇年経過後に市が負担することになる合併特例債の償還金一六〇億円を、減債基金として積み立てることになっている。減債基金で対応するから大丈夫というのである。

しかしながら、今後の財政状況の展開によっては、減債基金が予定通り積み立てられないかもしれない。その時は、大変な事態に直面することになる。

かくして、合併特例債などの財政支援の影響を受けて合併すると、一見財政的にうるおうかのよう

図表9　普通交付税一本算定試算表（平成13年度算定ベース）

（単位：千円）

基準財政需要額									
経費の種類			多治見市	瑞浪市	土岐市	笠原町	3市1町計	新市一本算定	比較
一　経常経費	消防費		1,200,026	526,815	739,424	203,642	2,669,907	2,223,674	-446,233
	土木費	道路橋りょう費	377,346	286,456	275,232	50,142	989,176	989,054	-122
		都市計画費	145,270	58,384	91,409	16,661	311,724	316,609	4,885
		公園費	121,638	44,359	64,622	13,170	243,789	250,093	6,304
		下水道費	257,869	101,055	159,119	1,149	519,192	519,910	718
		その他土木費	190,409	73,642	105,248	28,361	397,660	344,510	-53,150
	教育費	小学校費	711,598	302,766	410,940	62,004	1,487,308	1,492,935	5,627
		中学校費	390,020	193,936	244,725	40,275	868,956	876,456	7,500
		その他教育費	934,697	392,564	636,152	220,071	2,183,484	1,852,201	-331,283
	厚生費	生活保護費	204,932	89,643	145,017		439,592	391,646	-47,946
		社会福祉費	694,417	299,921	445,500	77,386	1,517,224	1,358,259	-158,965
		保険衛生費	629,759	242,029	655,378	82,004	1,609,170	1,510,529	-98,641
		高齢者福祉費	1,340,681	719,119	1,088,022	232,146	3,379,968	3,040,207	-339,761
		清掃費	943,760	323,268	510,569	100,320	1,877,917	2,010,609	132,692
	産業経済費	農業行政費	46,144	130,384	66,328	13,369	256,225	211,963	-44,262
		商工行政費	138,350	72,267	95,026	37,394	343,037	278,511	-64,526
		その他産業経済費	8,964	15,228	20,088	4,644	48,924	48,384	-540
	その他の行政費	企画振興費	435,758	196,147	287,781	85,827	1,005,513	907,238	-98,275
		徴税費	314,581	144,617	209,394	54,466	723,058	584,347	-138,711
		戸籍住民台帳費	170,948	88,464	118,157	30,840	408,409	334,564	-73,845
		その他諸費	1,198,929	597,716	820,230	279,904	2,896,779	2,341,411	-555,368
		計	10,456,096	4,898,780	7,188,361	1,633,775	24,177,012	21,883,110	-2,293,902
二　投資的経費	土木費	道路橋りょう費	649,440	536,580	473,880	57,420	1,717,320	1,945,680	228,360
		都市計画費	156,008	55,531	91,770	17,322	320,631	340,011	19,380
		公園費	42,186	19,071	31,025	6,041	98,323	84,831	-13,492
		下水道費	495,841	216,863	518,874	82,061	1,313,639	1,314,821	1,182
		その他土木費	291,052	80,046	100,444	28,488	500,030	441,433	-58,597
	教育費	小学校費	313,100	160,425	160,425	17,050	651,000	651,775	775
		中学校費	215,450	84,475	137,175	16,275	453,375	453,375	0
		その他教育費	38,969	21,441	27,390	12,739	100,539	72,198	-28,341
	厚生費	社会福祉費	59,691	33,185	42,174	20,024	155,074	109,948	-45,126
		高齢者福祉費	39,887	27,767	34,833	16,766	119,253	79,580	-39,673
		清掃費	229,408	91,140	216,811	55,290	592,649	592,743	94
	産業経済費	農業行政費	19,809	81,840	35,247	4,046	140,942	140,570	-372
		その他産業経済費	13,144	22,816	14,632	4,836	55,428	33,728	-21,700
	その他の行政費	企画振興費	816,401	239,957	416,288	80,729	1,553,375	1,355,725	-197,650
		その他の諸費	566,475	269,461	395,567	100,926	1,332,429	935,839	-396,590
		計	3,946,861	1,940,598	2,696,535	520,013	9,104,007	8,552,257	-551,750
三　公債費			636,727	279,397	656,004	37,666	1,609,794	1,609,796	2
合計			15,039,684	7,118,775	10,540,900	2,191,454	34,890,813	32,045,163	-2,845,650
基準財政収入額			10,978,922	4,794,592	6,366,977	1,143,336	23,283,827	23,283,827	0
交付基準額①			4,060,762	2,324,183	4,173,923	1,048,118	11,606,986	8,761,336	-2,845,650
臨時財政対策債発行可能額②			432,392	201,850	290,220	80,618	1,005,080	836,617	-168,463
合計①＋②			4,493,154	2,526,033	4,464,143	1,128,736	12,612,066	9,597,953	-3,014,113

※上記基準財政需要額及び基準財政収入額については、錯誤額を含まない数値。
（出所）東濃西部合併協議会事務局調べによる。

図表10　3市1町合併した場合の効果

（単位：百万円）

歳入項目	17年度	18年度	19年度	20年度	21年度	22年度	23年度	24年度
市税（税率、税目統一分）						165	165	165
普通交付税（合併加算）	362	362	362	362	362			
特別交付税（格差是正等経費）	600	360	240					
国庫補助金（合併市町村補助金）	270	270	270					
合併特例債（借入分）	10,099	6,299	6,299	6,299	6,299	4,656	4,656	4,656
合併特例債（償還分の交付税措置分）		118	215	302	916	1,331	1,727	2,119
普通交付税（一本化に伴う激減緩和）								
計	11,331	7,409	7,386	6,963	7,577	6,152	6,548	6,940
歳入項目つづき	25年度	26年度	27年度	28年度	29年度	30年度	31年度	合計
市税（税率、税目統一分）	165	165	165	165	165	165	165	1,650
普通交付税（合併加算）								1,810
特別交付税（格差是正等経費）								1,200
国庫補助金（合併市町村補助金）								810
合併特例債（借入分）	4,656	4,658						58,577
合併特例債（償還分の交付税措置分）	2,511	2,818	3,125	3,377	3,619	3,860	3,860	29,898
普通交付税（一本化に伴う激減緩和）			△ 316	△ 947	△ 1,579	△ 2,210	△ 2,842	△ 7,894
計	7,332	7,641	2,974	2,595	2,205	1,815	1,183	86,051
歳出項目	17年度	18年度	19年度	20年度	21年度	22年度	23年度	24年度
人件費	△ 405	△ 526	△ 828	△ 1,040	△ 1,262	△ 1,427	△ 1,598	△ 1,769
特別職人件費	△ 167	△ 167	△ 167	△ 167	△ 167	△ 167	△ 167	△ 167
議会議員人件費	△ 27	△ 64	△ 128	△ 192	△ 256	△ 256	△ 256	△ 256
委員等報酬			△ 90	△ 90	△ 90	△ 90	△ 90	△ 90
一般職人件費	△ 211	△ 295	△ 443	△ 591	△ 749	△ 914	△ 1,085	△ 1,256
物件費	△ 92	△ 184	△ 274	△ 363	△ 452	△ 539	△ 626	△ 711
物件費（職員減員による委託料の増）	22	49	76	103	139	175	188	201
合併特例債活用事業（普通建設事業）	6,631	6,631	6,631	6,631	6,631	4,901	4,901	4,901
合併特例債活用事業（振興基金積立）	4,000							
合併特例債償還金		169	307	431	1,308	1,901	2,467	3,027
計	10,156	6,139	5,912	5,762	6,364	5,011	5,332	5,649
歳出項目つづき	25年度	26年度	27年度	28年度	29年度	30年度	31年度	合計
人件費	△ 1,940	△ 2,116	△ 2,116	△ 2,116	△ 2,116	△ 2,116	△ 2,122	△ 23,497
特別職人件費	△ 167	△ 167	△ 167	△ 167	△ 167	△ 167	△ 167	△ 2,505
議会議員人件費	△ 256	△ 256	△ 256	△ 256	△ 256	△ 256	△ 262	△ 3,233
委員等報酬	△ 90	△ 90	△ 90	△ 90	△ 90	△ 90	△ 90	△ 1,170
一般職人件費	△ 1,427	△ 1,603	△ 1,603	△ 1,603	△ 1,603	△ 1,603	△ 1,603	△ 16,589
物件費	△ 796	△ 880	△ 964	△ 1,046	△ 1,128	△ 1,208	△ 1,289	△ 10,552
物件費（職員減員による委託料の増）	214	232	232	232	232	232	232	2,559
合併特例債活用事業（普通建設事業）	4,901	4,903						57,662
合併特例債活用事業（振興基金積立）								4,000
合併特例債償還金	3,587	4,025	4,464	4,824	5,169	5,515	5,515	42,709
計	5,966	6,164	1,616	1,894	2,157	2,423	2,336	72,881
歳入歳出差引	17年度	18年度	19年度	20年度	21年度	22年度	23年度	24年度
	1,175	1,270	1,474	1,201	1,213	1,141	1,216	1,291
歳入歳出差引	25年度	26年度	27年度	28年度	29年度	30年度	31年度	合計
	1,366	1,477	1,358	701	48	△ 608	△ 1,153	13,170

上記試算については、平成13年度決算数値を基準とし、平成17年度以降合併に関連し見込まれる歳入歳出項目数値を推計したもの。

（出所）東濃西部合併協議会『東濃西部合併協議会　住民説明会　東濃西部3市1町合併協議の状況報告』（2003年6月13日現在）26頁。

に見えるが、財政がいつ破綻に見舞われるかもしれないのである。

その他、新市における住民自治のあり方や三市一町の一体化問題などがあるが、紙数の関係で割愛した。

第四節　合併協定項目の協議

合併協定項目

さて次は、東濃西部合併協議会協定項目の協議内容についてである。合併するにあたっては、さまざまな約束事や事務事業の調整が必要である。それらのうち、合併協定書に盛られるものを協定項目という。前回みた新市建設計画も合併協定項目の一つである。

協定項目は、一般に**図表11**のように合併協議の基本となる「基本的協定項目」、合併特例法で規定されている「合併特例法による協定項目」、ならびに三市一町が合併に際してその制度や事務事業をすり合わせる「すり合わせが必要な協定項目」からなる。東濃西部合併協議会の場合、全体で二六項目（新市建設計画を含む）からなる。すり合わせが必要な協定項目の一つに「各種事務事業の取扱い」があるが、それには「男女共同参画事業」[47]以下二四の事業が含まれている。

図表11　東濃西部合併協議会の主な協定項目の協議内容（抜粋）

(1) 基本的協定項目の協議
　◎合併協議の基本となる項目。

項　　目	協議及び決定内容
1. 合併の方式	新設合併とする。（第3回協議会にて決定）
2. 合併の期日	目標として平成17年1月とする。（第4回協議会にて決定）
3. 新市の名称	5候補　　織部・桔梗・陶都・東濃・土岐川 （第11回協議会にて決定）
4. 新市の事務所の位置	1. 当面の事務所（代表となる市役所）については、現在の多治見市役所とする。 2. 新市の事務所については、合併後、特例債の対象期間内に建設することとし、その位置については、土岐市土岐津町土岐口南山1、291番地の1他2筆とする。（第11回協議会にて決定）

　このように協定項目の協議内容をみるといっても非常に多いので、本稿では基本的協定項目と合併特例法による協定項目に含まれるすべての項目と、すり合わせが必要な協定項目からは「財産の取扱い」[48]、各種事務事業の取扱いのうちの「研究学園都市推進事業」の項目に限定する。これらに加えて、「三市一町主要な公共料金等の違いと調整結果」を取り上げて、とりわけ保育料と上下水道料金の問題をみてみたい。すり合わせが必要な協定項目から以上のものを対象にしたのは、協議会でも議論が大きく分かれた問題であるし、私も大きな関心を持ったものだからである。

　以下、その協議内容をみていくが、まずはいかなる協議を経て決定をみたのかを概観したのちに、必要があればコメントを加えたい。

　合併協定項目の審議は、第三回合併協議会（二〇

(2) 合併特例法による協定項目の協議

◎合併特例法で規定されている項目。

特例項目	協議及び決定内容
5. 議会議員の定数及び任期の取扱い	議会議員については、市町村の合併の特例に関する法律第7条第1項第1号の規定を適用し、平成18年4月30日まで引き続き新市の議会の議員として在任する。(第12回協議会にて決定)
6. 農業委員会の委員の定数及び任期の取扱い	新市に1つの農業委員会を置き、3市1町の農業委員会の選挙による委員であった者は、市町村の合併の特例に関する法律第8条第1項第1号の規定を適用し、平成17年7月31日まで引き続き新市の農業委員会の選挙による委員として在任する。(第9回協議会にて決定)
7. 地方税の取扱い	3市1町で差異のある税制については、次のとおり扱う。 1. 個人市町村民税の均等割については、合併する年度及びこれに続く5年間は現行の通りとする。納期については、多治見市・土岐市・笠原町の例による。 2. 法人市町村民税の法人税割については、合併する年度及びこれに続く2年間は現行のとおりとする。その後は税率を100分の14.5とする。 3. 固定資産税の納期については、多治見市・土岐市の例による。基準年度の納期については、合併後(平成17年度中)に調整する。 4. 軽自動車税の納期については、5月1日から末日までとする。 5. 入湯税については、瑞浪市・土岐市のとおりとする。 6. 都市計画税については、課税区域、税率とも現行のとおりとする。課税区域、税率の統一については、合併後、新市において調整する。 7. 一般廃棄物埋立税については、多治見市のとおりとする。 8. 前納報奨金については、多治見市・瑞浪市の例による。 9. 減免については、それぞれの税目について統一的な処理基準を作成する。 (1.2.6は第13回協議会にて決定) (3.4.5.7.8.9は第12回協議会にて決定)
8. 一般職の職員の身分の取扱い	1.3市1町の一般職の職員は、すべて新市の職員として引き継ぐ。 2. 職員数については、新市において定員適正化計画を策定し、定員管理の適正化に努める。 3. 職名及び任用要件については、人事管理及び職員の処遇の適正化の観点から調整し統一を図る。 4. 給与については、職員の処遇及び給与の適正化の観点から調整し統一を図る。なお、現職員については、現在の給料を保証する。 (第6回協議会にて決定)
9. 地域審議会の取扱い	市町村の合併の特例に関する法律第5条の4第1項の規定に基づく地域審議会を、各合併関係市町に設置することができる。地域審議会の組織及び運営に関し必要な事項は、新市発足までに調整する。 また、新市における各地域の振興及び均衡ある発展を図るため、新たな組織の設置を、新市において検討する。(第11回協議会にて決定)

(3) すり合わせが必要な協定項目の協議

◎合併に際して、3市1町における制度や事務事業をすり合わせる項目。

すり合わせ項目	協議及び決定内容
10. 財産の取扱い	財産の取扱いについては、次のとおりとする。 1.3市1町の所有する財産、公の施設及び債務は、すべて新市に引き継ぐ。 2. 南姫財産区、釜戸財産区、日吉財産区、大湫財産区、土岐口財産区の区有財産は、それぞれの財産区有財産として新市に引き継ぐ。 3. 旧来の慣行により、財産又は営造物を使用する権利及び財産の管理若しくは処分又は財産から生ずる収益の取扱いについては、合併前の条件により、その権利を新市に引き継ぐ。ただし、土岐市の旧土岐津町、下石町、妻木町、鶴里村、曽木村、駄知町、肥田村、泉町の地区にかかる市有地（昭和30年合併時引継ぎ財産）について売却が発生した場合は、それぞれ当該地区の公共事業費に充てるため基金に積み立て、新市の歳入歳出予算に計上して管理運用するものとし、その管理運用は新市の市長に委ねる。（第14回協議会にて決定）
25-4. 研究学園都市推進事業	研究学園都市については、引き続き地域住民の理解と協力を得るよう努めながら、豊かで住みよい地域社会をめざし、推進する。 （第10回協議会にて決定）

（出所） 多治見市役所『多治見市合併説明会　付属資料〈第3版　03年10月10日現在〉』32 － 33頁、36頁。

〇二年一〇月八日）から始まった。審議の順番は、特定の協定項目を最優先して審議するという方法は取らずに、できるところから協議をするという方法で行われている。それでは、**図表11**にしたがって若い番号順にみていこう。

合併の方式・合併の期日・新市の名称・新市の事務所の位置

「合併の方式」、「合併の期日」、「新市の名称」ならびに「新市の事務所の位置」は、協定項目の審議を始めたばかりの第三回協議会の議題として登場した。

この会議で、合併の方式は「私らは初めこれ新設合併だということをお聞きしてここへ来てます」(49)とか、「いろいろ考えましても、こうこれ新設合併以外にはない、考えられないと思うんです」(50)という発言に象徴されるように、新設合併に疑問を挟む余地はなく、すんなりと決まった。また新市の名称と事務所の位置に関しても、小委員会を作って検討することを決めた。

しかしながら、合併の期日を平成一七年一月とすることに関してはそうはいかなかった。合併に対する住民の意識は低いし、まだ何も審議していない段階で、果たして合併の期日を決められるのか、委員の中に戸惑いが見られた。これに対し、二〇〇五年三月までに合併するにはこのスケジュールでいかざるをえないこと。また合併の期日を決めたからといって、合併することを決めたわけではない。これらのことが、会長や事務局より説明がなされたが、次回に持ち越されたのであった。

第四回の会議では、合併の期日はあくまで目標であることを確認して、異議なく了承された。なお日にちの設定は、今後の協議状況や事務事業の準備状況を考慮しながら決めることになっている。

新市の名称は、一二名からなる「新市名称候補選定小委員会」で検討されてきたものが、第一一回の合併協議会で報告され、委員会報告どおり織部・桔梗・陶都・東濃・土岐川の五つを新市の名前の候補とすることを決めた。

選定のプロセスはこうである。まず二〇〇三年二月一日から二ヶ月間新市の名前の全国公募が行われ、二、〇八〇種類に及ぶ七、九五八件の応募が寄せられた。応募数が多かった順に列挙すると、陶都（九三二の応募数、以下同じ）、織部（五五八）、東濃（四九三）、土岐川（四四六）、おりべ（二六七）と続く。小委員会で二、〇八〇種類の名前を第一次選定で三四にしぼった後に、第二次選定としてまず一回目の委員による投票で多かった土岐川、桔梗、織部、東濃の四つを決め、さらに二回目の投票で圧倒的な投票数を得た陶都を選び、五つの候補を決めたのであった。[51]

私にとって少し意外だったのは、全国応募でトップだった陶都が小委員会では二回目の投票で復活したようにあまり高い支持が得られなかったことと、逆に全国応募ではわずか三二の応募数で多い順に二一番目だった桔梗が、逆に高い支持を得たことである。前者に関しては、「『陶都』『東濃』『中京』は、様々な名称ですでに使われているので、新しい市名ということではふさわしくないのではないか」[52]という考えが影響したのかもしれない。

「新市事務所の位置選定小委員会」の審議は、まず一つのこれまでの庁舎で機能が十分であるか。新市の庁舎を建設するのか。新市の庁舎は合併後一〇年までの合併特例債の対象期限内か、もっと先に建てるのか。さらには新市庁舎の建設候補地は一ヶ所にするのか、複数にするのか、から始められた。その結果、既存の庁舎では無理で、各市町の庁舎による機能分担が必要であり、新しい庁舎の建設までの当面の事務所（代表となる庁舎）をどこにするか検討する。そしてまた、簡素で機能的な庁舎を合併後一〇年までに建設することにし、その候補地を三市一町が持ち寄って検討することになった。

したがってそれ以後の小委員会では、これらの検討課題をめぐって議論が交わされた。前者に関しては、多治見市の場合は駐車場が狭いので駐車場問題を解決することを付帯条件として、当面の事務所は多治見市役所とすることになった。新市の庁舎の候補地に関しては、三市一町がそれぞれの市有地である箇所を持ち寄って検討したが、土岐市の提案した肥田町地区は保安林の解除とアクセス面で問題があるとされ、土岐市が追加提案した土岐口財産区の所有地に決まった。

こうした内容の委員会報告に対し、それまで肥田地区がベストだと言っていたのに土岐市はどうして突然追加候補地を提案するに至ったのか、などの鋭い質問が出されたものの、第一一回の協議会で委員会報告通り了承された。[53]

新市の庁舎の場所をめぐって合併協議が御破算になるケースも見られるように、この問題は非常に難航するのに大変スムーズな展開をみた。思うにそれは、当面の庁舎を多治見市に置き、新市の庁舎を人口重心地区にきわめて近く、多治見市との境界に近い土岐市内にすることを同時に決めたからであろう。そのようになることは、暗黙の了解だったのかもしれない。

とはいえ、土岐口財産区に新市の庁舎を建設することには問題がある。現況は山林であるため、自然破壊につながる。また、最寄のＪＲ駅から徒歩で四〇分と遠いし、バスの便も悪い。確かに小委員会でも「ＪＲの駅から近いことも条件である」[54]という発言はあるものの、高齢化がますます進むというのに、交通アクセスがマイカーの観点からしか考えられていない。[55]さらには、中心市街地のさらなる衰退に拍車をかけることになるにちがいない。こうした観点からの議論がほとんど交わされることなく決定を見たことは、誠に残念である。

議会議員と農業委員の定数と任期

以上のように、基本的協定項目に関する合併協議会の協議は順調にきたが、これからみていく項目に関しては、「農業委員会委員の定数及び任期の取扱い」を除いて大変難航したのであった。活発な議論がかなり多くの時間を費やして交わされているが、できるだけポイントをしぼって概観する。

合併してこれまでの市町村が消滅した場合、首長など特別職はむろんのこと、市町村議会の議員も失職する。そして新たな定数に基づく選挙によって、新しい自治体の議員が誕生する。ところが新設合併で合併特例法を適用すると、合併後の最初の選挙は議員定数を法定の二倍以内に増員して選挙ができる定数特例か、あるいは合併時の議員が二年間を限度に新しい自治体の議員にとどまることができる在任特例を選択できる。これが「議会議員の定数及び任期の取扱い」の問題である。なお現在の三市一町の議員総数は八〇名、新しい自治体の法定議員数は三八名である。

第四回合併協議会で、この問題に関して三市一町の議会の特別委員会などで話し合った結果が報告されたが、結論が出なかった土岐市を除く二市一町は、在任特例に反対の議員もいるが、総体としては在任特例を望むというものであった。これに関し、合併をスムーズに実現し、また合併後の少ない議員では地域の声が届きにくくなるという住民の懸念を払拭するために在任特例が必要であるとする意見と、在任特例は今回の合併の目的である経費削減の行政改革に反するという意見が、当初から衝突した。そしてこの会議では、三市一町の議長間でこの問題を調整して協議を進めていくことを確認したのであった。

第四回の合併協議会での確認にしたがって、平成一八年一〇月三一日までの在任特例[56]とすることで合意をみたという、三市一町の議長による調整案が第一一回協議会で提案された。その理由として、合併後に先送りとなった協定項目が多いことと、新しいまちづくり計画の進行をみきわめる必要があるというのである。この調整案に対し、在任期間が長すぎるのでもう少し短くしたらどうか、在任期間中の議員報酬を旧市町の議員報酬のままにしたらどうかなど、さまざまな意見が出ている。そうした中で特筆すべきことは、議員にとっても住民にとっても、新しいまちのスタートにとって大事なことは、どういう新しいまちをつくるかであるとする観点から、設置選挙を主張する意見である。他方、在任特例がダメだということになると、議会で合併協議が否決されかねないという、恫喝とも本音とも見分けがつかない意見も出された。

続く第一二回の合併協議会で、三市一町の議長による調整案よりも在任期間を六ヶ月短くした平成一八年四月三〇日までとする修正案が出された。また土岐市議会からは、平成一七年一〇月三一日までと、平成一八年四月三〇日までとする二案が報告された。議論が平行線をたどり、なかなか決着しないので、住民説明会後まで決定を延期したらどうかという意見もあったが、採決を取ることになった。まず設置選挙か、在任特例かの採決が行われ、前者を是とするもの九名、後者は三分の二を越える三〇名が賛成したので、在任特例でいくことが決まった。次いで、在任期間を平成一七年一〇月三一日（賛成六名、以下同様）、一八年四月三〇日（二四名）、一八年一〇月三一日（一名）までとする三案が採決に付された結果、平成一八年四月三〇日までの在任特例に決定した。まさしく「これだけ市民感覚と議員の先生方の感覚が違うかなと大変残念に思」[57]われた問題が、こうして決着をみたのであった。二〇〇五年一月に合併が予定されているので、一年四ヶ月の在任特例ということになる。

議員は、合併を自分たちの手で成し遂げるために在任特例が必要であるという。情報公開があまり進んでいなかった時や、住民が行政や議会にまかせっきりの時であればまだしも、今や情勢が大きく変わっている。住民が合併の進行をチェックしたり、監視する組織こそが必要ではないかと思う。また議員の言う責任の全うとは、予算を三市一町で奪いあうことになりがちである。こうした点からも、在任特例には賛成できない。

農業委員会の委員の定数及び任期の取扱いも、その問題の性格からすれば今みた議会議員のケースと同じである。つまり新市に農業委員会を一つだけ設置した場合、[58]選挙による委員は現行の条例定数五六人が三〇人以下に、農協推せんの委員が四人から一人に、議会推せんの委員が一三人から五人以下となる。選挙による委員は、この新しい定数のもとで選出されて新市の農業委員となる。しかし新設合併の場合で特例法を適用すると、選挙による委員は一〇人から八〇人の範囲で、一年間を限度に在任できる。

第四回の合併協議会で、事務局が農業委員などと調整していくことが確認された。農業委員会を一つ設置することと、選挙による委員の任期を平成一七年七月三一日までとする調整案が第九回の会議で提案され、意義なく了承された。なお、選挙によらない選任の委員の任期は、選挙による委員の任期までとなっている。

地方税

課されている税金や税率、税の納期、前納報奨金など、地方税の賦課は自治体によって若干ながら差異がある。しかし、合併すれば当然のことながら同じにならなければおかしい。ところが合併する市町村の間に「著しい不均衡」があるため、均一の課税をすることがかえって「著しく均衡を欠く」場合には、合併年度とこれに続く五年度に限り、不均一の課税が合併特例法によって認められる。これが「地方税の取扱い」の核心である。ここでは、合併協議会で大きな問題となった個人市町村民税の均等割、法人市町村民税の法人税割、都市計画税を取り上げる。

これら三税の現状は、次の通りである。個人市町村民税の均等割は人口によって異なり、人口五万人以上である多治見市と土岐市が年額二、五〇〇円であるのに対し、五万人未満の瑞浪市と笠原町は年額二、〇〇〇円である。合併後の新市は二二万人だから、不均一課税を認めなければ瑞浪市も笠原町も年額二、五〇〇円となる。法人市町村民税の法人税割は国に納付する法人税額を課税標準として課税されるもので、笠原町は標準税率の一二・三%、他の三市は一四・五%の税率を課している。都市計画区域のうち、原則として市街化区域内の土地や家屋に課す都市計画税の税率は〇・三%で、笠原町を除く三市に導入されている。[59] 問題はこうした差異のある税制を、いかに調整するかである。

第四回の合併協議で、事務局で調整案を作ってもらい、それで議論することになり、その事務局案が第六回の協議会で提案された。それによれば、個人市民税の均等割は、合併する年度及びこれに続く二年間は現行どおりとする。法人市民税の法人税割は、合併する年度及びこれに続く二年間は現行の通りとするが、その後は税率を一〇〇分の一四・五とする。都市計画税に関しては、課税区域、税率とも現行の通りとするが、課税区域、税率の統一については、合併後新市において調整するというものである。つまり、個人市民税の均等割と法人市民税の法人税割に関しては、二年間の不均一課税を認める。都市計画税は決定を先送りした内容となっている。ただしこの事務局案に対し、二年間の不均一課税ではなく五年間の不均一課税とすること、都市計画税については五年間と明記するよう、それぞれ強い要望と意見があることも報告された。

この問題は、第四回、第六回、第七回、第一二回と審議を重ね、第一三回の合併協議会で採決により決定をみた。この間、各議会の特別委員会などでも協議するよう求められたりした。大変なエネルギーが費やされている。

議論は税負担が重くなる笠原町の委員が、その軽減を図るため町民感情を前面に出して、「もうすがるよりしようがありません」[60]という発言に象徴されるように、三市の委員にお願いする形で展開された。

タイル業界の景気が悪い中で、しかも行政サービス向上の中味がわからない段階で、税負担が増えるのでは住民を説得できない。五年間の特例があるのにそれを適用しないのでは、町民の理解が得られない。均等割を五〇〇円アップしても、笠原町では年間二〇〇万円程度の増収にすぎない。とりわけ、個人市民税の均等割の不均一課税を五年間とする要望が強く出された。[61]

これに対し、次のような意見が出された。「負担は低くサービスは高く」という妄想を私たち住民は捨て去るべきである。税負担だけを取り上げるのではなく、行政サービスとの関連で考える必要があるし、むしろ税負担も同じにして、行政サービスも対等に受けられるように主張すべきである。そもそも合併によって財政的に一番大きなメリットを享受するのは笠原町である。

合併が御破算になりかねないので、何とかお願いしたいという要望を取り入れて、個人市民税の均等割の不均一課税を事務局案の二年間から五年間に修正した案が採択に付され、三八名中二六名の賛成で可決された。その他に関しては、賛成多数で事務局案通り決定した。

個人市民税の均等割の問題で、こんなに時間が費やされたことは驚きである。この均等割で問題となったのは年間五〇〇円の金額である。しかもこの均等割の納税義務者は、非課税措置により世帯数を若干上回る程度である。[62] 一世帯に一人の納税義務者と仮定すると、一世帯の負担増は五〇〇円。この猶予期間を二年間とするか、五年間にするかが焦点となったわけだが、金額にすれば一、五〇〇円の攻防である。三市一町の市民が本当に連帯して新しいまちを作るという気持ちがあれば、これは問題とさえならないと思う。

一般職の職員の身分

地方公務員は、一般職の職員と首長、助役などの特別職の職員からなる。新設合併で市町村の法人格が消滅すると、その市町村に勤務していた地方公務員はすべて失職することになる。ところが一般職の職員に関しては、合併協議会において合併市町村が消滅する市町村の一般職の職員を引き継ぐ旨の取り決めを行うことが、合併特例法で定められている。これにしたがって、三市一町の職員をすべて新市の職員として引き継ぐことの確認のほか、職員数、職名や任命要件、給与の調整、統一をどうするかが「一般職の職員の身分の取扱い」の問題である。

これが初めて議題となった第四回の合併協議会では、特例法にしたがってやればよいという意見の後は、職員数の問題に議論が集中した。今回の合併の目的が行政の合理化による経費の削減にある以上、職員の削減は避けて通れない。長期的な削減目標を作る必要がある。施設の統廃合や委託化など全体をみすえて削減する必要があり、削減の数字だけを掲げるのは問題である。その他、どれだけ職員を減らせるかは、住民がどれだけ行政を担うかにかかっているなどの意見が交わされた。

こうした議論をふまえた事務局案が、第六回の会議で示された。その文言は協定項目にある一般職の職員の身分の取扱いの通りであるが、定員適正化計画に関連して、新市建設計画の財政計画に盛り込むために普通会計に属する職員の削減について推計している、次のような数字が提示された。

人口や面積、就業構造を加味して抽出した類似の六自治体（日立市、長岡市、沼津市、富士市、清水市、福井市）との比較を行うと、普通会計における三市一町の職員は一、八九三人、六団体の平均は一、五六七人、六団体の平均人口（二一九、一七八人）を三市一町の人口で換算した数字は一、五八一人で、三市一町の職員は六団体平均より三一二人多い。

ところが、消防や教育公務員（幼稚園教諭）、技能労務職員（ごみ・し尿収集、給食センターなど）は、委託や一部事務組合での処理状況によって、職員数に大きな差異が生じる。このため、合併に伴う事務統合による直接的な職員の削減を検討するには、これらの職員を除いた「その他の一般職」で比較する必要がある。そうすると三市一町の一、二三三人は、一、〇四八人の六団体平均より一八五人多いことになる。消防、教育公務員、技能労務職員の削減は、定員適正化計画の中で別途協議することにして、一八五人の職員削減を目標とする。そしてこの目標を達成する期間として、三分の二補充の一五年間で一八七人の削減となるので、一五年間を適当と考える。つまり、一五年間かけて「その他の一般職」を一八五人削減するという、職員削減計画が事務局より提案されたのであった。なお類似団体との比較が困難な特別会計や企業会計職員七七九人を加えると、三市一町の全職員数は二、六七二人である。

　各自治体の職員数が多い理由なども議論されたが、事務局案の削減の目標人数ではなく、目標を達成する期間が議論の焦点となった。

　退職者の三分の二補充の一五年間という案に対して、三分の一の補充の一〇年間にすべきだとする考えが、次のような数字で主張された。現在人口何人に一人の職員かを計算すると、多治見市は二一五・六人に一人の職員である[63]。二二万人都市になれば、多治見市までの水準に職員を減らせるはずである。一五年という期間は長いので、一〇年というスパンで考える。三分の二補充でいくと、一〇年後は一九五人に一人の職員となって、多治見市の水準を下回る。三分の一補充でいくと、二一二・一人となって多治見市の水準に近づく。それゆえ、三分の一補充の一〇年間を努力目標とすべきであるというのである。

　これに対し、行政サービスの低下を危惧する観点から事務局案を是とする意見も出されたが、市の職員は採用されたらリストラできないし、職員を増やしても行政サービスの向上に必ずしもつながらない。また、地方交付税の合併算定替えの一〇年間に、削減目標が実現することが望ましい。こうした意見が交わされた後に、一八五人の削減目標を一〇年間で達成していくことを財政計画に盛り込むことが、異議なく了承された。

なおこれは、「その他の一般職」に関するもので、その他の職員の削減に関しては、事務局で更に精査して、新市建設計画の財政計画に反映することも確認された。

今回の合併の目的が行政改革による経費の削減にあり、大幅な職員の削減に取り組む必要があるとしても、あまりにも人減らしありきになっているという印象を持つ。三市一町が合併しても、庁舎のあり方によって人員削減が大きく左右される。(64) 合併協議会では、そのことが全然議論になっていない。

新庁舎の建設まで機能分担でいくことが決まっている。この機能分担というのは、たとえば土岐市役所には教育委員会、瑞浪市役所には上下水道部という分庁方式である。しかも新庁舎の建設が合併後「一〇年をめどに」(65) 建設するとすれば、果たして一〇年間に行政サービスの低下を招くこともなく、無理のない人員削減がどれだけ可能であろうか。さらに新庁舎の建設後も、各庁舎がまちづくりの拠点として総合庁舎としての機能を果たすことになれば、スケールメリットを発揮した人員削減はそれほど期待できない。人減らしが目的の合併ということで人員削減を進めると、市民サービスの大幅な低下と職員に過酷な職場をもたらすであろう。

地域審議会

昭和の大合併によって、行政と住民の距離は遠くなり、町や村の周辺部はさびれた。さらに合併を推進しようとすれば、昭和の大合併の二の舞を懸念する不安にこたえる必要がある。そこで特例法によって、地域審議会という新しい組織を旧市町村単位で設置することが可能となった。合併によって周辺地域がさびれないようにとの期待が込められている地域審議会であるが、合併市町村の長の諮問に応じたり、長に対して意見を述べるにとどまり、地域社会の振興にどれだけ役立つのか疑問視されている。評価はこのように分かれているが、「地域審議会の取扱い」はこの地域審議会を設置するのかどうかを決めるものである。

この問題は合併協議会で第九回、第一〇回、第一一回の三回にわたって議論されているが、第九回の冒頭から特例法によるものではなく、地域住民の声をいかに吸い上げるかというシステムのあり方として検討すべきであるという意見が出されている。このために、都市内分権や現存する自治組織のあり方を考えるべきであるという主張が、活発に展開された。

地域審議会に関しては、必要論から不要論までさまざまである。

地域審議会の必要性は、主として現存の自治組織との比較から主張されている。地域審議会の方が、より幅広い階層からなる住民の考えが反映できる。自治組織は、とりわけ女性や若者の声を反映していない。また、地域審議会は任意の市民組織である自治組織とは異なり法的にも認められた公的な組織で、ある程度の権限もある。笠原町からは、設置したい旨の発言があった。土岐市の議会としては、地域審議会をつくったらどうかという結論に達したとの報告がされた。(66)

これに対し、地域審議会は広大な地区では必要だがここでは不要である。また地域審議会は執行機関の付属機関であるが、執行機関も簡素化すべきであるし、合併に対する不安は議会が吸収すべきである。その他、議員が選出されない旧市町はありえないし、議会と地域審議会が二重に機能することになる。こうした考えから、三市一町の場合は必要でないという意見が出された。多治見市議会からは、多治見市の場合はその必要がないとの報告があった。瑞浪市に関しては、組織としての意見表明はみあたらない。

その他、設置したい市町は設置したらよいという意見もあって、なかなか結論をみなかった。そこで幹事会で再度検討して調整案を提出することになった。

第一一回の会議に出された調整案は、都市内分権のような新たな自治組織に関しては、その検討の時間が十分でないし、新市の課題として検討すべきである。したがって、そのつなぎとして短期間の地域審議会を設置し、新たな組織の設置は新市において検討する、というものである。これに対し、すべての市町に作るとかえって一体的なまちづくりの障害となるという発言もあって、地域審議会を

「設置する」を「設置することができる」に変更して、異議なく了承された。

以上のように、ここでは地域審議会を設置するかどうかいう問題と、合併後の都市内分権のような住民自治組織のあり方とが同時に議論され、そして協定項目の中でも二つのことが盛り込まれている。それというのも、後者に関わることが協定項目の一つに列挙されていないためと思われる。この協定項目では地域審議会の問題にとどめ、合併後は都市内分権を積極的に推進することを、別の協定項目の中に明記する措置をとったらどうかと思う。(67)

財産

合併協議会で、最も協議が難航した協定項目の一つが「財産の取扱い」である。第六回に始まって決着をみた第一四回の会議まで、実に七回にもわたって審議が行われた。

どうしてこんなに難航したのか。財産にかかわることゆえなかなか譲歩できないという、一般的なことだけではない。

特財制度という、土岐市に固有な問題が焦点となったからである。これは既述したように、(68)八ヶ町村が合併して土岐市が誕生した時は、山林の土地にはあまり関心が払われずに財産区が作られなかった。しかし土地の値段が高くなると土地への関心も高まり、財産区とのバランスをとるため土地を処分した場合、地区住民に一定の還元をする制度ができた。これが特財制度であるが、土地の売却収入の大体半分が地元の公共事業などに使われる。特財制度の対象となる山林は市内の旧八町村のすべてに存在し、三、〇〇〇ヘクタールと広大である。財産区であればすんなりと合意したであろうに、慣行であるだけにその取扱いが大きな論議を呼ぶことになった。

さらに加えて、審議の途中から新たな要求が土岐市側から主張されるに至った。それまでは特財制度が新市にも継承されるかどうかが論議のポイントであると認識されていたと思われるが、第一一回の会議で次のような申し入れが土岐市からあったことが報告された。それは第九回の会議に提案された事務局の調整案にかかわる解釈の相違として報告されているが、むしろ新たな要求とみなした方がよい。その申し入れとは、各自治体が保有する基金を全部一律に新市に引き継ぐのではなく、市民一人あたりに換算して平均を上回る基金は、その自治体の特財とする。つまり平均以上の基金は、それを持つ合併前の自治体が使うのを認めて欲しい。もう一点は、現在土地を売却した場合半分が地区住民に還元されるが、残りの半分は土岐市に配分される。この土岐市に配分される財源を、合併後も土岐市全体の特財として残して欲しいというのである。こうした申し入れが、この問題の解決を一層長引かせることになった。

財産の実態を積極的に公開したがらないという問題もあるが、この協定項目に関する協議が難航したのは以上のような理由によると考えられる。[69]

そのため、最初の会議から大きな火花が散った。

財産区とのバランスから、特財制度は継続すべきだというのが土岐市の考え方であるという意見に対し、合併協議をする「大前提のスタンスは、やはり本当にみんなゼロからのスタート地点に立って、一緒に新しい市を作っていこうと、そういう気構えがあるかないか(70)」であり、「基本的に正も負も全部共有し合って、そしてスタートしよう(71)」という、至極当然の意見がたちどころに返された。これに対し、「土岐市の財産がもちろん新しい新市の財産に引き継がれることはいいんですが、現在の土岐市と一部地域が約束しているその約束は、新しい新市でも継続していただきたいというこういう気持ちでいっぱいなんです。だから、われわれの住民としては、この約束が反故にされるようであれば、かなりの決意を持って合併問題に取り組まざるを得ないというぐらいの決意があります(72)」、という発言が飛び出している。

まさに先行きが思いやられるスタートであった。

前述した土岐市の申し入れは、他の二市一町の反発をさらに強めることになった。それは新市の中に新たな特財制度をつくることを意味したからである。

そして、会議を重ねるごとに泥試合の感を強めた。多治見市の滝呂区運営基金や大原区運営基金は、(73)土岐市の特財によく似ている。また瑞浪市は、市有地を地元の財産区や森林組合に分けている。(74)そればかりか、特財制度があったからこそ土岐市には広大な自然が残されているといって応酬する一方、土岐市議会としては絶対に譲れない旨の方針を表明した。こうした状況下では現在のほぼ半分の一、六〇〇ヘクタールを限度に森林組合もしくは財産区を設定することができるという妥協案も日の目を見なかった。特財制度が、「土岐市の立市の原点」であることが強調されるに至った。あげくのはてに、既得権の継承は当初の約束である。いや、合併協議会を立ち上げる時の約束はないと言い争う有様である。

対立がエスカレートする一方であったため、第一三回の会議では審議を中断して三市一町の首長が話し合いを持ったものの、結論が得られなかった。

この協定項目に「ただし」以下を入れることで、会議の前日にやっと合意をみたという首長合意の修正案が、第一四回の会議に提案された。その「管理運用は新市の市長に委ねる」という条件のもとであるが、土地が売却された場合には現在の半額でなく全額地区住民に還元するという内容である。なぜそのような修正案になったのか説明がないのであくまで推測であるが、新市において新たな特財制度をつくるのを避けるためであったと思われる。この修正案が、三七人中三三人の賛成で可決された。[75]

なお基金に関しては、特定の地域を対象とした基金や篤志家の寄付による基金など、特別の目的を持ったものについては配慮されるが、原則として基金は新市に引き継がれることになった。

こんなことで合併後うまくいくのだろうか、というのが率直な感想である。協議会での発言にもあったように、財産も借金も共有しあって新しいまちづくりにゼロからスタートするぐらいの気持ちが本当は望まれる。たとえそれほどでなくとも、土岐市の申し入れは残念に思う。せめてこれまでの特財制度と同じく、土地を売った時半分は地区住民に還元するが、残りは新市に引き継ぐという内容で決着して欲しかった。(76)

研究学園都市推進事業

東濃西部三市一町は、核融合科学研究所や超高温材料研究センター、超深地層研究所など「極限環境」をテーマとした先端科学技術開発機能が集積する、研究学園都市に指定されていることは既述したとおりである。(77)

この「研究学園都市推進事業」が、協定項目として列挙されているのはこの合併協議会だけであると言う。しかしそれは、極限環境をテーマとした研究開発であるために、その推進を危惧する住民が少なからず存在することを考慮すれば、何ら不思議ではない。むしろ不思議なのは、通常であればそれまでに出た意見を集約する形で調整案が提示されるのに、この協定項目に関してはどういうわけか当初の第八回の会議から、調整案が提出されていることである。「研究学園都市推進事業については、引き続き推進するものとする」、というのがその全文である。

どうして引き続き推進するのか。事務局の説明によれば次の通りである。先端科学技術が、地域産業のみならず国内外の産業振興に活用されることが期待できる。また、東海環状自動車道や中部国際空港が整備されると、東濃西部が世界的な研究開発や情報発信のエリアとなるのみならず、文化や交流施設などの整備で、快適で高機能なまちづくりも進んでいく。さらに、既存の研究施設の連携により、セラミックスを応用した新素材の開発や、マイクロ波による陶磁器焼成技術の開発など、美濃焼産業にとっても技術移転の成果がみられる。

なお、四団体から連名で「東濃研究学園都市事業を引き続き推進することに反対する意見書」[78]が提出されていることも報告された。

さてこの調整案に対しては、研究学園都市事業の中には安全性が確立されていない事業があるので、賛成できないという意見が出された。とりわけ問題なのは、核融合科学研究所が予定している重水素実験にかかわることである。この件に関しては、市民団体が国と公害調停中である。[79]また多治見市環境審議会が二〇〇一年九月、多治見市に「現段階は、協定書案の作成・締結を進める段階にはない。原点に立ち戻って、核融合科学研究所の問題を論議する仕組みづくりに取り掛かることが先決である」[80]とする提言書を提出している。これらの事実から、まさに現時点では安全性が確立されていない状況にある。加えて、安全性が確認されていない事業を行う施設は、積極的な情報公開や住民の意見聴取を欠き、住民との相互信頼が確立されていない。またこの一月には核融合科学研究所で火災が発生している。

以上のような反対論に対し、次のような反論が行われた。安全性の確保に向けて努力していることを無視している。個々に安全性が確保されていなくても、研究学園都市事業全部がそうだということは言えない。トリチウムが発生しても、それは自然界の放射性物質より少ない。

地元にあまり役立っていないという発言もあったが、ほとんどが安全性の問題に時間が費やされた。これを受けて、次の第九回の会議では協定事項にあるような修正案が事務局より提案された。地域住民の安全や理解のあり方、研究学園都市推進の目的や必要性を反映させたものであるという。

この修正案に関しても、推進事業の安全を確認するために公の場で議論をつくし、その中で事業の見直しも行われるシステムが構築されない限り、賛成できないという発言があった。しかし第一〇回の会議で、三四人の賛成で修正案が承認された。

学園都市構想が、名大プラズマ研究所の移転立地とともに研究学園都市となり、極限環境をテーマとした研究開発機能が集積することになった。学園都市構想が、研究学園都市に「見事」に変身した。住民が期待していたものと全く異なるものが、住民の目の前に現れた。(81)

国や県、大企業の地域支配はこうして行われるのかということをつくづく思い知らされる。研究学園都市そのものを返上したい思いがするが、それがかなわなければ、住民の頭越しに進めるこれまでのやり方をやめて、住民との共生を図る努力が望まれる。

公共料金の決定を先送り

以上**図表11**に列挙した協定項目について概観してきた。次に、保育料と上下水道の料金体系を中心に、公共料金の調整がいかに行われたかみてみよう。

まず、全体の問題からみてみる。**図表12**は、三市一町の主要な公共料金等の違いと調整結果を示したものである。これから明らかなように、「新市後速やかに調整」[82]が非常に多い。「合併時に統一」されるのは、住民票・印鑑証明の手数料や幼稚園授業料ぐらいで、主要な公共料金はほとんど決定を新市に先送りしている。

どうしてそうなのか。この問題は、当然のことながら住民説明会においても多くの会場で質疑として出されている。それに対する回答を紹介すると、次の通りである。[83]

〈合併協議会主催：会場　陶文化プラザ〉

「料金の調整は合併前に行うことが原則と考えている。しかし、協議会では四二人の三分の二以上の賛同がないと決まらない。また、合併前に調整するよう努力しているが、料金によっては新市にならないと決められないと考えられるものもある。

上下水道料金は、合併してからの設備投資、収支の見込みなど、新市になってからでないと決められないという意見や、料金は合併前に示すべきという意見もあり、決定されていない。

また、保育料など料金に大きな格差のあるものがある。

料金については全て低いところに合わせることは、今後の財政を考慮すると厳しいのではないか。ひとつひとつの料金のあり方について、そのあるべき姿を検討している」[84]

〈多治見市主催：会場　小名田公会堂〉

「公共サービスを『サービスは高く料金は安く』としないで、新市において適正な料金にすることを原則として協議をすすめてきました。公共料金は政策によって決められるものが多く、現在の三市一町の政策により違う公共料金は、新市の政策により決定されるものとされています」[85]

〈瑞浪市主催：会場　日吉コミュニティセンター〉

「『合併後協議、調整します』という表現が多い、という意見については、本来は合併協議の中ですべて決定していきたいが、歴史的背景等もあり、なかなか決められない部分もあります。例えば、水道料金についてですが、水道料金は大口ユーザほど料金体系が高くなる仕組みになっています。大口ユーザがだんだん減少している状況下、料金体系を新しく設定することはなかなか困難な状況となります。したがって、将来を見据えるとなかなか決めきれない部分も多い、ということもご理解いただきたい」[86]

図表12　3市1町主要な公共料金の違いと調整結果

	多治見市	瑞浪市	土岐市	笠原町		
住民票・印鑑証明					手数料は合併時に統一（決定）	
1通につき	300	300	300	300	300	
幼稚園授業料					合併時に統一（決定）	
月額	5,700	7,000	5,000	5,700	5,700	
体育館トレーニング室					使用料は現行どおり（決定）	
大人1回	200	昼間 166	100	100	料金の基本方針は検討	
		夜間 250				
保育料					現行どおり（決定）	保育料
非課税世帯（3歳児月額）	4,500	4,000	1,600	4,000	新市後速やかに統一	14年度35%軽減時
課税均等割世帯（同）	9,900	10,000	6,200	8,500		△131,974千円
最高額（同）	29,500	26,800	25,600	25,300		14年度25%軽減時
						△7,016千円
ごみ収集					当面は現行どおり（決定）	ごみ収集（13決算比較）
指定ごみ袋（大1枚）	18.0	16.5	7.0	37.0	新市後速やかに調整	最低料金（土岐市）とした場合
指定ごみ袋（中1枚）	15.0	-	5.7	-		△96,829千円
指定ごみ袋（小1枚）	12.9	14.2	4.0	24.7		粗大ごみ収集（13決算比較）
粗大ごみ（1ヶ）	450	-	-	450		無料とした場合
						△1,784千円
火葬場					現行どおり（決定）	
市内大人1人	4,000	5,000	5,000	-		
し尿収集					当面は現行どおり（決定）	し尿収集（13決算比較）
定額制（1人月額）	630	-	-	-	新市後速やかに調整	最低料金（土岐市）とした場合
従量制（18リットル当り）	280	220	175	200		△29,699千円
公営住宅家賃					当面は現行どおり（決定）	
市町村立地係数	0.85	0.75	0.80	0.70	係数は新市後決定	
家賃＝算定基礎額（所得）×市町村立地係数×規模係数×経過年数係数×利便性係数						
上下水道料金						上水道料金（13決算比較）
13mm 20トン　月額	3,024	3,570	3,727	3,528	現行のとおり（決定）	最低料金（多治見市）とした場合
13mm 25トン　月額	4,021	4,620	5,092	4,368	新市後速やかに調整	△514,584千円
20mm 20トン　月額	3,402	5,250	4,777	4,200		
20mm 25トン　月額	4,399	6,300	6,142	5,040		
加入分担金（13mm）	42,000	105,000	141,750	85,050		
加入分担金（20mm）	113,400	294,000	262,500	85,050		
下水道料金						下水道料金（13決算比較）
20トン　月額	2,152	2,730	3,150	2,940	現行のとおり（決定）	最低料金（多治見市）とした場合
25トン　月額	2,756	3,386	3,990	3,622	新市後速やかに調整	△100,839千円
受益者負担金（現区域）	270/㎡	310/㎡	267/㎡	30万円/単位		
国民健康保険料（年額）						国民健康保険料
1人当保険料（13決算）	88,715	81,952	87,721	85,929	5年間以内で調整（決定）	最低料金（瑞浪市）とした場合
同保険料（14本算定）	91,255	72,053	81,300	87,972		△373,847千円（13決算）
（注）13決算は、岐阜県国民健康保険事業状況報告書より						△931,003千円（14本算定）
介護保険料（月額）						
65歳以上（本人非課税）	2,986	2,514	2,576	2,550	新事業期間から統一（決定）	介護保険料
						3ヵ年事業期間（15～17）
						最低料金（瑞浪市）とした場合
						△334,488千円（3年間合計）

（出所）多治見市役所『合併説明会　付属資料〈第3版　03年10月10日現在〉』27頁。

ただし、地方税は省略した。

〈土岐市主催：会場　妻木産業福祉会館〉

「三市一町は、それぞれの長い歴史の中で制度的な違いがあり、利害関係も異なります。住民の皆さんの利益を考えるとお互いに主張を譲れないという事情が一面にあります。また、同じような制度や事業のものでも、三市一町で微妙に内容が異なっているものがかなり多いこと、新設合併であり対等の立場での協議のため、調整に時間がかかることも、先送りが多いことの原因の一つといえます。できれば合併前に詳細を決めるのが一番いいですが、多くの分野でこうした事情が働き、全体的に決着する時期が遅くなり、やむを得ず『合併後すみやかに統一する』などの既述が多くなっています」(87)

保育料

保育料や上下水道の料金体系は、それでは一体どうであったか。

保育料に関しては、福祉関係事業の範囲が広いので保育料の問題とその他の福祉関係とは切り離して協議された。前者は「福祉関係事業（その一）」として、第九回の会議では資料の説明にとどまり、実質的な協議は第一一回から始められた。それ以降、第一二回、第一三回、第一四回、第一五回、第一六回、第一七回と会議が重ねられ、第一八回に至ってやっと決着をみた。この間、いくつかの修正案が出されたり、また第一五回からは「上・下水道事業」と一緒に協議されるなど、上下水道の料金体系とともにかなり異例の展開を遂げた。

協議会での協議をふまえずに第一一回の会議で示された事務局の調整案は、次の通りである。平成一六年度は現行どおりで、平成一七年度からは保育料の軽減率（国の定める保育料徴収基準額に占める市町村の負担額の割合）を、三市一町の平均である二五％で設定した保育料とする[88]。ただし、著しく増える階層区分の保育料に関しては、平成一七年度から五年度の範囲内で段階的に調整する。なお軽減率が三五・八六％である土岐市からは、合併後五年度の間は現行どおりとする意見があることも紹介された。

平成一四年度ベースで三五％の軽減率だと、新市に年間一億五、二〇〇万円[89]の財源が必要となる。新市にあまり大きな財政負担をかけるのを避けるために、二、七〇〇万円程ですむ二五％の軽減率が設定されたのであるが、軽減率の低下により保育料の値上げにつながる土岐市を中心に、この調整案に対する批判が出された。そのさい、少子高齢化社会に向けての子育て支援や労働力確保のために、安い保育料とすべきであることが強調された。

こうした議論を受けて、この調整案は幹事会に差し戻され、修正した調整案が第一三回の会議に提案された。前の調整案では新市の軽減率を三市一町の軽減率を単純に平均して求めたものであるが、実際には所得階層区分における分布状況によって、同じ料金体系でも軽減率が異なる。たとえば、軽減率の高い階層区分に園児が多ければ、その自治体の軽減率は高くなる。こうした観点から三市一町の平均軽減率を求めると三一・四二%となる。したがって新しい調整案では、平成一七年度からは軽減率を三一・四二%で設定した保育料とし、平成二二年度からの保育料については新市で調整するというものであった。なおこれに要する財源は、八、八〇〇万円に増える。

この修正に対しても同じような論議が交わされ、事務局のこの修正した調整案と、委員から提案された五年間は現行のままでいく修正案が、第一三回の会議で採決に付された。前者は三八人中二四人の賛成をみたが、三分の二に達せず否決された。後者は三八人中八人の賛成にとどまった。

二案とも否決され、暗礁に乗り上げた保育料問題であるが、第一四回の会議に保育料は現行のとおりとして、新市において速やかに統一する土岐市修正案が出された。これに対して、財政的にもたない。土岐市で可能なことが二二万都市で不可能なはずがない、というやりとりもあった。新たな論点としては、土岐市の場合は四歳までは保育園、五歳が幼稚園となっており、三歳児、四歳児の子供は他市町のように幼稚園を選択できない[90]。こうした制度上の問題を調整した上で、保育料の問題を決める必要があることが出されている。

続く第一五回の会議で、瑞浪市修正案が出されるに至った。この修正案は第一三回の会議で否決された事務局の修正した調整案を手直ししたもので、軽減率三一・四二%で設定した保育料で平成一七年度以降行くというものであった。この土岐市案と瑞浪市案は、第一六回の会議で両案とも四〇人中二〇人の賛成にとどまり、またもや否決されるに至った。

今後の協議の進め方も議論した第一七回の会議で、これまでに出されたものを再度提出してもよいことが確認されたのを受けて、第一八回の会議で前回の土岐市修正案が再び提出された。当初提案された第一四回での提案説明では、土岐市では合併するとほとんどの公共料金が上がることになる。したがって保育料に関しては、できるだけ現状を維持したい。こういう観点から、保育料は現行どおりとして、新市において速やかに統一するというのであった。今回は、各市町の異なる保育園と幼稚園の制度や内容を調整した上で、保育料を決めることが望ましいことを、提案理由で強調している。この案が採決に付され、三分の二以上の賛成で可決されたのであった。[91]

上下水道の料金体系

さて次は、上下水道の料金体系についてである。これは上・下水道事業という議題で協議されており、それには上水道と下水道の他に簡易水道や農業集落排水事業も含まれているが、ここではそれらを省く。また、下水道受益者負担金の問題も対象外とする。[92]

上下水道は独立採算が原則である。またその料金は住民生活に直結するので、合併にさいしては「制度の効率的な運用と円滑な統一」[93]について調整することが必要である。これを最初に議題とした第九回の会議で、事務局より以上の説明があった後、専門部会での検討をふまえて協議することになった。

それが事務局の調整案として提案されたのは、第一一回の会議であった。それによれば、上下水道とも料金体系は現行とおりで、新市の料金体系は合併後速やかに統一に向け調整する、というものである。この調整案に対し、まず料金を安くすべきだという意見が出された。図表12から明らかなように、一部の例外を除いて土岐市の上下水道の料金は高い。(94) しかも他の主な公共料金が合併するとほとんど値上げになるため、上下水道料金の値下げは土岐市の強い願望である。次に先送りではなく、どうして合併前に料金体系が決められないのかが問題となった。これに対して事務局より、独立採算制であることと、施設の状況など収支の状況を見ながら合併後に決めたほうがよいことになった旨の回答がなされた。

第一四回の会議の冒頭に、料金体系を合併年度は現行とおりとするが、平成一七年度より三市一町の最低の例により統一する、という土岐市修正案が提出された。つまり、多治見市の料金体系にするというのである。そのさいには、年間五億一、〇〇〇万円の赤字が見込まれた。一般会計からの繰り入れや、格差是正のために一二億円の特別交付金をあててでも最低の料金とすべきであるという主張と、それは無理とする主張がぶつかり合った。

この修正案では事態が進まないと考えたためと思われるが、土岐市は第一五回の会議で前の修正案を撤回して、次のような新たな修正案を出すに至った。上下水とも料金体系は今年度は現行のとおりとし、平成一七年度から統一する、というものである。統一すれば土岐市の料金は値下がりするのが期待されるので、統一の時期をできる限り早めたものと思われる。このため今度は、平成一七年度からの統一が時間的に可能かどうかが論議の焦点となった。できる、できないという全く相反することを、助役同士が主張しあう光景も見られた。

次の第一六回の会議で、事務局の調整案と土岐市の修正案が採決に付された。先に採決された事務局の調整案が四〇人中二八人の賛成をみたので、それに決定したのであった。

地域エゴ

概略、以上の通りである。

これらのケースを見る限り、公共料金の決定が合併後に先送りされた主な要因は、住民説明会での質問への回答にあるような、大きな料金格差の存在、政策によって料金が決まる公共料金の決定方法、歴史的背景などにあるのではない。土岐市での説明会の回答にあるように、「住民の皆さんの利益を考えるとお互いに主張を譲れないという事情」によるものと考えるのが妥当である。「お互いに」そうであるかはともかくとして、的を得た回答である。

事実、地元住民を意識した発言が目につく。たとえば以下のものは、保育料に関し事務局が修正した調整案に対する発言である。「今回の新しいこの方法で見てまいりましても、土岐市は現状維持ぐらいで、他市の方はみんな低くなるというような現況が起きております。…これだけの大きな差でやられては、土岐市ではとても住民の皆さんに説明することができませんし、また一六日から始まる説明会でも、絶対にこんなこと土岐市の場合、我々は顔出せません」[95]、あるいは「合併をすすめようとしたときに、こういう数字がどういう形で住民の皆さんに理解をしていただけるかということが我々の大きな問題です。…この数字を住民の皆さんに示したときには、とても、何でこんなによそが安くなって私らはこうなるという声は、現実にこの前のデータをお見せしてもジャンジャンとそういう声がありますので、このままの形ではとても合併へ持っていくということは、選挙戦を通じてもいろいろ言ってまいりましたけれど、そうした中でこのデータ、この形ということではなかなか私は理解ができません。納得できません」[96]と言う。

また、一連の協議会を傍聴してきた匿名の方が、合併協議会のホームページに「現在の合併協議会において、多治見市・瑞浪市・笠原町の委員と土岐市委員の間には、合併に対する認識や取組み姿勢にかなりの差異があるような印象を受けました。そして、そのことが合併協定項目の財産の取り扱いや保育料、指定ごみ袋料金及びごみ処理手数料、上・下水道料金等の調停合意を非常に困難にしているのではないかという考えを持ちました。…（二）取組み姿勢の差異について　差異の一：合併後の新市について、地方自治の本旨を実現するために二二万人の新特例市を創る姿勢に立つのか、それとも各自治体のメリット・デメリットの有無を最優先し、合併是非の判断基準とする姿勢に立つのか[97]」、という意見を寄せている。

それでは土岐市の委員に、土岐市の「メリット・デメリットの有無を最優先」する立場からの意見が多いのはなぜであろうか。

土岐市は旧八ヶ町村が合併して誕生したまちである。そして各地区が盆地状に形成されており、一体的になりにくい地形的な特質をもつ。そしてまた、それぞれの地区がどんぶりや皿などの特定の焼き物の生産に特化し、人口的にもそれほど大きな差はないので、旧八ヶ町村間のライバル意識が強いと言われる[98]。こうした事情と無関係ではないであろう。

さて、こうして合意をみた合併協定項目と第三節で批判的な検討を試みた新しいまちづくり計画（案）に対し、合併協議会主催による説明会で住民からさまざまな質疑や意見、要望が出された。それをふまえて見直しが行われたのであるが、これらについては以下でみることにする。

第五節　合併協議会主催の住民説明会

開催状況

東濃西部合併協議会主催（三市一町共催）の住民説明会は、二〇〇三年六月一六日の多治見市旭ヶ丘公民館を皮切りに、七月三一日の瑞浪市稲津コミュニティセンターで行われたのを最後とする、三市一町の二一カ所で行われた。[99]

この住民説明会は、新市建設計画作成小委員会が策定し、二〇〇三年三月六日の第九回合併協議会で承認された『新市まちづくり計画（案）』の最終決定に向けて、住民の意見・要望を聞くために開催された。それとともに、合併協定項目の協議状況を住民に説明するためである。

このため、当日の参加者に『状況報告書』、つまり『〜活力、安心、創造を求めて〜みんなでつくる、緑あふれる、交流のまち（東濃西部三市一町合併協議の状況報告書）』と『東濃西部合併協議会

図表13　合併協議会による住民説明会の開催状況

	開催日	会場数	出席者数
多治見市	03年6月16日 ～6月30日	7	588
瑞浪市	03年7月15日 ～7月31日	7	717
土岐市	03年7月2日 ～7月14日	6	987
笠原町	03年7月5日	1	145
計		21	2,437

住民説明会（東濃西部三市一町合併協議会の状況報告）』の二つの冊子が配布された。前者は合併協定項目の協議状況も載せているが、新市まちづくり計画の概要が中心で、新市まちづくり計画の概要版と言ってよい。他の一冊は、三市一町の合併問題全般を考えるための資料集とも言うべきものであるが、『状況報告書』におけるよりも詳細な合併協定項目の協議状況も含む。説明会の開催中も合併協議会が行われ、そこで合意をみたものが協議結果に追加されたため、後者の冊子は第三版まで数えた。

当日事務局より、主として『状況報告書』に基づいて説明があり、その後出席者との間に質疑応答があった。答弁のほとんどは事務局長が行い、必要に応じて広報広聴小委員会委員長や地元の関係者が答えた。その際のやりとりや、出席者がアンケートに記入したものは、合併協議会によって会場別（『住民説明会質疑応答記録書』）と分類別（『住民説明会　質問・意見等分類一覧』）に分けて、整理記録されている。

住民説明会の出席者数は、全体で二、四三七名であった[100]（図表13を参照）。ほとんどの説明会が合併協議会発足後間もなく行われた三市一町による住民説明会に比べて、出席者はかなり増えている。合併協議が進み、住民にとって合併が身近な問題として考えられるに至ったからであろう。とりわけ土岐市の出席者が、二七五名から九八七名へと大きく増えた[101]、しかしながら、会場が一三カ所から一カ所となった笠原町の出席者は四一一名から一四五名へと逆に減っている。

出席者のうちアンケート回答者は、八九四名にとどまるが、それによれば出席者の性別（回答数八八四名）は男性六四一名（七二・五％）、女性二四三名（二七・五％）である。また年齢（回答数八七九名）は、二〇代一八名（二・〇％）、三〇代五一名（五・八％）、四〇代一五二名（一七・三％）、五〇代二八九名（三二・九％）、六〇代二九〇名（三三・〇％）、七〇以上七九名（九・〇％）となっている[102]。女性と二〇代、三〇代の若い人の出席者が、ここでも非常に少ない。

『東濃西部合併協議会だより』にみる質疑の状況

さてそれでは、住民説明会でいかなる質疑や意見、要望が出されたか。

まずは、『東濃西部合併協議会だより』第七号と第八号に掲載された「なぜなの⁉　こうしたら？……住民説明会で出た主な質問・意見など……」を紹介すると、次の通りである。全部でQ＆A方式の質疑が一一件、意見・要望が八件掲載されている。

〈質問と回答〉

（1）各市町にとってのメリット・デメリットを説明すべきではないか――後日三市一町で独自の説明会が行われる。

（2）少子高齢化の進行や財政基盤の悪化など「合併の必要性」として四つのことが列挙されているが、その解決策として合併しかないのか――合併は一つの選択肢であり、合併の是非も含めて検討している。

（3）多治見市で住民投票が行われた場合、他の二市一町では住民の意向を聞くことをしないのか――三市一町の首長間では投票方式の住民意向調査と住民投票の二つの案が出ているが、まだ結論が出ていない。

（4）合併による合理化効果で、公共料金を三市一町の最低料金にすべきではないか――財政が厳しい中で、健全な財政を考えるとそれは非常にむつかしい。

（5）合併によって小規模学校や支所の統廃合が行われるのか――合併を理由にそれらの統廃合を

する予定はない。

（6）「合併した当初は国からの支援があるが、だんだん減少してしまう。歳入で増加したものは合併特例債による借金であり、これは返済しなければならない。それに対し、歳出の削減は人件費だけである。合併後、経費削減に努めれば財政体質は良くなるとの説明であったが、今後、どのように改善を図っていくのか」――「先が確実に見通せない状況の中で、まちづくり計画については一〇年間、財政計画については国の支援がある一五年間の推計を行った。国の支援がある間に足腰の強い自治体をつくりたいと考えている。合併特例債については、国が認めている額に近い額を借りる予定で、新市の負担する返済額（元利償還金の三割）は、合併後一一年目以降、約一六〇億円と推計している。合併後一〇年間の余裕のある時期に一三〇億円を積み立て、現在三〇億円ある基金と合わせて対応したい。また、経費削減は、人件費のみではなく物件費もある。将来的には公共施設の統廃合も行うため、さらに現在の推計よりも合併効果が生まれると考える」[103]。

（7）「財産の取り扱いの中であった財産区とは何か。また、土岐市の財産の取り扱いについて詳しい説明をしてほしい」――「財産には、土地や建物、基金などの正の財産と借金などの負の財産がある。合併に当たっては、正の財産も負の財産も共有し負担していくという大原則がある。その原則には例外が二つある。一つは、財産区という法律に定められた特別地方公共団体であり、これについては新市の財産区として引き継ぐこととしている。もう一つは、市有地である山林等だが、旧来から地元との約束事により管理されてきた山林がある。土岐市においては、旧八カ町村との合併時の覚書（昭和三〇年）で、その土地から出た収益については地元に還元するとしており、その内容を尊重し、土地の売却があった際には、公共事業に充当する形で旧八カ町村に還元するという内容である」[104]。

（8）中心部と周辺部は画一的に整備しないとのことだが、周辺部にはいつまでも下水道などが整備されないのか――　画一的に整備しないというのは、それぞれの地区の役割があるということが言いたいのであって、下水道などのインフラ整備はこれまでの三市一町の計画が新市にも引き継がれることになっている。

（9）地域審議会は設置できるとなっているが、「設置する」ではないか、また地域審議会の性格についても説明してほしい――　合併に対する懸念に対応するため、周辺部の声を反映させる施策の検討と都市内分権の観点から検討してきたが、三市一町すべてに必要ということではなく、必要とする市町だけに設置することとした。

（10）職員の削減が市民サービスの低下につながらないか――　合併効果として職員の削減は大きいが、市民サービスが低下しないような削減計画としたい。

（11）合併後の旧市町の庁舎や支所、そして窓口業務はどうなるのか――　新庁舎建設までは旧庁舎も機能分担するし、市民生活に直接かかわるサービス部門も置かれる。それから取扱業務を統一する必要はあるが、現在の支所の基本的な窓口は変わらない。

〈意見・要望〉

(12) 新庁舎の場所は、ＪＲの駅から歩いて行けるよう再検討してほしい。

(13) 東濃研究学園都市の推進が、住民にとってプラスになるのか疑問である。

(14) 公共事業には維持費などがかかるので、将来のことも考えて計画すべきである。

(15) 一〇年間で二六〇人という職員の削減計画だが、もっと削減すべきだ。

(16) 新市の名称を、住民投票など住民の意向で決めるようにしてほしい。

(17) 議員の在任特例はやめて、設置選挙をすべきだ。

(18) いろんな合併の枠組みを、十分時間をかけて検討してほしい。

(19) 公共料金の決定を先送りすることなく、合併前に決めて住民に示すべきである。

以上のように、大変網羅的である。したがって住民説明会でどんな特徴的な質疑や意見が交わされたかを知るには都合がよい。

しかしながら、若干の疑問がある。番号は私が便宜的につけたにすぎないが、その（6）に「足腰の強い自治体」とある。その説明がないのでよくわからない。また、合併特例債が借金であることは述べてあるが、質問も回答もあたりさわりがない感じがする。合併特例債をもっと批判する質問を設定し、それに回答してほしかった。かなりそういう発言があったからである。

その（7）に関しては、私の認識とかなり異なる。昭和三〇年の合併時の覚書は、将来市の廃置分合が行われた場合は各町村が提供した財産は、その旧町村に返還するというもので[105]、特財制度を認めたものではなかろう。またなぜ今回、土岐市に帰属していた売却益の半分までが、新市でなく地元に還元するに至ったのか、その説明にはなっていないと思われる。

ところで今みてきた『東濃西部合併協議会だより』に掲載されたようなまとめ方では、出席者がどんなことに大きな関心を持っていたかを知ることができない。それは重複した発言を避けて、典型的なものを紹介しているにとどまるからである。したがって、どんなことに関心が持たれていたかを知るには、説明会で出た発言や、アンケートに記入されたものすべてを一定の方法で分類し、記録した『住民説明会　質問・意見等分類一覧』（以下、『分類一覧』という）をみる必要がある。

この『分類一覧』は、「まちづくり計画編」と「協定項目編」ならびに「その他編」の三つに大別されている。

まちづくり計画に関する質疑

まず、まちづくり計画編からみていくと、これは『状況報告書』に掲載された新市まちづくり計画

図表14　住民説明会における意見とアンケートの件数（まちづくり計画編）

	意見	アンケート	計
まちづくり計画編　計	128	121	249
1　序論	24	55	79
合併の必要性	6	10	16
合併の効果	10	31	41
合併における留意点	4	12	16
計画策定の方針	4	2	6
2　まちづくりの基本方針	17	10	27
将来像・基本理念	5	3	8
基本方針	6	2	8
都市構造・その他	6	5	11
3　都市の施策	29	19	48
施策全般	7	7	14
個別事業	22	12	34
4　県事業の推進	4	2	6
5　公共施設の統廃合	1	0	1
6　財政計画	53	35	88
行財政の効率化	2	3	5
合併特例債関係	12	5	17
財政推計関係	11	13	24
人件費・職員削減関係	11	13	24
その他財政関係	17	1	18

（出所）東濃西部合併協議会『住民説明会　質問・意見等分類一覧』により作成。

の構成ではなく、その本体である新市まちづくり計画（案）の構成に準じて分類されている。[106] そしてそれにしたがって、住民説明会の意見に関してはその概要と回答、アンケートに関しては記入事項がまとめてある。その意見とアンケートの件数を一覧にしたものが**図表14**である。

それによれば、意見やアンケートのトータルで最も多く出されたのは「財政計画」で、次いで「序論」である。意見は財政計画で多く、アンケートは序論、とりわけ「合併の効果」にかかわるものが多い。また「都市の施策」の「個別事業」に関する意見も多い。

財政計画に多くの参加者の関心が集中したのは、今回の合併が財政問題と密接にかかわっているためと思われる。合併特例債とは何か、財政危機の中で合併特例債に依存して大丈夫なのか、もっと多くの職員を削減すべきである、などさまざまな質疑や意見が出されている。

合併の必要性やその効果などの序論では、今なぜ合併なのかよくわからないといった意見が見られるほか、合併の効果に関しては、メリットばかりでなくデメリットを説明して欲しいという意見が多い。特にアンケートではそれが目につく。

都市の施策の個別事業で多かったのは、地元の道路整備にかかわる要望である。

協定項目に関する質疑

次は協定項目編である。**図表15**によれば、協定項目そのものではない「協定項目一般」に関する意見やアンケートが最も多いが、協定項目では「在任特例の見直し関係」を中心とする「議会議員の定数及び任期」が飛び抜けて多く、「新市の名称」「財産関係」「研究学園都市」「都市計画」「新市の事務所の位置」「福祉関係」と続く。

協定項目一般の「高サービス・低負担」では、公共料金など住民負担を一番低いところへ合わせることへの懸念もみられるが、大半は「サービスは高く、負担は低く」を求めるものである。「協定項目の表現」で参加者が問題としているのは、主な公共料金の決定が合併後「速やかに調整する」という形で先送りされていることへの批判である。

議員の在任特例は経費節減という合併の目的にそもそも反しているし、多くの合併協議会で議員の在任特例を認めているということもその理由にはならない。首長や助役などが合併によって失職するのに、議員だけが残るのはおかしいなど、在任特例を擁護する意見はほとんどみられず、批判する意見ばかりである。

新市の名称では、新市の名称候補の選定理由をたずねたもののほか、自分の欲する名称を発言したり、アンケートに記入したものが多い。その限りでは、「土岐川市」の名前がトップにあげられてい

図表15　住民説明会における意見とアンケートの件数（協定項目編）

	意見	アンケート	計
協定項目編　計	131	129	260
1　協定項目一般	23	31	54
高サービス・低負担	7	11	18
協定項目の表現	8	11	19
その他	8	9	17
2　新市の名称	9	11	20
3　新市の事務所の位置	5	6	11
4　議会議員の定数及び任期	16	20	36
在任特例の見直し関係	12	18	30
その他議会議員関係	4	2	6
5　地方税	2	3	5
6　一般職の身分	2	4	6
7　地域審議会の取扱い	4	0	4
8　財産関係	11	3	14
9　特別職の身分	0	2	2
10　事務組織及び機構の取扱い	1	4	5
11　公共的団体の取扱い	0	3	3
12　補助金・交付金の取扱い	1	1	2
13　町名・字名	2	3	5
14　国民健康保険	1	0	1
15　介護保険	1	0	1
16　電算システム事業の取扱い	0	1	1
17　都市計画	6	6	12
18　広報広聴関係事業	0	1	1
19　研究学園都市	13	1	14
20　住民活動支援事業	1	1	2
21　消防防災関係事業	1	0	1
22　交通関係事業	1	5	6
23　窓口業務	3	5	8
24　福祉関係	4	7	11
25　病院事業	1	2	3
26　廃棄物処理	4	2	6
27　商工観光関係事業	1	0	1
28　上・下水道	5	3	8
29　市立学校の通学区域	3	1	4
30　学校教育	2	2	4
31　生涯学習	1	0	1
32　その他	7	1	8

（出所）東濃西部合併協議会『住民説明会　質問・意見等分類一覧』により作成。

る。

財産関係では、土岐市の特財制度が焦点となっている。財産関係がまだ協議中に住民説明会が開催された地区もあるため、その協議状況を求めた質問がかなりある。そして当然のことながらこの決定に関しては、土岐市側とそれ以外とでは全く異なる反応がみられる。土岐市内の住民説明会では本当に特財制度が継続されるのか、出席者はその確認を求めているのに対し、他市町内では決定への批判がみられる。

土岐市の核融合科学研究所や瑞浪市の超深地層研究所の核関連施設は、新しいまちづくり計画の基本理念の一つである「安心」とは相入れない。また研究学園都市と言いながら、学園と呼べるような施設がない。さらには、核関連施設の研究所が存在することによって、電源三法の交付金を受けている自治体との合併には反対であるなど、研究学園都市に関してはその推進に多くの批判が出された。市街化調整区域内にある多治見市南姫地区の住民が、現状のまま新市に引き継がれるのに反対して、その見直しを求めている。これに関連する意見が、都市計画の大半を占めている。

新市の事務所の位置では、新庁舎の建設がそもそも必要かどうか疑問が投げかけられているほか、交通の利便がよい所にすべきである。また、新庁舎が建設される場所である土岐市土岐口財産区との関係がスムーズに行くようさらなる協議を求めている。(107)

福祉関係では、合併効果が福祉の充実に最もよく結実するようにして欲しいという言葉に象徴されるように、独居高齢者への施策の充実、寝たきり老人を防ぐ施策など、さまざまな観点から福祉の充実を求める意見が出されている。

その他に関する質疑

新しいまちづくり計画（案）と合併協定項目の協議状況に関する説明会でも、それらとは直接関係ない質疑や意見が出た。それらをまとめたものが、**図表16**のその他編である。その中で今後の展開からして重要なのは、住民投票を求める意見やアンケートが非常に多い「住民投票関係」と、「市町独自説明会への要望関係」である。

住民投票関係でかなり多い質問は、多治見市では住民投票が予定されているが、他の二市一町はどうするのかということであった。西寺多治見市長は、この春の市長選挙のマニフェスト（選挙公約）で合併の是非を住民投票で決めることを掲げて三期目の当選を果たした。(108) この西寺市長の選挙公約は、多治見市外にも大きな波紋を呼んだにちがいない。

合併が得か損かで判断される住民投票は、後世に対して責任ある判断ではない。住民投票に費やす金があれば、市民病院の赤字を埋め合わせるのに使った方がよい。住民投票で合併反対ということになると合併がなくなるので、意向調査の方がよい。〇×だけの住民投票は危険なので、住民意向調査

図表16　住民説明会における意見とアンケートの件数（その他編）

	意見	アンケート	計
その他編　計	100	283	383
1　住民意向の把握	33	54	87
住民投票関係	27	48	75
その他住民意向の把握	6	6	12
2　住民説明会関係	16	74	90
説明会資料関係	9	15	24
説明会運営関係	7	59	66
3　その他	51	155	206
合併協議の進め方関係	8	17	25
協議会組織・規約関係	2	2	4
市町独自説明会への要望関係	11	32	43
その他	30	104	134

（出所）東濃西部合併協議会『住民説明会　質問・意見等分類一覧』により作成。

に賛成である。以上のような、住民投票に反対する意見や住民意向調査を望む意見も少ないがみうけられる。

しかしながら、住民投票を行うべきであるという意見が圧倒的に多い。なぜ住民投票なのかといえば、住民一人ひとりの意思の確認が大事であるし、住民の意識を高めるためでもある。また議員が住民の意思を汲み取る努力をしていないので、民意を反映する住民投票が必要であるという。

市町独自説明会への要望関係では、各市町にとっての合併のメリット・デメリットを住民負担を含めて具体的に示して欲しい。次に合併しなかった場合に各市町はどうなるのか、財政推計などの資料を提示してもらいたい。さらには、小学校区などもっと狭い単位で説明会を開催して欲しい、などの要望が多い。

第六節　新しいまちづくり計画と合併協定項目の見直し

見直しの進め方と主な見直し事項

東濃西部合併協議会主催による住民説明会で出た意見やアンケートは、以上のような『分類一覧』としてまとめられ、それに基づいてまちづくり計画に関しては新市建設計画作成小委員会、合併協定項目やその他は協議会でそれぞれ見直しの検討が行われた。もちろん、新市建設計画作成小委員会で検討された見直しは、協議会での検討を得て最終的な見直しとなることは言うまでもない。

なお、新市建設計画作成小委員会の検討資料として、『分類一覧』のうち重複する意見については代表的な意見のみを掲載した『新市まちづくり計画にかかわる　住民説明会意見等検討表』が作成された。それには「質問内容等」と「回答」に加えて、「備考（対応等）」欄もつくられ論点整理が行われている。

さて見直しの結果、まちづくり計画に関しては、計画案の文言の修正などに加え、職員削減計画が二六〇〇人から三〇〇〇人に増えた。そしてこの人件費を中心に財政計画に若干の修正が施されるに至った。合併協定項目にかかわることでは、協定項目二四の「都市計画に関する取扱い」が一部修正されたほか、最終的には変更に至らなかったが、議員の在任特例の見直しが協議会で多くの時間をかけて協議された。また「都市内分権等検討小委員会」が設置され、都市内分権の検討が始まった。その他、住民投票を実施して欲しいという住民の声に直接応えたものではないが、投票方式の住民意向調査の実施が決まった。
(109)(110)(111)

以上のことが、見直しの注目すべき点であると思われる。それらについて、もう少し詳しくみてみよう。

職員削減計画の追加

これまで、職員の削減計画については、合併協定項目「一般職の職員の身分の取扱い」の中での定員適正化計画に関連して言及したにとどまる。そこでは、普通会計における職員数から消防や教育公務員(幼稚園教諭)、技能労務職員(ごみ・し尿収集、給食センターなど)を除いた「その他の一般職」で、モデル(類似六団体の平均人口を三市一町の人口に換算した場合の職員数)と比較すると、三市一町の職員数は一八五人多い。したがって、一八五人の削減目標を一〇年間で達成することを財政計画に盛り込むことになった。なおこれは、「その他の一般職」に関するもので、その他の職員の削減に関しては、事務局でさらに精査して、新市建設計画の財政計画に反映することも確認された。[112]

新市建設計画では、これが次のようになった。[113]

消防や教育公務員、技能労務職員は、委託や一部事務組合での処理状況によって、職員数に大きな差異が生じる。そのため、合併に伴う事務統合による直接的な職員の削減を検討した前のケースでは、これら職員は除外されたのであった。しかしながら新しいまちづくり計画では、これら消防や教育公務員、技能労務職員についても、削減目標が検討された。

ところでこれら職員は、合併によって業務量が減少するわけではないので、合併イコール人員削減ということにはならない。しかしながら、委託や民営化は今後の自治体経営を考えると検討すべきである。こうした観点からモデルと比較すると、三市一町の技能労務職員は六五人多い。したがって、六五人の削減を目標とする。他方、消防や教育公務員は総務的な部署の統合により、一〇人の削減をめざす。

特別会計・企業会計の職員数は、事業内容や規模により大きく異なるので、類似団体との比較はそもそも困難である。しかし、事務統合により総務的な業務で一〇人程度の削減が可能である。

以上の削減計画をまとめたものが**図表17**である。全体の職員数では合併後一〇年間で、一〇・一%

図表17　新市建設計画における職員の削減計画

	現行	モデル	削減人員	差引	削減率
その他の職員	1,233	1,048	185	1,048	15.0
技能労務職	348	283	65	283	19.6
消防・教育職等	312	250	10	302	3.2
小計	1,893	1,581	260	1,633	13.7
特別会計等	779	－	10	769	1.3
合計	2,672	－	270	2,402	10.1

（出所）第8回新市建設計画作成小委員会の資料4「職員削減方針及び一本算定試算に伴う財政計画作成の考え方」4頁。

の削減率にあたる二七〇人の職員削減を目標とする。普通会計では二六〇人の削減であり、新しいまちづくり計画は普通会計の財政計画であるため、合併による職員の削減は二六〇人となる。なおこの削減計画は、退職予定者の約二分の一を不補充とすることによって達成される。西東京市の三分の一不補充よりも大胆な削減計画である。

この二六〇人の削減目標が、見直しによって三〇〇人に増やされたのである。これは一体どうしてなのか。

住民説明会でもっと多くの職員を減らすことができるのではないか。あるいは減らすべきであるという意見がかなり出たことは既述した通りである。しかし、そういう住民の声に直接応えた結果だとは言い切れない。

まちづくり計画の見直しを行った第一二回新市建

設計画作成小委員会で、まず「序論」に関し各会場でどんな質疑や要望が出たかを事務局がかいつまんで報告したのに続いて、次のような発言が出された。

「一々ごもっともな意見だと思います。こういう意見が出てくるというのは至極当然だろうと思いますけれども、やはり合併のこういった必要性であるとか、その次にある地区のメリット・デメリット、そういった意見が出てくるというのは合併がなぜ必要なのかというその訴えが、前提となる訴えが少し弱いんじゃないかという気がしております。やはりそこに合併というのが将来を見据えた形の徹底した行政改革であるということをまず基本としてもっと鮮明に打ち出す必要があるんじゃないかと、そういうところで、その次にメリット・デメリットという問題が派生する問題で、やはり前提となるそういった基本理念の打ち出しが弱いんじゃないかという気がしております」(114)。これに対し事務局は、「ご指摘の必要性の部分をもう少しはっきり書くということにつきましては検討していきたい」(115)と応えている。

私はこの発言を、次のように理解する。

これまた既に述べたように、合併の必要性への疑問や、合併の効果に関してもむしろデメリットを説明して欲しいという意見や、合併特例債に依存することへの批判などが、住民説明会で多く出された。この発言者は、「いろいろな意見とか要望とか出たわけですけれども、これを読んでみると合併そのものを否定するという意見はないように思います」(116)という、寂しさを通り越して怒りさえ感じさせる発言とは違って、この限りにおいては住民の合併への不安や批判を素直に受けとめている。しかしながら、住民の合併への疑問や不安は住民の合併の必要性への理解が不十分であることから生まれている。そしてその不十分さは、合併の必要性が十分に打ち出されていないためである。そこで、「将来を見据えた形の徹底した行政改革」であるという合併の必要性を、ここでは具体的な職員の削減数には触れていないが、「もっと鮮明に打ち出せ」ば、住民の合併への疑問や批判は減少するにちがいないと考えたのであろう。[117]

私はそうではなく、合併特例債に依存することなどを見なおす論議をやる必要があったと思っている。それはともかく、次の第一三回の新市建設計画作成小委員会で、四〇人を上乗せした三〇〇人の削減計画が、事務局より提起されたのであった。

この削減計画は、類似六団体の削減計画を参考にし、地方公共団体定員管理研究会が策定した定員モデルを適用して算出したものである。

類似六団体の職員削減計画の試算によれば、五年間で平均一〇五人の削減となっているが、この数字はこれらの市の普通会計職員のみでなく全職員を対象としたものである。また新庁舎建設まで旧庁舎で機能分担する三市一町とは状況が異なるので、これはあくまで参考にしかならない。[118]

地方公共団体定員管理研究会による定員モデルの方は、事務職と技能労務職の区分がなく、また教育、消防、事業会計部門が除かれているけれども、現行の職員数の八割を基準としたものである。これは各自治体において、行政改革による職員削減の目安にされるケースが多いので、「本地域でも新市での定員適正化計画人員の参考とするためこのモデルを適用しまして、新市となって二六〇人を削減した場合以降を試算し、現行人員との比較をした[119]」結果、新たに二六人の削減が必要となる。さらに類似団体の削減を参考にして、努力目標として四〇人を上乗せする。かくして、二六〇人を削減の最低達成目標数とし、三〇〇人を努力目標とするというのである。[120]

なお、「職員削減検討の方向性」も提示されている。それによれば、新市の調整事項が多い合併後三年～五年間の前期は、人的需要が多く、削減の余地は小さい。機能分担が円滑に機能するに至る中期は、合併の効果はまだ十分に発揮できない。新庁舎が建設されて、住民サービスの直結部門を除き、全ての部門が新庁舎に集中し、施設の統廃合も進む後期は、人員削減の合併の効果は最大限に発揮される。このようにして、職員の削減が進むという。

職員の削減計画は、新しいまちづくり計画の財政計画にかかわる。このようにして二六〇人から三〇〇人に増えた削減計画は、見直しされた財政推計に盛り込まれ、第二一回の合併協議会で「新市まちづくり計画の修正」として了承された。[121]

さてここでは、庁舎のあり方と人員削減の関係が認識されているが、それは重要な視点である。「その他職員」の一八五人の削減計画を打ち出した時のように、機能分担する三市一町と類似団体との比較から削減人員を試算することには無理がある。また、合併後一〇年をめどに新庁舎を建設した場合、無理のない人員削減が一体どれだけ可能なのであろうか。恐らく、新庁舎の建設が急がれることになるにちがいない。さらに新庁舎建設後の旧庁舎は、都市内分権を推進して地域振興の拠点となるのであろうか。これまた人員削減のために、単なる窓口部門が存在するだけのものになってしまうことを恐れる。

議員の在任特例の見直し論議

次は、一年四カ月に及ぶ議員の在任特例を見直すかどうかという問題である。

この問題に対しては、合併協議会主催による住民説明会で出席者から批判が相次いだ。そしてまた多治見市区長会からは、議員の在任特例に「大変違和感を覚え」[122]るとして、設置選挙の実施を求める要望書が出された。このために、「住民説明会意見に基づく合併協定項目の見直しについて」順次検討を始めていた合併協議会は、その第一七回の会議からこの見直しをめぐって白熱した議論を交わすことになった。

まずは、住民説明会での発言や多治見市区長会からの要望を取り上げて、議員の在任特例は市民感情として受け入れがたく、その再考を求める意見が出された。これに対し、周辺部の住民の声が届きにくくなるという住民の心配や、合併協議の成果の着実な実現など、協定項目の協議のさいに主張された意見が繰り返された。またこの問題に納得しない住民に対し議員は説明責任を果たすべきであるという意見に対し、「私の支持者の中で在任はするなという支持者は一人もいません。私の知らない人ばかりでした。例えば同じ同時選挙で落ちた方とか、落選した方とか、その方は三カ所でやられました、同じことを。だから今回の説明会の意見が市民の総意だという意見はやめていただきたい。一部の意見だと私は思っております」[123]という発言が返されている。もちろん議員の中からも、多くの批判的な意見が出たことは市民の負託を受けているものとして一考する必要がある。あるいは「非常にわれわれ議員は信用されておらんなということを痛切に感じたわけです」[124]、という発言もみられる。

第一八回の合併協議会で、この問題を新市議員定数等検討小委員会で検討したらどうかという多治見市合併問題調査特別委員会の結論が報告された。議員の在任特例は新市後の定数とも関連して考える必要があるとの意見も出て、この小委員会に付託することになった。

一二名の委員で構成する新市議員定数等検討小委員会でも、各市町議会からの報告があったりしたが、ほとんどの意見がこれまでの蒸し返しであった。そんな中で際立っていたのは、議員活動の実態から設置選挙を求めた意見である。合併後の調整項目が多いため議員の在任特例が必要であるというが、八〇名の議員のうち一体どれだけの議員が協議会を傍聴し、合併協議を見届けているのか。また住民の疑問の声が多いのは、各市町では議員の半数しか一般質問をしないという議員の実態にあるのではないか。そして「合併によって行政が変わる、首長も変わる、議会も変わらなければ新しいまちづくりのスタートができません。会派や長の立場を超えて議員のあるべき姿はどうなのかよくお考えください」[125]で、その発言は結ばれている。

各市町の現行の報酬で行くという附帯事項をつけて、在任特例を認めたらどうかという意見も出されたが、この委員会にはそんな権限はないとして退けられた。そして採決の結果、六対五で議員の在任特例の見直しはしないで、協議会の結果のままとすることになった。

この小委員会の結論は第一九回の合併協議会で報告されたが、それで決着したのではなかった。論戦の舞台を元に戻して、主として二号委員（議会選出）と三号委員（市民代表）の間で、激しい論戦が交わされた。

多治見市の合併問題調査特別委員会や新市議員定数等検討小委員会では、協議会で決まったことだから見直しを図ることはおかしいという発言があったが、住民の意見に耳を傾けようとする姿勢が欠如しているといわざるをえない。そしてまた笠原町の住民説明会では、在任特例は笠原町の声を届ける最大の武器であり、予算を笠原町に持ってくるという発言[126]が行われたが、これでは新市において一体になってまちづくりに取り組むスタンスが見えないと、前述した小委員会での発言と同様、これは議員の具体的な行動から在任特例の問題を鋭く突いた発言である。[127]その他、八〇名の議員で果たして本当に十分な審議ができるのか。地域の問題を一番よく知っているのは地元の自治会であり、自治会がしっかりすれば住民の声は議会に吸い上げられる。既に県に合併の申請をした県内の本巣市や飛騨市、下呂市などは在任特例を使わないでやっていこうとしているなどと主張して、在任特例を見なおし、設置選挙を求めた。

これらに対し、議員は決して住民の声をないがしろにしていないし、予算を分捕ってくるという気持ちを決して持っているわけではない。議員は住民の要望を受けて、多くの仕事をこなしていると、抽象的な一般論で防戦する一方であった。あげくの果ては、なっとらん議員がいるといって議員を非難することは、大変失礼な発言であるということまで飛び出したが、失礼どころか、それが住民の率直な意見だとやりこめられる有様であった。それでも見直しは実現しなかった。

第二〇回の合併協議会で、まず三分の二でなく、単純多数決で採択することを賛成多数で決めたあと採決が行われ、在任特例の見直しに賛成したのは三八名中一一名にとどまり、協議結果通りとなった。なお協定項目を協議した時、設置選挙に賛成したのは九名である。

住民の声が実現しなかったのは誠に残念であるが、ここでの議論が無駄にならないよう議員が在任特例に対する批判をしっかりと受けとめて活躍することを期待するしかない。それにしても議会は、どうして合併問題で公聴会や討論集会などを開催して、住民の声を積極的に汲みあげる努力をしないのであろうか。こんな状態だからこそ、住民の批判が噴き出すのである。ただし、そういう議員を選出しているのが私たち住民であることを忘れてはならない。

都市内分権等検討小委員会の発足

都市内分権等検討小委員会は、協定項目「地域審議会の取扱い」の見直しを検討する中で生まれた。あっけない程スムーズな誕生をみたこの小委員会は、まだ活動を開始したばかりである。『分類一覧』[128]によれば、**図表18**のように住民説明会で地域審議会の取り扱いについて出された意見は四件にとどまる。これに基づいて、第一八回の合併協議会で地域審議会の取り扱いの見直しが検討された。そこでは地域審議会とは別に、「合併後の新市において都市内分権についての新しいシステムを早急につくり上げるんだというような形のあり方がきちっと提案されるといいんじゃないか」[129]という発言に続いて、合併後地域において分権の機能を高めていくことが非常に大事であるとの発言があった。

これらの発言を受けて、会長から都市内分権について新たに小委員会を作って検討していきたい旨の提起があり、異議なく了承された。その結果、地域審議会の取り扱いで書かれている「新たな組織」については都市内分権ということで、小委員会で検討することになった。第一九回の合併協議会で「東濃西部合併協議会小委員会設置規程の改正について」の案件が可決され、都市内分権等検討委員会の設置が正式に決まり、一八名の委員が選任された。

都市内分権が合併の免罪符であるようでは賛成しかねるが、合併後の住民自治の後退を防ぐために、

図表18　地域審議会の取扱い（意見4件）

【協議・決定内容】

市町村の合併の特例に関する法律第5条の4第1項の規定に基づく地域審議会を、各合併関係市町に設置することができる。地域審議会の組織及び運営に関し必要な事項は、新市発足までに調整する。また、新市における各地域の振興及び均衡ある発展を図るため、新たな組織の設置を、新市において検討する。

会場	番号	意見内容等
23	7	地域審議会の取り扱いの決定内容は、地域審議会の問題と都市内分権の問題が混同されていないか。地域審議会は住民の自治組織としてはきわめて弱いものである。都市内分権とは別個のものである。決定内容の「また、新市では、各地域の振興と均衡ある発展を図るため、新たな組織の設置を検討します。」の部分は削除して欲しい。 ⇒　それぞれの地域に権限を渡すに当たっては、その基本となる組織をどうするのか。また、周辺部の住民の意見をどう反映させるのかが課題である。都市内分権の仕組みを引き続き検討して行く必要があるためこの文言を追加した。
24	9	「協働」という言葉があるが、これは、まちづくりを行政が行うので市民が手伝うのか、市民活動を行政がサポートするのか、新市のスタンスをもっと分かるようにしていただきたい。市と市民との関係を示す組織図はあるのか。また、地域審議会がこの組織の中でどのようにリンクしていくのか。トップが下から市民を支えるような組織を作ってほしい。【再掲】 ⇒「協働」とは、市民と行政が同じスタンスで、積極的に市民が参画し、行政と一緒になって進めていくという意味で考えている。地域審議会の議論の中で、組織として市民がどう関わるのか、市民の声が届くような組織をどう考えるのかという2つの議論があり、今後さらに協議会で検討していきたい。市と市民との組織図については、現段階では検討していないので、今後の参考とする。
25	8	合併後、協定項目や新市まちづくり計画を市民レベルで検証するような組織を作ってほしい。また、これを合併協定項目に追加してほしい。 ⇒　協議会へ持ち帰って参考とする。地域審議会は、協定項目や新市まちづくり計画の進捗状況を旧市町単位で確認するためのものであり、必要に応じて設置をすることになっている。その他、都市内分権や周辺部の意見反映等を行うためのまちづくり組織のあり方について検討することとなっている。
26	6	地域審議会について各市町に設置できるとされているが、「設置する」ということではないのか。審議会の性格についても説明してほしい。 ⇒　地域審議会について検討する際、住民アンケートの合併に対する不安に対応するため、周辺部の声を反映させる施策の検討と、都市内分権の観点という2つから検討した。地域審議会は法により規定された機関であり、旧合併関係市町を単位でないと置くことができない。すべてが必要ということではなく、必要と判断される市町においてのみ設置するとしている。

（出所）　東濃西部合併協議会『住民説明会　質問・意見等分類一覧』31―32頁。なお、⇒以下は回答である。

合併後の都市内分権のあり方を検討していくことは必要であると思う。

住民意向調査の実施

前述したように、住民説明会を受けての合併協議会における協定項目の見直しの検討は、第一六回合併協議会から順次協定項目ごとに始められた。「合併の方式」から始まってその日は「新市の事務所の位置」で見直しの検討を終えた後に、「合併にかかる住民意向の把握方法について」という案件のもとに、「住民意向調査の実施について」が多治見市長を除く三首長によって提案された。住民意向調査のこれが始まりである。協定項目の見直しの検討を終えた後の「その他編」の「住民意向の把握」との関連で提案されるのが順当であるが、時間の関係なのか、あるいは協定項目にないためなのか、見直しの検討を始めたその日の会議に提案されたのであった。

なぜ多治見市長を除く三首長の共同提案とするに至ったのか。多治見市長の住民投票に対し、三首長は投票方式の住民意向調査を主張して合意が成立しない。したがって、三市一町が共通の方式で意向確認を行うのが望ましいからであると提案者は言う。

そして住民意向調査について、首長や議会の最終判断にさいして住民の意向を把握する「調査の必要性」、調査結果を尊重して、今後の合併協議に反映する「調査の位置づけ」、投票方式による「調査の方法」、一二月実施の「実施時期」のほか、具体的な実施方法は広報広聴小委員会で今後検討していくことが説明された。なお投票方式にしたのは、投票所に出向いて自らの意思を表明する自主的な住民参加という考え方と、住民の意思を確認しやすいという調査の公正・秘密性に基づく。

ところでなぜ住民意向調査なのか。いわんや「当協議会においても先に実施した住民説明会において、合併の是非に関する住民意向の把握を望む意見等が多く寄せられたことに鑑み」[130]というのであれば、住民投票にすべきである。この点、明確な説明はみられない。提案者の三首長は、既述したように議会制民主主義を前面に出して、住民投票を行う意思がないことを以前から主張していたからかもしれない。[131]しかし住民投票でなく意向調査を提案した理由を求めるとすれば、「住民意向調査については合併の是非のみではなく、新市名称を調査項目とするなど、制度が柔軟に対応されている事例が多く見受けられる」[132]、ということしかみあたらない。

さてこの提案に対して、次のような質疑や意見が出ただけで、広報広聴小委員会で実施の具体的な方法を検討してもらい、それを受けて協議会で再度協議していくことになった。

決まれば多治見市は、住民投票と住民意向調査の二つともやることになるのか。二つともやることになれば、住民がその結果に左右されないようにするため、実施したり、開票したりする日にちの調整が重要となる。住民意向調査の内容に関しては、三市一町とも統一したものでやるべきという意見と、市町で違った内容の方がよいという意見に分かれた。

大変重要な、しかも興味のもたれた質問は、調査結果をどう尊重するかである。尊重の仕方が三市町でバラバラでは困るので、基本的なスタンスを聞かせて欲しいという問いに対し、瑞浪市長は「十分尊重してまいりたい」にとどまり、土岐市長は「当然これは市民、有権者の意向というものは尊重すべきものでありますが、問題は投票率がどの程度までなるかというような問題、そういう問題が一方にありますので、最終的には議会の判断に任せるということになろう」と言い、笠原町長は「尊重するのは当たり前」としか回答していない。[133] 以上のように、結果の取り扱いは実にあいまいである。他の委員からは、五〇％以上の賛成があれば、それを尊重するということは合併に進むということで、住民意向調査を住民投票と同じように取り扱うべきだという意見が出されている。

住民意向調査を行うとしたら、具体的にどんな方法で実施したらよいかの検討を付託された広報広聴小委員会は、第五回広報広聴小委員会でその検討を行った。そこでの協議は、「多治見市、瑞浪市、土岐市及び笠原町の合併に関する住民意向の確認について（住民意向調査骨子）」というタイトルで、事務局によって作成された「調査の名称」から「情報等の周知」までの一一項目を逐条審議する方法で進められた。

小委員会で議論になったことや、三首長による提案の「住民意向調査の実施について」の変更点を中心に、事務局案をまず説明すると次の通りであった。

「調査の名称」は、「投票方式による三市一町合併に関する住民意向調査とする」。「調査項目」は、

「(1) 三市一町合併に対する是非　※選択肢は『是・非』のみの二択か、『どちらともいえない』を加えた三択か? (2) 新市の名称」とする。三人の提案者は、合併について賛成か反対かわからないけれども、仮に合併するとしたらこういった市の名称を望むという人もいるわけで、「どちらともいえない」を加えた方がよいという意見であるが、最終的な判断は小委員会にゆだねる。[134]「実施時期」は、「平成一五年一二月又は平成一六年一月に実施する」。提案者は当初一二月を考えていたが、住民の関心を高めるために年末年始など各種の会合で話題になるように、あるいは年末のあわただしい時期を考慮して、一月も考えられないかという意見である。「調査結果の取扱い」は、「(1) 投票率有効投票率に関わらず、開票するものとする。(2) 合併の是非に関する項目　三市一町のいずれかで、有効投票において『反対』が『賛成』を上回る場合は、現在進めている合併の協議について、枠組みも含めて見なおすものとする。(3) 新市の名称に関する項目　協議会は、得票結果を尊重して、新市の名称を定めるものとする」。先進事例の意向調査には、あいまいであるという批判があるため、「枠組みを含めて見なおす」とした。それは反対が賛成を上回れば、「一般的には白紙に戻るというような内容で[135]」ある。三人の提案者には、事前に説明してある。[136]

この事務局案に対し、意向調査なのだから住民がわざわざ足を運ぶ必要もないし、安くてすむ郵送方式の方が投票方式よりよい。また、調査項目に合併の是非と新市の名称以外に、施策の選択などもう少し住民が意思表示できるものを加えたらどうかという意見もでた。しかしもっぱら論議は、合併の是非に「どちらともいえない」を入れるかどうかということと、反対が賛成を上回る場合は合併協議を見なおすとした、調査結果の取扱いの（2）を削除して、「尊重する」にとどめるかどうかという点に集中した。それは、住民意向調査に住民投票の性格を持たせるのか、あるいは単なる住民意向調査にとどめるのか、という対立であったと言ってもよい。

合併の是と非に加えて、なぜ「どちらともいえない」を選択肢に入れる三択を主張するのか。「どちらともわからないものに是か非かなんて問うこと自体がちょっとおかしい。わからんもんはあくまでわからんと思う[137]」からである。また、住民投票と違ってあくまで住民の意向を問うのだから、わからない人も対象とすべきであるし、わからない人がどれだけいるかを知ることも協議会にとって意味がある。

これに対する二択論は、合併に対する住民の意思を求めるための意向調査であるし、住民は合併に対する自分たちの気持ちを是非で表したい。また「どちらともいえない」を入れると、その解釈で紛糾する。さらに「是非という意見をきちんと市民が責任を持って意見を述べ、そして自分たちの意見を反映することによって新しいまちの責任を負えていくと思う[138]」からである。

双方から以上のようなことが主張されて、議論は平行線をたどった。このため単純多数決で採択を取ることになり、二択の四人に対し三択が七人の賛成を得た。このため小委員会としては、合併に対する是非の選択肢として「どちらともいえない」を加えた三択とすることに決めたのであった。

もう一つの焦点である調査結果の取扱いについては、調査結果を反映することを明記するのは市民に対する責任であるとして、事務局案を支持する意見も出された。しかし、合併協議会が合併協議の枠組みを見直すのは強すぎる。また、住民意向調査は議会での議決を経ていないのに、首長が調査結果を尊重して合併の是非について考えるのは議会無視である。さらに、合併問題の結論を出すのは行政であるべきなのに、意向調査で合併の結論を出すのは行政の責任をあいまいにするものである。こうした反対意見が強く出されて、結局調査結果の取扱いの（2）「合併の是非に関する項目」は、原案に代えて「協議会は、得票結果を尊重して、合併協議を行うものとする」ことで決着をみるに至った。

ところで、法定の合併協議会の設置を決めたのは議会である。そうして設置された合併協議会は、合併の是非を含めて協議することになっていたはずである。したがって、住民意向調査で反対が賛成を上回れば、合併を白紙に戻すことを合併協議会が決めても少しも不思議ではないと私は思う。合併協議会のこうした任務との関係でこの問題をどう考えるべきなのか、そういう観点からの議論を欠いたまま決着をみたのは残念である。

以上のような広報広聴小委員会での検討結果が第一七回合併協議会（二〇〇三年八月二〇日）で報告され、この検討結果について攻守所を異にして小委員会での議論が蒸し返された。主として「どちらともいえない」の選択肢の問題と調査結果の尊重をめぐって、事務局案に戻すべきだとする意見と、住民意向調査なのだから小委員会案でよいとする意見が飛び交った。

ここでの議論で印象に残っているのは、「合併に是非に関する項目というときは、協議会は得票結果を尊重して合併協議をもう一回、あるいは二回、三回行うものとすると、せっかくこれだけ立派な委員の皆さんが一年半にわたっていろいろ協議いただいたその結果がですね、一日にしてこうなってしまってはいかんと。……ぜひひとつ、その結果が反対が上回ってもこの場に持ち寄って十分ご検討していただくということに決めておいていただきたいと思う[139]」と、住民が決めることへの不安が率直に吐露されている[140]。

協議会でも採択で決めることになり、まず投票型の住民意向調査を行うことについて、その決定には三分の二以上の賛成を必要とすることを確認した上で、採択が取られた。三八名中三二名の賛成で、投票型の住民意向調査の実施が決まった。次いで実施方法に関し、小委員会案と事務局案を単純多数決で決するとになり、小委員会案が三八名中二二名の賛成を得た。

以上のようにして決まったのであるが、多治見市の住民投票条例案の決着（二〇〇三年九月二四日）をみる前に、どうして合併協議会は住民意向調査の実施を決めたのか、多くの人が疑問を持ったにちがいない。

さて、住民意向調査の投票日は二〇〇四年一月二五日と決まった（第一八回合併協議会）。また、「意向調査に当たっての四人の首長の考え」が第二二回合併協議会で確認されたが、意向調査の結果の取扱いを抜粋して一覧にしたものが**図表19**である。

賛成、反対のいずれか多い方に従うという多治見市長の考えは、実に明快であり、実質的に住民投票である。住民投票で合併の是非を決めたいとしてきた多治見市長の考え方からすれば当然の決断とも言えるが、それを高く評価したい。その他の三人の首長は、合併是非の判断に有権者の二五%以上とか、反対が有効投票の過半数といった非常に高いハードルを設けている。また「どちらともいえない」を、首長や議会に委ねられたものと考えるという、全く恣意的な解釈がなされている。

かくして三市一町で実施される投票方式の住民意向調査は、多治見市を除くと合併の是非を住民が決めるのではなく、実施した団体が己にとって有利な形で決める住民意向調査からほとんど脱皮していない。(141)

図表19　意向調査の結果の取扱いについての4人の首長の考え

多治見市長　西寺雅也

意向調査の結果の取り扱いについては、「賛成、反対のいずれか多いほうに従って、合併協定書に調印する、しないを決定する」ことにしています。

瑞浪市長　高嶋芳男

意向調査は、50%以上の投票率を目標とし、合併の是非は、有権者の25%以上の支持がある結果を尊重してまいります。なお、「どちらともいえない」の扱いについては、私や議会に委ねられたものと考えております。

土岐市長　塚本保夫

25日の住民意向調査の結果、万一、反対投票が有効投票の過半数に達した場合は合併協定書の調印を見合わせ、その他の場合は、合併協定書の調印を行った上で市議会に合併についての判断を委ねます。

笠原町長　水野隆夫

住民意向調査の投票率については、50%以上を目標とし、「賛成または反対」が町内全有権者の4分の1以上に達した場合に、判断の基準として取り扱い、その賛否に従います。なお「どちらともいえない」の票については、私や議会に合併の賛否の判断を委ねられたものとして取り扱います。

（出所）第22回東濃西部合併協議会の資料2－1「意向調査に当たっての4人の首長の考え」より抜粋。

〔注〕

（1）たとえば、「朝霞市・志木市・和光市・新座市合併協議会規約」「豊川市・音羽町・一宮町・小坂井町・御津町合併協議会規約」など。

（2）たとえば、「田無市・保谷市合併協議会規約」「津田町・大川町・志度町・寒川町・長尾町合併協議会規約」など。

（3）「東濃西部合併協議会規約」第三条の全文は以下の通りである。

第三条　協議会は、次に掲げる事務を行う。

（1）関係市町の合併に関する協議

（2）法第五条の規定に基づく新市建設計画の作成

（3）前二号に掲げるもののほか、関係市町の合併に関し必要な事項

（4）東濃西部合併協議会『～活力、安心、創造を求めて～みんなでつくる、緑あふれる、交流のまち（東濃西部三市一町合併協議の状況報告書）』（以下『状況報告書』という）一頁。

（5）多治見での住民説明会の折、どうして規約第三条第一号に「合併の是非」を盛り込んでいないのか質問したところ、第三号の「前二号に掲げるもののほか」に「合併の是非」を含むと解釈している、との答弁が合併協議会事務局長よりあった。

（6）多治見市は二名、土岐市は一名を公募したところ、前者は八名、後者は五名の応募者があった。瑞浪市と笠原町は一名を団体推せんで公募したところ、それぞれ二団体から推せんがあった。

（7）私の知りえた限りでは、二〇〇一年一一月に発足した豊川市・音羽町・一宮町・小坂井町・御津町合併協議会において、各市町三名の学識経験者のうち一名が公募で選任されていたにすぎない。

（8）この小委員会の発足が遅れたのは、当合併協議会が議員の在任特例を適用した場合には、各市町の議会議員の合計が新市の議会の議員定数とみなされるものと誤解していたためである（第一五回東濃西部合併協議会の資料2—3「議会の議員の定数及び任期の取扱い（追加）を参照」）。

（9）「東濃西部合併協議会幹事会設置要綱」による。

（10）「東濃西部合併協議会会議傍聴規程」による。

(11) ただし二〇〇二年度には市町村合併準備費補助金が国から各自治体に直接五〇〇万円交付されているので、三市一町の負担金は実質的にはほとんど変わらない。
(12) 『第一回新市建設計画作成小委員会　会議録』一六頁。
(13) 第五回東濃西部合併協議会の資料1「第四回本協議会主な意見」による。
(14) 第六回東濃西部合併協議会の資料1「第五回本会議主な意見」を参照。
(15) 第一〇回東濃西部合併協議会に添付された東濃西部合併協議会情報公開審査会「公文書公開請求決定に対する諮問について(答申)」による。
(16) 朝霞市・志木市・和光市・新座市合併協議会では、広報公聴小委員会が市民意識調査の設問内容を時間をかけて専門的に研究し、アンケート結果については自由意見もとりまとめた『朝霞市・志木市・和光市・新座市の将来のまちづくりと合併についてのアンケート集計結果報告書』を作成している。
(17) 瑞浪市では、八つの旧町村のうち五地区にまちづくり推進協議会がつくられている。これらのまちづくり推進協議会は、住みよいまちづくりをめざして地域振興整備計画の策定やコミュニティ活動などに活発に取り組んでいる。
(18) 世帯数に占める出席者数で参加率を求めると、たとえば長野県宮田村(人口九、一六五人)の場合、第一回市町村合併地区懇談会(二〇〇二年八月七日~二四日、二二会場)は二五・二%、第二回市町村合併地区懇談会(二〇〇二年一〇月二一日~三〇日、一五会場)は三九・〇%であった(宮田村役場総務課による第一回と第二回の『市町村合併地区懇談会のまとめ』による)。また岐阜県蛭川村(人口三、八八五人)の第三回中津川市と恵北町村との合併地区説明会(二〇〇二年一一月二七日~一二月五日、一四会場)の参加率は、四六・二%であった(蛭川村『第三回中津川市と恵北町村との合併　地区説明会議事録』による)。
(19) 以下のことは、多治見市のホームページ「地区懇談会開催の報告」による。
(20) 以下のことは、瑞浪市役所「地域懇談会で出された意見や提案等」による。
(21) 拙稿「岐阜県東濃西部　三市一町の合併問題を考える(一)」『愛知県立大学外国語学部紀要(地域研究・国際学編)』第三五号、二〇〇三年三月、二二五―二二六頁。
(22) 瑞浪市議会における住民投票を求める一般質問に対する高嶋瑞浪市長の答弁は、「市民の皆様の声を反映するのがこの議会であり」（『平成一四年第一回瑞浪市議会定例会会議録』一一八頁）、「議会制民主主義の精神を尊重してまいりたいと思いますので、今のところ住民投票という考えは持っておりません」（同右　一三一頁）というものである。

(23) 以下のことは、土岐市役所「合併問題懇談会議事録」による。

(24) ただし、地元が市から土地を借りている場合は、地元に五五％、市へ四五％が配分される。

(25) 以下のことは、笠原町役場「笠原町市町村合併地区別住民説明会　会議録」による。

(26) 拙著『市町村合併を考える』開文社出版、二〇〇一年、二六一頁。

(27) 東濃西部合併協議会『新市まちづくり計画（案）』（以下『計画案』という）六頁。

(28) 『状況報告書』九頁。

(29) 長野県高森町「合併について共に考える懇談会シナリオ」（H一四・一一・一八）七頁。

(30) 瀬戸亀男『今、なぜ合併か　篠山市の取り組みから』（地方自治土曜講座ブックレット№七五）公人の友社、二〇〇一年を参照。なお篠山町・西紀町・丹南町・今田町合併協議会『新市建設計画』で合併の必要性として掲げられていることは、「歴史的経緯」「生活圏の一体化と住民ニーズの高度化」ならびに「合併・市制施行による計画的・総合的行政の展開と行政能力の向上」の三点である。

(31) 『計画案』一頁。同じく『状況報告書』一頁。

(32) この点は、川瀬憲子静岡大学助教授の見解による（『週間金曜日』№四四七、二〇〇三年二月一四日、一一頁）。

(33) どうしてこのように投資的経費が多いのか。第七回新市建設計画作成小委員会に提出された資料6「新市建設計画に係る財政計画作成の考え方」によれば、「なお主要事業計画の調整については時間を要するため、当面は過去五年間の平均的な各市町の投資的経費及び合併特例債標準全体事業費等勘案し、モデル的な投資的経費（年間一七〇億円）を上記財政計画フレームに乗せ、これに基づき財政計画シュミレーションを行い、事業計画決定後に最終調整を行う予定としている」。

(34) 『週間金曜日』№四四七、二〇〇三年二月一四日、一一頁。

(35) 拙稿、前掲論文、二二四頁と二二七頁。

(36) ただし、「根拠を精査して積み上げたものではないことや、財源についての不確定な要素があることなどで」（「住民説明会質疑応答記録書」〈会場南ヶ丘中学校体育館〉）、事業費は記載されていない。

(37) 住民アンケートの調査結果、地域の現状に関して最も満足度の低いものが「中小企業の育成、起業の支援や地域内での雇用の場の確保」となっていることが、「活力」や産業振興を強調する根拠となっているようである。しかし満足度に関するこうしたアンケート調査をすれば、ほとんどどこでも雇用の場が不満のトップとなっている。たとえば、豊川市・音羽町・一宮町・小坂井町・御津町合併協議会『新市将来構想（案）』平成一四年一二月、三七頁。郡上郡町村合併協議会『町村合併協議会だより』七号、二〇〇二年一〇月一日、五頁。朝霞市・志木市・和光市・新座市合併協議会『四市合併協議会だより』第四号、二〇〇二年一二月一日、八頁などをみられたい。

(38) 西東京市企画部企画課『田無市・保谷市合併の記録』平成一三年、四六頁。

(39) 六つの新市の課題とは、（a）産業の活性化、（b）新市内連携強化と広域交流の促進、（c）少子高齢化への対応、（d）地域間格差に配慮した質の高い生活環境の創造、（e）自然、歴史、文化等、地域資源の保全と活用、（f）行財政改革の推進である。

(40) 本巣町・真正町・糸貫町・根尾村合併協議会『自然と人が共生し快適でこころふれあうまち　本巣市の姿ダイジェスト版』平成一五年、一八頁。

(41) なぜ最重点プロジェクトを掲げないのかという住民説明会での質問に対する回答は、「最重点プロジェクトということでなく、すべてが重要という認識であるためである。合併協議の中で、合併を機に、最重点や記念事業について必要かどうか議論したが、財政状況が厳しい中でもあり、当面必要とする事業をあげるべきという意見であった」（「住民説明会質疑応答記録書」〈会場南ヶ丘中学校体育館〉）。

(42) 東濃西部が発行できる合併特例債の限度額は、振興基金の三八億円を含めて五九二億円である。

(43) 広報たじみ『Tajimist』No.一九九三、平成一四年五月一日。

(44) 『状況報告書』二三頁。

(45) 根本崇野田市長「交付税改革　地方の実情にらみ軟着陸を」『朝日新聞』二〇〇三年七月一〇日。

(46) 新市建設計画作成小委員会副委員長は、この観点から合併特例債の発行を最小限におさえるよう要望している（『第一回新市建設計画作成小委員会　会議録』一五―一六頁）。

(47) 東濃西部三市一町の場合で、事務事業の調整項目は一、九〇〇に及ぶ。

(48)「財産の取扱い」を「基本的な協定項目」に含める合併協議会がかなりある。ここでは「すり合わせが必要な協定項目」に入れているが、それは総務省のマニュアルに従ったまでで、特別の意味はないという。
(49)『第三回東濃西部合併協議会　会議録』三八頁。
(50)同右、三九頁。
(51)小委員会による桔梗の「選定理由及び意見」は、次の通りである。「・三市一町に縁のある土岐氏の家紋が桔梗である。土岐源氏の勇猛果敢で自由奔放な気風を、新市のまちづくりに活かしていきたい。・三市の市の花でもあり、なじみ深い。・自然豊かな環境を大切にするイメージがある名称」(第一一回合併協議会の資料2-1「新市名称候補選定小委員会会議結果概要報告」)。
(52)第一一回合併協議会の資料2-1「新市名称候補選定小委員会会議結果概要報告」による。
(53)この質問に対する小委員会委員長の答弁は、「土岐市さんのお考えになっておった候補地と、私ども二市一町が考えておった位置とはちょっと相違がございました。そういう中で、これは委員の皆さん方すべてのご意見として、もう少し土岐市さんに考慮していただきたいとこういうような皆さんのご意見でありましたので、その点を土岐市さんの方が十分に考慮される中で追加候補地として出されたものでございます」(『第一一回東濃西部合併協議会　会議録』一三頁)というものであった。
(54)第四回位置選定小委員会の資料1「第三回新市事務所の位置選定小委員会主な意見」による。
(55)本庁舎の新設位置は、「国道一九号沿いで、建設予定の東海環状道・土岐南インターや都市間連絡道路とのアクセスも良好」(『岐阜新聞』二〇〇三年三月二八日)と報じられた。
(56)どうして平成一八年一〇月までなのかと言えば、法的には平成一九年一月まで在任することができるが、定例議会の開催月をはずして選挙を行うとすると、九月定例会終了後の一〇月に選挙を行うのが望ましいと考えたからであるという(『第一一回東濃西部合併協議会　会議録』二三頁)。
(57)『第一二回東濃西部合併協議会　会議録』一五頁。
(58)自治体の区域面積が二万四、〇〇〇ヘクタール以上か、農地面積が七、〇〇〇ヘクタール以上であると、一つの自治体に二つの農業委員会を設置することが可能である。新市の場合、区域面積が三万八、二二五ヘクタール、農地面積が一、四四四ヘクタールであるため、法的には二つの農業委員会の設置が可能である。

(59) 都市計画税の課税対象区域は、多治見市の場合は都市計画区域のうち市街化区域内、瑞浪市の場合は都市計画区域のうち、都市計画用途地域、公共下水道の事業地、土地区画整理事業の施行区域、土岐市の場合は都市計画区域のうち都市計画用途地域である。

(60) 『第一二回東濃西部合併協議会　会議録』三九頁。

(61) 都市計画税の五年間の猶予を求める要望がかすんでしまったのはなぜかという住民説明会での質問に対し、行政は次のように回答している。都市計画の事業が遅れてしまわないか、また明記すると五年後からは都市計画税がかかることになってしまう。いずれにせよ、五年を明記することが得かどうかである（『笠原町市町村合併地区別住民説明会質疑応答記録書〈神戸区公民館〉』を参照）。

(62) 六五歳以上の老年者や未成年者、夫婦の一人、所得のきわめて低い人などは非課税である。このため多治見市の場合（二〇〇三年七月一日現在）でみると、人口は一〇万五、九八六人、世帯数は三万六、〇八三世帯であるが、個人市民税の均等割の納税義務者は三万八、二七八人である。

(63) この発言者によれば、一人の職員あたりの住民は瑞浪市が一六〇・八人、土岐市が一六五・六人笠原町が一一〇・五人である（『第六回東濃西部合併協議会　会議録』二九頁）。

(64) 愛知県西春町の「合併についての対話集会の内容について」には、一般職員数の削減は、庁舎のあり方で分かれるとして、「・本庁方式　削減できる　・分庁方式　削減は困難　・総合支庁方式　削減は困難」という記述が見られる。

(65) 『第一一回東濃西部合併協議会　会議録』一一頁。

(66) 「自治会があるからいいじゃないかということと、そうじゃなくて、やはり土岐市の方も過疎地があるから、やはりこの建設計画をしっかり見定める意味で地域審議会をつくってほしいという意見と両方でございまして、議会としては一応地域審議会をつくったらどうかという結論を達しましたのでご報告しておきます」（『第九回東濃西部合併協議会　会議録』二一頁）という発言がされている。

(67) 私の地域審議会と都市内分権に関する見解については、拙稿「市町村合併と地域内分権」（〈基本講座〉変わり行く社会⑩）労働大学出版センター『まなぶ』No.五四八号、二〇〇三年一〇月号を参照されたい。

(68) 本章第二節「住民説明会」の「土岐市の合併問題懇談会」を参照されたい。
(69) 第九回の会議で、特財の対象である土地が売却された場合の財政的な仕組みが問題となった。またその時の会議資料「旧慣による公有財産の管理」では、特財にかかわる建設事業基金積立やそのうちの町別の会計が記載されておらず、もっと資料の提出を求める声が出た。第一〇回の会議に追加資料として出されたが、それによると建設事業基金残高（二〇〇一年度末現在）は四八億三、〇〇〇万円で、うち町別が二八億八、〇〇〇万円である。
(70) 『第六回東濃西部合併協議会　会議録』四〇頁。
(71) 同右、四〇頁。
(72) 同右、四二頁。
(73) 滝呂区運営基金は、一九五一年多治見市との合併のさい笠原町から承継された財産で、大原区運営基金は一九九五年に大原山林会から市へ寄付された財産である。それぞれの財産管理会によって管理され、財産からの収益は土地の維持管理及び区民の福祉向上に運用されている。多治見市は、基金及び財産等の取扱い事務費として、両基金から決められた金額の納付を受けている。
(74) 合併した時瑞浪市は市有地が三、〇〇〇ヘクタールもあったのに、これまでに三つの財産区に九六三ヘクタール、二七の森林組合に一、三七〇ヘクタールを分けたため、今は六五六ヘクタールぐらいしかない。そして地元がその土地を処分したとすれば、全部それは地元のものとなり、瑞浪市の一般会計に繰り入れられることはない（『第一一回東濃西部合併協議会　会議録』三二頁と『第一二回東濃西部合併協議会　会議録』五〇頁を参照）。
(75) 首長合意の修正案とは別に、土岐市という中で公共事業を行った方がそれぞれの地区にとって有益ではないかという考え方から、「当該地区」を「旧土岐市」に変更することなどを内容とする修正案が提案されたが、賛成者三名で否決された。
(76) 現在事務費を市へ払っている財産区などは、合併後も新市へ事務費を払うのに、土岐市の旧八町村の市有地は事務費を新市に払わないことになっているのは不公平ではないか、ということでも問題が尾を引いている（『多治見市合併地区説明会でのおもな質疑応答』〈会場フレンドリーホール滝呂台〉）。
(77) 第一章第二節「三市一町の合併に関する調査研究報告書の批判的検討」の「三市一町の概況」を参照されたい。
(78) この意見書は、「東濃研究学園都市構想は、市民の安心・安全と相いれない原子力施設の受け皿となっており、地方分権を真に実践するのなら、合併を契機に、国や県に安易に従ってきたこれまでの姿勢を改め、全面的に計画を見直すべき」ことを強調している。

(79) 国の公害等調整委員会は二〇〇三年一一月一二日、合意が成立する見込みがないと判断して調停を打ち切った(『朝日新聞』二〇〇三年一一月一三日)。

(80) 広報たじみ『Tajimist』№一九八三、二〇〇一年一二月一日。

(81) 研究学園都市に関しては、安全性以外に次のような問題があることを以前に指摘した。第一に、学園機能としては総合研究大学院大学(数物科学研究科核融合専攻)が設置されているだけの「学園機能なき研究学園都市」である。第二に、開発に伴う環境破壊や災害、水問題などである。第三に、製品の納入や技術移転などで、美濃焼の振興にはあまり貢献しない。第四に、極端な行政主導型の研究学園都市づくりであり、住民が誇りに思うことができない(拙稿「地方定住と広域市町村圏(その五)—岐阜県東濃西部地域広域市町村圏の場合—」『愛知県立大学外国語学部紀要(地域研究・関連諸科学編)』第二五号、一九九三年三月、一二一—一二六頁を参照されたい)。

(82) この「速やかに」というのは、どれくらいの期間をさすのかということが、説明会でも問題となっているが、一般的には二〜三年、内容によっては五年程のこともありうるとの回答がされている。

(83) 複数の会場で問題となっている場合は、当然複数の回答があるが、よりふさわしいと思われる回答一つにとどめた。なお笠原町の住民説明会では、そのような質疑がみあたらなかったので、ここでは紹介することができない。

(84) 東濃西部合併協議会「住民説明会　質問・意見等分類一覧」一二頁。

(85) 多治見市「合併地区説明会(一二地区目)でのおもな質疑応答」。

(86) 瑞浪市企画部企画政策課「平成一五年度市民懇談会項目別意見集」。

(87) 土岐市「市主催合併説明会質疑・意見等(項目別)」一一頁。

(88) 土岐市以外の平成一三年度の保育料軽減率は、多治見市一七・〇〇%、瑞浪市二二・八二%、笠原町三八・五〇%である。

(89) 第一三回の会議で、事務局はこれを一億二、〇〇〇万円に訂正した。

(90) 土岐市にある幼稚園の七園はすべて市立幼稚園で、小学校の付属幼稚園的存在として位置づけられ、五歳児が通う。

(91) いつものような賛否の人数が発表されていないので、賛成者の数を知ることはできなかった。
(92) 下水道受益者負担金については、現行のとおりとし、新たな事業認可区域については合併後調整するという事務局の調整案に対し、笠原町の委員から一世帯あたり三〇万円という笠原町の下水道負担金を、合併後速やかに調整するよう強い要望が繰り返し出された。
(93) 『第九回東濃西部合併協議会　会議録』六一頁。
(94) 市内全域に水道を整備したことに加え、市内の旧八町村がそれぞれ盆地を形成しているので、多くの給水や配水の施設を要したためである。
(95) 『第一三回東濃西部合併協議会　会議録』三七頁。
(96) 同右、三八頁。
(97) 第一五回東濃西部合併協議会のホームページ意見（№11）による。
(98) このため、保健センターは駅の近くに作られ、ウェルフェア（総合福祉センター）は下石に作られているように、複合的施設ができにくく、施設が点在する。
(99) 二〇の中学校区に加え、瑞浪市の大湫地区だけは他地区から離れていることと、瑞浪市からの要望もあったため、大湫地区でも開催された。このため二一カ所となった。
(100) 本章第二節「住民説明会」の図表3を参照。
(101) 多分それは、土岐市固有の特財制度の問題や、上下水道を除くほとんどの公共料金が合併すると値上げになるかもしれないという公共料金問題が、土岐市民の大きな関心を呼んだためであると思われる。
(102) 第一六回合併協議会の資料4―1「住民説明会結果（開催地別）」による。
(103) 東濃西部合併協議会事務局『東濃西部合併協議会だより』第七号、二頁。
(104) 同右、三頁。
(105) 今回の合併にさいし、この財産をどのように処理するのかという質問に対し、「昭和三〇年の八か町村の合併に伴う財産の覚書に明記されている廃置分合については、将来各町村が独立するなどといった場合には財産を返還するという意であったと解釈する。しかし、原則としては新市が誕生すれば、財産はそのまま新市に継承される」（土岐市『合併問題懇談

(106) 会議事録』二七頁）という回答がされている。

(107) 新市まちづくり計画（案）には、「合併関連市町の概要」と「主要指標の見通し」の章見出しがあるが、それに関する意見やアンケートがなかったからだと思われるが、ここにはそれらがない。

(108) 土岐口財産区議会としては、新庁舎の建設は了解しているが、賃貸か、贈与か、あるいは市有地との交換なのかはまだ決めていないという発言や、市が適当な価格で買い上げるのが適当であるという発言がある。

(109) 西寺市長は選挙公約の中で、「合併への取組」として「三市一町の合併は、平成一七年一月を目標として協議を進めています。今回の合併は、これからの都市経営が今までのような『石肩あがり』ではできなくなってきたことから、大きくなることによるメリットで都市経営をおこなうという考えです。しかしながら、合併によって『多治見市がなくなること』は、直接市民の意見を聞くことが必要と考えています。そのために住民投票を実施します」（西寺雅也『私の政策―政策実行計画（マニフェスト）―』二〇〇三年三月、六頁）と述べている。

(110) 序論、新市のまちづくりの基本方針、新市の施策、県事業の推進について若干の修正が行われているが、その修正箇所については第一三回建設小委員会の資料2「まちづくり計画修正案　修正部分比較」、もしくは第一九回合併協議会の資料5―1「まちづくり計画の修正（修正部分の比較）」を参照されたい。なお県との事前協議の結果、記載方法などを変更したものが第二一回合併協議会の資料4―1「新市まちづくり計画の見直しについて」に一覧表となっている。

(111) 多治見市第三〇区と南姫合併を考える会より提出されていた公開質問状への回答文を検討した第二〇回合併協議会で、当面の取り扱いが現行制度の永続的な踏襲につながるという住民の不安を解消するため、都市計画に関する取り扱いのただし書きが削除されることに決まった。

(112) 各市町独自の説明会が開かれるに至ったのは、合併協議会主催による説明会のさいにさらなる説明会の開催を求める声が多くあったためとのとらえ方がある（土岐市広報『とき』Vol.一三一七、二〇〇三年九月一日）。しかし、合併協議会主催説明会の二番目の開催場所である多治見市南姫公民館で、「協議会の住民説明会後、各市町単位の説明会が開催される」（第一五回合併協議会の資料3「住民説明会中間報告」四頁）との回答がなされていることを考慮すると、各市町独自の説明会の開催が合併協議会による説明会の見直しから生まれたものとは言いがたい。

(113) 以上は本章第四節「合併協定項目の協議」の「一般職の職員の身分」を参照されたい。

(113) 以下は第八回新市建設計画作成小委員会の資料4「職員削減方針及び一本算定試算に伴う財政計画作成の考え方」による。

(114) 『第一二回新市建設計画作成小委員会　会議録』八頁。

(115) 同右、九頁。

(116) 同右、三七頁。

(117) この発言者は、また「合併することによって行政の職員の徹底的な削減が図れるんだと、それの具体的な数字としての次の段階の数字という形が出てくるんだと思いますし、削減を、その二二万の都市になって、そこでの職員というのがそれぞれの分野での徹底した、またレベルの高い職員の養成ができるよと。いわゆる公務員、その自治体の職員のレベルアップを図ることができ、そういうプロフェッショナルな職員を持つことができると。それに対して市民が一方では絶対的な職員が減ることによって市民活動という、いわゆる一方でのあり方が共同作業で求められるんだということが合併の理念として高らかにうたいあげられるということが必要だろうと僕は思ってるんですよ」(『第一二回新市建設計画作成小委員会　会議録』一〇頁)とも言っている。

(118) 第二一回合併協議会で報告されたものによると、次のような機能分担が考えられている。多治見庁舎(本庁舎)に総務・企画・議会・会計・福祉・行政委員会・窓口部門を置く。瑞浪庁舎に環境・産業・窓口部門を置く。土岐庁舎に都市計画・建設・上下水道・窓口部門を置く。笠原庁舎に教育・窓口部門を置く。なお窓口部門というのは各事業分野の窓口のことである。

(119) 『第一三回新市建設計画作成小委員会　会議録』一八頁。

(120) 図表17に努力目標削減を加えると、その他の職員と技能労務職の境界線をなくし、合わせて二九〇、削減率が一八・三となる。あとは小計が三〇〇で一五・八、合計が三一〇で一一・六となる他は同じ(第一三回新市建設計画作成小委員会の資料3「職員削減計画の修正について」三頁を参照されたい)。

(121) 財政推計の主な修正事項は、職員の削減計画のほか、平成一五年度創設された岐阜県合併市町村支援交付金の算定、議員の在任特例期間が決まったのでそれに合わせて議員報酬を計上、退職手当組合加入負担金の五年間での均等化などである(第一三回新市建設計画作成小委員会の資料4「財政推計修正及び推計期間の延長について」一頁を参照されたい)。

(122) 「その理由は、そもそもこの度の合併が景気の低迷に基づく税収減と行政の財源不足を契機として、地方分権と三位一体等の財源委譲により、規制緩和と少子高齢化の時代に相応しい自立可能な自治体を形成するために行われるものと認識しているからである」（多治見市区長会会長坂田丞『要望書』）という。

(123) 『第一七回東濃西部合併協議会　会議録』三七―三八頁。

(124) 同右、三八頁。

(125) 『第二回新市議員定数等検討小委員会　会議録』一五頁。

(126) なぜ在任特例なのかという質問に対し、議員は「一七年からは財源の取り合いになる。一三人で笠原に有利にするためにも賛成である」「合併当初の一七、一八年度の予算は大変大事なものになる。その時議員の数が大事であり、笠原のためになると考える」（『笠原町市町村合併地区別説明会　質疑応答記録書〈音羽区公民館〉』）とか、「即選挙も正しい答えであるが在任は笠原に残された最大の武器である」（同右〈消防会館第一会議室〉）と言っている。

(127) 『第一九回東濃西部合併協議会　会議録』二四頁を参照。

(128) これらのうち、一番目と三番目のものは私が発言したものである。事務局によってこういう整理がされているが、一番目の私の発言の趣旨はこの協定項目では地域審議会の問題にとどめ、合併後は都市内分権を積極的に推進することを、協定項目を追加してそこに明記する措置をとったらどうかということである。三番目は合併の進行を監視あるいは検証する市民会議をつくるべきであるというもので、地域審議会を意識したものではない。

(129) 『第一八回東濃西部合併協議会　会議録』三四頁。

(130) 第一六回東濃西部合併協議会の資料５「住民意向調査の実施について」一頁。

(131) 本章第二節「住民説明会」を参照されたい。

(132) 第一六回東濃西部合併協議会の資料５「住民意向調査の実施について」一頁。ところが広報広聴小委員会における事務局の説明によれば、「三人の方いずれも意向調査の方がいいという理由の一つとしまして、まず住民投票の場合はその前提として議会の議決が要ると、ですから議会が可決されるという見通しがまず一つ要ることということ」（『第五回広報広聴小委員会　会議録』三四頁）であると言う。

(133) 『第一六回東濃西部合併協議会　会議録』四二―四三頁。

(134) 『第五回広報広聴小委員会会議録』三四頁。
(135) 同右、二二頁。
(136) 同右、三四頁。
(137) 同右、三二頁。
(138) 同右、三九頁。
(139) 『第一七回東濃西部合併協議会　会議録』一八頁。
(140) その他この会議で、多治見市議会の特別委員会の意向として、三市一町同一のやり方で住民の意見を聞きたい。そしてまた投票方式の住民意向調査と住民投票は中身的には全く一緒のものだと考えているとして、多治見市の住民投票条例に否定的な姿勢をみせている。
(141) 拙稿「市町村合併と住民の意思」(〈基本講座〉変わり行く社会⑬)労働大学出版センター『まなぶ』No.五五一号、二〇〇四年一月号を参照されたい。

第三章　多治見市の取り組み

第一節　第二次住民説明会

合併の是非を判断するための説明会

合併協議会主催による住民説明会に続いて、各市町による合併説明会が行われた。一年程前に行われた住民説明会と区別するため、以下今回のものを第二次住民説明会と言うことにする。今回の説明会では、各市町にとっての合併のメリットやデメリット、合併しなかった場合の財政見通しなどが中心のテーマであった。

住民投票で合併の是非を問う方針を持っていた多治見市の場合は、「説明会では、合併の是非を判断していただく材料として、合併のメリット・デメリット、合併しなかった場合の財政見通し、事業見通しを示し、多治見市の合併に対する姿勢をあらためてお伝えしたいと思います[1]」と、説明会を位置づけていた。他の二市一町の場合はそういう明確な位置づけはなされていないが、住民意向調査の実施が直前に決定（二〇〇三年八月二〇日の第一七回合併協議会）したことにより、住民が合併の是非を判断するための説明会という、重要な意義を持つに至ったと言ってよい。なお瑞浪市の場合は、参加対象者は一般住民であるが、前回の時と同じように瑞浪市第五次総合計画もテーマとなっている。

第二次住民説明会の開催状況は、**図表1**の通りである。

多治見市の例年の地区懇談会は一二の小学校区単位で行われるのであるが、今回は前半日程と後半日程に分けて行われた。前半はいつものように一二の小学校区単位で行われ、後半は夜間に出席できない市民に特別の考慮を払って、五会場で午前中に開催された。こうした会場数の増加もあって、これまでよりも出席者が増えた。それでもなお土岐市よりも少なく、依然として盛り上がりを欠いた。ただし、会場によってはヤジが飛び交うなど、従来とは違う雰囲気が感じられた。

瑞浪市だけが、合併協議会主催の説明会を下回る出席者数である。瑞浪市以外の場合は、合併協議会の説明会と第二次住民説明会との間には二カ月以上の間隔があった。しかし瑞浪市の場合はその間隔が一カ月半程と一番短く、説明会「疲れ」がその原因の一つかもしれない。あるいは、自治会などによる組織的な動員の有無が影響しているのかもしれない。いずれにせよ、三市一町の合併が実現すれば周辺地区となってしまう瑞浪市の出席者が少ないのは、私には理解しがたい。

さて本稿では、多治見市の説明会を中心にみていきたい。私自身、多治見市民であるし、一七会場

図表1　第2次住民説明会

	開催名	開催日	会場数	出席者数	合併協議会主催の出席者数	前回の出席者数
多治見市	合併地区説明会	03年8月23日〜11月1日	17	865	588	331
瑞浪市	平成15年度市民懇談会	03年9月17日〜10月8日	8	473	717	1回　587 2回　371
土岐市	合併住民説明会	03年9月24日〜10月15日	8	984	987	275
笠原町	市町村合併地区別住民説明会	03年9月17日〜10月2日	11	386	145	411
	計		44	2,708	2,437	1回 1,604 2回 1,388

のうち一〇会場に足を運んだことに加え、今なぜ多治見市が合併を検討しているのか、大変わかりやすく市民に問いかけていると思われるからである。他の二市一町の説明会に関しては、多治見市との関連で触れるにとどめる。

説明会で配布された資料は、『多治見市合併説明会〜多治見市にとっての東濃西部三市一町合併〜』（以下『説明会資料』という、また巻末に〈資料〉その四として掲載してある）、『多治見市合併説明会付属資料』ならびに広報たじみ『Tajimist』No.二〇二三、二〇〇三年八月一日号の三つである。最後の広報誌は『説明会資料』の骨子を要約したものであるため、当日の配布資料に加えられたものと思われる。

以下『説明会資料』を中心に、ポイントと思われる点を紹介し、コメントを加えたい。

多治見市はなぜ合併を検討するのか

まず、多治見市はなぜ合併を検討するのかを図示したものが、**図表2**である。合併協議会は、合併の必要性として少子高齢化の進行、住民生活の質的変化・生活範囲の拡大、地方分権の進展ならびに財政基盤の悪化といった四つのことを列挙していた。これに対し、少子高齢化の到来だけに絞っている。それはなぜかと言えば、少子高齢化に伴う行財政の悪化が「最もわかりやすくかつ深刻な問題」(2)だからである。

この図表を解説すると、次の通りである。

二〇〇〇年の国勢調査による人口を基準とした今後の多治見市の人口推計によれば、多治見市の生産年齢人口は二〇〇二年の七一、七二〇人をピークに減少し、二〇一四年には六六、六七〇人、二〇二四年には六一、八五一人となる。これに伴い、労働人口は減少し、税収入が減る。実際に多治見市の市民税納税義務者数は既に減少するに至っている(3)。

他方、多治見市の二〇〇〇年の六五歳以上の高齢者は一五、一七三人であった。高齢化率でみると、全国平均の一七・四%を下回る一四・六%である。しかし今後急ピッチで高齢化率は高まり、高齢者数が二〇一四年には二四、一一九人、二〇二四年には二七、九二八人へと増える。これに伴い、福祉

図表2　多治見市はなぜ合併を検討するのか

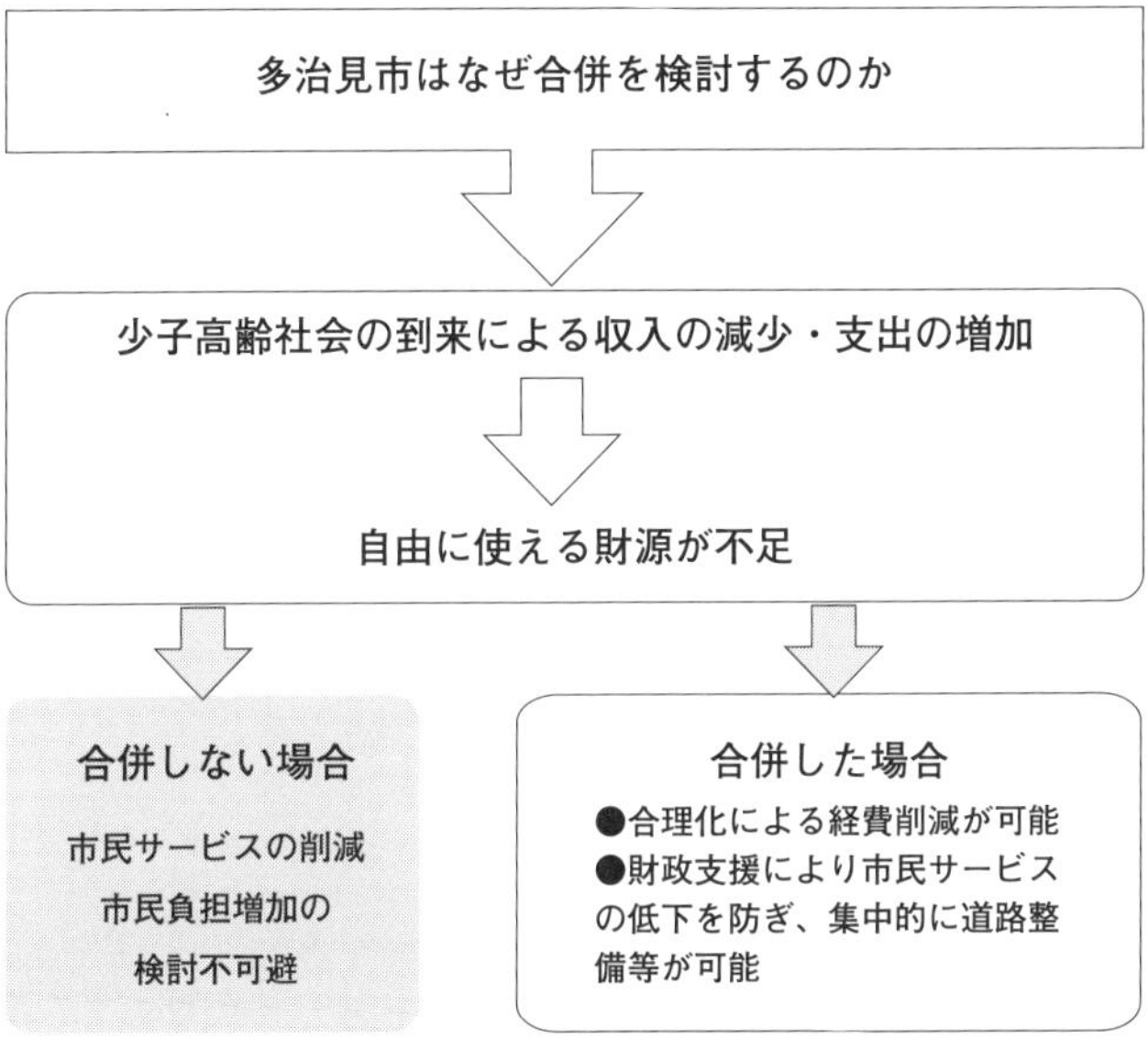

多治見市はなぜ合併を検討するのか
少子高齢社会の到来による収入の減少・支出の増加
自由に使える財源が不足
合併しない場合
市民サービスの削減
市民負担増加の
検討不可避
合併した場合
●合理化による経費削減が可能
●財政支援により市民サービスの低下を防ぎ、集中的に道路整備等が可能

（出所）『多治見市合併説明会～多治見市にとっての東濃西部３市１町合併』８頁。

や医療の費用が増加する。

かくして、市の「自由に使える財源が不足」する事態に直面することになる。「合併しない場合の多治見市の財政推計（平成一七〜三一年度）」によれば、二〇〇九年度から財源不足に陥り、財源不足額は二〇一四年度には二三億四、二〇〇万円、二〇一九年度には三八億一、七〇〇〇円に達する。

したがって今後とも合併しないとすると、たとえ行政改革による経費削減に努めても、市民サービスの削減や市民負担の増加は避けがたい。これに対し合併すると、合理化による経費削減（一〇年間の累計額で人件費削減一二九億円、物件費削減三五億円の総計一六四億円）と財政支援〈合併特例債五八六億円、合併推進債〈県事業〉二九一億円、その他支援三八億円の総計九一五億円）により、市民サービスの低下を防ぐことができるばかりか、道路などの基盤整備も進む。だから合併を検討したのだと、この上なく簡潔で明快である。

『説明会資料』は、こうした多治見市の合併に対する基本的な見解にまず触れた上で、合併協議会主催による説明会で出された意見に応えて、合併しない場合多治見市はどうなるのか、多治見市にとっての合併のメリット・デメリットは何か、を取りあげる。そしてこれらのことが、「合併しない場合の財政推計」「合併した場合の財政推計との比較」、「財政推計に基づく事業見通し」ならびに「合併の効果や不安と対応策」などを通して明らかにされる。このようにして、住民が合併の是非を判断する材料が提供されている。もちろんこれらの判断材料は、合併を是とする多治見市の見解を具体的な数字で裏付けたり、住民の合併への懸念を払拭したりするものである。

『説明会資料』の構成はほぼ以上のようになっているが、初めに戻ってコメントを加えたい。

合併した場合の「合理化による経費削減が可能」というのは、人件費など一〇年間累計の総額一六四億円のことである。また「財政支援」とは、合併特例債など九一五億円のことである。合理化による経費削減はあくまで可能額にすぎないのに対し、財政支援は合併すれば確実に実現するものであるため、こうした区分がなされているものと思われる。しかし合理化による経費削減は、基本的には地方交付税の算定特例によるものと考えるべきものであり、これまた合併にさいしての「財政支援」の一形態にすぎない。合併後一〇年経過後は地方交付税が段階的に削減され、一五年経過後は一本算定となって、三市一町の場合で約三〇億円の地方交付税が減少することはよく知られていることである。しかしながら『説明会資料』では、この点が述べられていない。地方交付税の削減について全く触れていないのは、本当に不思議である。(4)

合併特例債の問題点に関しては、新しいまちづくり計画を検討した中で述べたので、ここでは住民説明会における次のようなエピソードを報告しておきたい。

多治見市での最初の会場となった脇之島公民館で、次のような質疑応答が交わされた。「国の財政も逼迫していますが、合併特例債への優遇措置は大丈夫でしょうか」という住民の質問に対する回答は、「国の法律に基づいていない普通交付税については、今後いろいろな議論がなされるものと考えますが、合併特例債については国の法律で制度として保障されていますので、優遇措置が受けられるものと考えています」(5)というものであった。言うまでもなく普通交付税は「地方交付税法」という国の法律に基づいたもので、この回答は間違いである。このため、他の会場でこれを取り上げて、その訂正を求めた。その結果、「普通交付税については、今後いろいろな議論がなされるものと考えますが、合併特例債については国の法律で制度として保障されていますので、優遇措置が受けられるものと考えています」(6)、というように訂正が行われた。合併特例債の償還に必要な元利の七〇%は普通交付税の基準財政需要額に算入されるので、これもまたおかしい。そこでまた別の会場で再訂正を求めたところ、「合併特例債の返済額の七割が普通交付税で措置されることが制度として保障されていますので、優遇措置が受けられものと理解しています」[7]ということになった。

制度として保障されていても、カットされているのが現状ではないか。自治体が合併特例債に依存すればするほど、国の借金は増え、優遇措置の保障もその限りではなくなる。[8]また優遇措置が保障されたとしても、地方交付税総額が抑制されるなかでは、それは実質的には何ら意味をなさない。こうした疑問に対し、「優遇措置が受けられるものと理解しています」としか回答がない。財政支援を住民にアピールして合併する以上、そうとしか応えられないのであろう。

なお瑞浪市の説明会では、合併特例債の償還に必要な元利の七〇％を国が「負担」するとか「補助」するといった、間違った回答がたびたびなされている。[9]

また『説明会資料』では、県事業にかかわる合併推進債[10]を財政支援に含めているが、それは全国的にみて決して一般的なものではない。むしろ珍しいケースではないかと思う。もちろんこれは、合併のメリットを強調したいがためである。

合併しない場合の財政シミュレーション

さて**図表3**の〔A〕は、第二次住民説明会で提示された合併しない場合の多治見市の財政推計であ

図表3　合併しない場合の多治見市の財政推計

〔A〕 第2次住民説明会資料　（単位：百万円）

		05年度	09年度	14年度
歳入	市税	12,475	11,699	10,882
	地方交付税	3,332	3,331	3,519
	国・県支出金	4,915	4,975	3,894
	市債	3,318	3,276	3,080
	その他	6,104	5,442	4,423
合計		30,144	28,723	25,798
歳出	人件費	6,620	6,714	6,260
	物件費	4,173	4,252	4,355
	扶助費	2,727	3,230	4,081
	公債費	3,008	2,952	3,580
	投資的経費	7,779	6,696	4,258
	その他	4,989	5,152	5,606
合計		29,296	28,996	28,140
歳入歳出差引		848	− 273	− 2,342

〔B〕第7回新市建設計画作成小委員会資料　（単位：百万円）

		05年度	09年度	14年度
歳入	市税	12,594	11,965	11,832
	地方交付税	3,645	3,282	3,147
	国・県支出金	4,119	4,192	5,237
	市債	1,852	876	400
	その他収入	5,812	5,901	6,120
合計		28,022	26,216	26,736
歳出	人件費	6,780	7,182	7,027
	扶助費	2,816	3,552	4,776
	公債費	3,057	2,534	2,361
	投資的経費	5,848	3,368	2,081
	その他経費	8,906	8,686	8,481
合計		27,407	25,322	24,726

（出所）〔A〕の第2次住民説明会資料は、『多治見市合併説明会　付属資料』5頁から抜粋したものである。〔B〕は第7回新市建設計画作成小委員会（02年11月15日）の資料である。

る。二〇〇九年度以降は財源不足に陥り、赤字額はしだいに増えていく。二〇一四年度で一三億円、図表ではカットしたが二〇一九年度で三八億円の赤字が見込まれるのである。

合併しない場合の他の各市町の財政推計をみると、瑞浪市では歳入の減少額に見合う金額が歳出でも減少額として計上されてはいるが、すべての年度で歳入歳出差引額はプラスである。[11] 土岐市の場合は、収支を勘案しながら投資的経費を推計しているためか、歳入歳出差引額はすべての年度で黒字となっている。[12] 笠原町では一二年度で初めて一億六、〇〇〇万円の赤字に直面するが、説明会資料ではことさらそれが強調されているようにはみられない。[13]

このようにみてくると、多治見市の場合は見込まれる赤字金額が具体的に示され、しかも非常に強調されていることが特徴的である。

ところで、財政のこうした「シミュレーションというのは、しかしこれは現在の状況が変わらなければ、こういうふうであれば、こういうふうな数字になりますよ、ということでございまして、これは当たったためしはないんです。今の最近の変化の激しい世の中で、五年、一〇年と経って、学者が言ったような形になったところも一つもないわけです[14]」という発言が合併協議会でもみられるように、財政を推計することは大変むつかしい。

図表3の〔B〕は、第七回新市建設計画作成小委員会の資料である。これは〔A〕の推計よりわずか一年程前の推計であるが、同じ多治見市が推計したものとは思えないほど、歳入歳出とも各項目で

図表4　推計結果の差の理由

	〔B〕02年11月推計	〔A〕03年7月推計	差額	理由
市税	11,832	10,882	－950	固定資産税の評価基準の変更による減（15当初予算時に修正）
				市民税の推計方法の変更（国のGDP予測に高齢化需要予測調査による生産年齢人口の減少を加味）
地方交付税	3,147	3,519	372	平成16年度以降も臨時財政対策債の償還を加味
国・県支出金	5,237	3,894	－1,343	児童扶養手当見込額減による国庫支出金の減（890）、児童福祉費国庫支出金の減
市債	400	3,080	2,680	投資的経費の増及び臨時財政対策債の借入による増
その他	6,120	4,423	－1,697	財政調整基金繰入金（800百万円）・繰越金
計	26,736	25,798	－938	
人件費	7,027	6,260	－767	人事院勧告（1.4%→0%）、定昇率の見直し、退職手当の制度改正等
物件費	3,256	4,355	1,099	14年の推計では収支均衡を図るため、毎年2.2%から1.8%減少させていくもの（860百万円）としたが、15年の推計では現行のサービスを維持するため経常的な経費は増加しないが、職員削減に伴う委託費等は増加（240百万円）するとして推計した。
扶助費	4,776	4,081	－695	児童扶養手当の制度改正（伸びを抑制するため所得区分を細かくした（伸率16.4%（h13/h12）→4.38%（H14.12→h14.4: 1.44x1.44x1.44））に伴う見込額減（1,163百万円）、生活保護費増（425百万円）
公債費	2,361	3,580	1,219	臨時財政対策債（823百万円）、投資的経費の増（400百万円）
投資的経費	2,081	4,258	2,177	現在のサービス水準を維持するため、必要な投資的経費を見込む
その他	5,225	5,606	381	
計	24,726	28,140	3,414	

（出所）多治見市財政課調べ。

大きな差異がある。二〇一四年度でそうした差異がなぜ生じたかをみたのが**図表4**である。なるほどそれぞれ理由が説明されているが、財政推計の困難さを物語っているようにも見える。

いわんや補助金の削減、地方交付税制度の改革、国税の地方への移譲という三位一体の改革の全貌が明らかにされていない現在、将来の財政推計にはそもそも大きな限界がある。したがって、多治見市が合併しない場合の財政状況の厳しさは否定できないとしても、財政推計による具体的な赤字額をことさらに強調するのはどうかと思う。

合併した場合と合併しない場合の財政比較

合併しない場合と合併した場合の財政比較が、人口一人あたりでグラフ化されている。説明会の付属資料から数字を取り出すと、次のようである。

合併すると、支出では投資的経費が大きく増える。二〇一四年度で比較すると、合併しない場合の一人あたりの投資的経費が三万五、一九八円なのに対し、合併した場合は七万一、九八一円とほぼ倍の金額である。言うまでもなく合併特例債によるところが大きい。

収入では、市税が合併した場合はそうでない場合と比べ減少額が少ない。二〇一四年度で比較すると、合併しない場合は一〇万二、八五二円となるのに対し、合併した場合は一一万四、一八二円で、一万一、三三〇円多い。これは、「二〇万都市としてのイメージアップなどで、地域全体の開発余力が税収増に結びつく[15]」からである。

このことが、多治見市にとっての合併のメリットとして、住民説明会でも非常に強調された。「市民税は生産年齢人口（一五～六四歳人口）の減少に伴い、合併してもしなくても減少していくと予測しています。固定資産税については、合併しない場合は減少していくと予測していますが、合併した場合、土岐市と瑞浪市での開発がすすみ増収が見込まれることから、市税収入全体として減少が緩やかになると予測しています[16]」、または「多治見市は産業誘致に必要な土地も少なく、今のところ産業誘致が困難な状況です。しかし合併すれば土岐市や瑞浪市などで企業立地の動きがすすみ、固定資産税収入の増加が見込めると合併協議会では予測しています[17]」というのである。

しかし今や、企業や工場が次々と海外に出ていく時代である。しかも財政難に直面する多くの自治体が必死に企業誘致を進めている中で、合併によって人口が増え、イメージアップしたからといって、果たして企業の立地が進むのであろうか。研究学園都市推進事業の展開や東海環状自動車道の整備で、どれだけ企業が進出してくるのか。むしろ、福祉や教育、環境などに積極的に取り組む方が、企業が立地し、雇用の拡大につながり、税収増に結びつくものとも思われる。

財政推計に基づく主な事業の見通し

財政推計に基づく主な事業の見通しでは、合併した場合は合併特例債を活用して、新しいまちづくり計画に掲げられた諸事業が推進される。国道や県道の整備が進むほか、福祉関係事業などもこれまでと同様に推進される。他方、合併しない場合にはいかに住民の負担が増えるのか、もしくは行政サービスが著しく低下するかを、次のように展開している。

合併しない場合の財政推計によれば、二〇〇九年度から赤字が出る。そして、二〇一九年度までの一一年間の赤字累積額は二四八億円に及ぶ。この赤字額を埋め合わせるために、借金の返済にあてる公債費や法律で支出が義務づけられた経費を除いて、各経費を二〇〇九年度から均等に削減したとする。そうすると、二〇一九年度には二〇〇二年度に比べ約三〇%の削減が必要となる。

そして福祉や環境、建設、教育関係などを取り上げて、三〇%を削減した時の事業の見込みを記述している。たとえば、環境関係ではごみ処理にかかる経費を取り上げて、その三〇%削減をごみ袋の値上げで対応しようとすると、現在一八円の大袋一枚の代金が八〇円程に値上がりする。建設関係の道路だと、幹線道路の渋滞の改善は進まないし、生活道路の側溝や道路舗装などの要望があってもなかなかできなくなる。

このように、合併しないと将来いかに大変な事態に直面するかを、住民に身近な行政サービスを引き合いに出して説明している。ところでこれは、あくまで合併しない場合の財政推計に基づくものであり、それについては既にコメントを加えておいた。またここでは、公債費を除く経費が均等に削減されるものとして前提されているが、現実の行政ではそういうことはまずありえない。

以上が財政推計にかかわるものである。次に、合併の効果と不安についてみてみよう。

合併の効果と不安

合併の効果については、前述の合併した場合の主な事業の見通しで列挙された諸事業が推進される。つまり、基盤整備が非常に進むことになる。財政面以外では、交通体系・道路整備の「広域的一体的な施策の推進」、これまでの行政区域を超えて利用できる「公共施設の広範利用」、専門的職員の配置による「多様化する住民ニーズへの対応」、二〇万都市となってまちの魅力が高まり、企業誘致がしやすくなることによる「雇用機会の拡大への期待」の四つが列挙されている。

合併の不安に関しては、その対応策を含めて**図表5**にまとめてある。合併協議会主催の住民説明会の資料『～活力、安心、創造を求めて～みんなでつくる、緑あふれる、交流のまち（東濃西部三市一町合併協議会の状況報告書）』における「合併の不安と対策」と比べ注目したいのは、次の点である。「特色ある政策・まちづくりの継続性がなくなるのではないか」と、「合併特例措置が終了する合併一

図表5　合併の不安と対応策

■特色ある政策・まちづくりの継続性がなくなるのではないか
⇒　・旧市単位でのまちづくりを継続するため、住民の意見を反映する新しい地域自治組織づくりを検討します・これまで以上の行財政改革に努めます

■公共料金が高くなるのではないか
⇒　すべて料金を低いところに合わせると新たな財政負担が必要となるため、サービスによっては市民負担が高くなることもあります

■市役所が遠くなり、不便となるのではないか
⇒　合併時は各市町の庁舎をそのまま使い、それぞれの庁舎に窓口を残します。地区事務所も現行どおり残ります

■『多治見市』という市名がなくなる
⇒合併後は「織部」「桔梗」「陶都」「東濃」「土岐川」のいずれかの市名となり、『多治見市』はなくなります

■市名の変更に伴い住所変更にかかる手間、費用がかかる
⇒市名変更に伴う住所の変更にかかる費用は自己負担となります

■合併特例措置が終了する合併15年以後の市政運営は大丈夫か
⇒合併特例措置が受けられる間に少子高齢社会に対応できる足腰の強い新市となるよう努めます

（出所）『多治見市合併説明会～多治見市にとっての東濃西部3市1町合併～』32－33頁。

五年以後の市政運営は大丈夫か」という点が新たに加えられた反面、「郷土意識や住民の連帯感が薄れるのでは？」が削除されたことである。

まちづくりの継続性の問題をなぜここで取り上げるに至ったのか、住民説明会で聞いたところ、「合併協議会の資料では一般的な不安と対策が書かれており、その中で多治見市として何が該当するかを検討したところ、これまで進めてきた情報公開や行財政改革などの先進的な施策を無駄にすることがないよう、さらに進めていこうとする思いからです」と、いう回答があった。[18]

二〇〇二年九月の日本経済新聞社調査によると、多治見市は全国六九八自治

体の中で改革度が第一三位であった。市民参加や行政の透明度など、全国的に高く評価されている。それが合併すると、後退してしまうという懸念が私たちの中にあるため、これを取り上げたのは大変よい。

しかし、条例の制定権や課税権もない「新しい自治組織」では、先進的なまちづくりを継続することはまず不可能である。また「これまで以上に行政改革に努めます」と言われても、首長が誰になるのかわからない中では、全く説得力がない。

合併特例措置がなくなる合併一五年経過後の財政は大丈夫なのか。これは、合併協議会主催の住民説明会でもたびたび出された疑問である。そこでも指摘されたが、特例措置が終了するまでに「少子高齢社会に対応できる足腰の強い都市」をつくるというのである。

それではそれは、どのようなまちなのか。「多治見市は七〇年代から団地開発により人口が急増し、基盤整備が遅れ、巨額な費用を投じる必要があります。また、雇用の確保や税収増の面からの産業の問題についても、産業振興計画を策定していますが、新産業を誘致する土地も少ない状況です。地域的な役割分担をしながらまちづくりをしていくことが必要だと考えています」[19]という。今ひとつピンと来ないが、金のかかる基盤整備は終えて、地域的な役割分担で雇用の拡大や税収増が図れるまちのようである。果たして本当にそれが可能なのか、疑問は残ったままである。

郷土意識や住民の連帯感を、広い意味での文化や風土に含まれると理解して、まちづくりの継続性の問題に含めてしまい、「郷土意識や住民の連帯感が薄れるのでは?」が、不安と対応策から削除されたのは残念である。[20] この問題は、直接自治とかかわる重大な問題なので、ここでも不安の一つとして列挙され、対応策が検討されるべきであろう。

以上、多治見市における第二次住民説明会の資料について、要旨説明とコメントを行ってきた。一言でいえば、[21] それは大きな危機感を持って、合併しないと大変だということを住民に強烈に迫ったものである。

第二節　住民投票条例の制定をめぐって

「市民投票条例」の経過

二〇〇三年八月二〇日の第一七回合併協議会が、投票方式の住民意向調査を三市一町で行うことを決定したことは既に述べた。その直後の九月二日、かねてから住民投票を行うことを明言していた西寺雅也多治見市長は、「多治見市が瑞浪市、土岐市及び土岐郡笠原町と合併することについて市民の意思を問う市民投票条例」（以下「市民投票条例」という）を、多治見市議会に提出した。

九月八日の本会議でこの条例の制定に関する質疑がかわされた後、「市民投票条例」の審議は合併問題調査特別委員会（一〇名で構成）[22]に付託された。[23]この特別委員会は九月九日、この条例に関する質疑、討論の後採決を行い、賛成四の賛成少数で「市民投票条例」の制定を否決した。九月二四日の本会議は、この特別委員会の審査報告を受けた後討論を行い、その後記名投票による採決の結果、賛

成一〇票、反対一三票で「市民投票条例」の制定を否決するに至った。(24)

「市民投票条例」は以上のような経過で制定されなかったのであるが、本会議や特別委員会での質疑応答、討論から、ここでは多治見市長がなぜ住民投票に固執したのか、議論の過程で問題となった主な論点は何か、なぜ制定されなかったのかを中心にみてみよう。

市長が住民投票に固執した背景

多治見市長が住民投票に固執した背景として、住民説明会における住民の強い要望がある。これに応えて、多治見市長は当初から住民投票を行う意向を明らかにしていたし、三選をめざした市長選に際しては、選挙公約（マニフェスト）にも掲げていた。また今回の「市民投票条例」の上程に際しては、「住民投票条例の制定を求める市民有志の会」（鈴木千恵子代表）、三〇区（長谷川昭二区長）と「南姫合併を考える会」（丹羽浩康会長）、ならびに「住民投票を実現させる市民の会」（田中勝明世話人代表）から、合計一一、八二九人の署名を添えてその制定を求める要望書が寄せられた。

しかも、住民投票を求めたのは住民だけにとどまらない。多治見市議会議員の中にも、住民投票を求める議員が多かった。これは、改選前の三市一町の議員に対する中日新聞社のアンケートである。それによれば、瑞浪市や笠原町の議員の多くが、合併協定書調印前の住民投票を「必要なし」と回答したのに対し、多治見市の議員は六八％が「必要あり」と回答している。[25] また次は、多治見市民らでつくる「フェニックス21（住民自治を守る会）」（三枝真知子代表）が、市議選の立候補予定者に公開質問状を送ったその回答による。それによれば、当選した市議の回答者二一名のうち一一名の市議が、「合併の是非を問う手法」として「住民投票がよい」と回答した。[26]

以上のような背景に加えて、「住民投票につきましては、首長と議会とがお互いにその結果を尊重するという意味で、それを大前提として議案を可決していただくということになろうかというふうに思います。それに引きかえまして意向調査の方は、三市一町でその取り扱いがどういうふうになるのか、あるいはいわゆるルールを決めるのか決めないのかさえ今のところはわかっておりませんけれども、そういう形でその結果が出た段階で各市町が主体性を持って判断するわけでございますが、それがどういう基準で行われるのかがわからないという問題がございます[27]」という。つまり、住民投票と住民意向調査の相違や意向調査の問題点が、市長によってきちんと認識されていた。

また同じ住民意向調査であっても、西東京市の場合は旧田無市と旧保谷市の両市長が、賛成、反対いずれか多い方に従うことを宣言して、結果的に住民投票と同じ効果を生むことになった。しかしながら、三市一町の場合はそういうことにはならないであろうと思っていたからであった[28]。

主な争点

質疑での主な論点として、「市民投票条例」の規定そのものでは次のようなことが問題となった。

その一つは、投票率の規定がないことである。それに対する答弁は、住民投票は法的拘束力がないので成立要件を必要としない。だから、投票率にかかわらず開票する。しかしその場合でも、「市民投票の意思を確認し、尊重すべきである」[29]と考えている。

次に、「市民投票条例」の市長及び議会の「結果の尊重義務」に関してである。これは、議員の自由を奪うものとして問題となった。しかしこれは、「首長と議会が確認し合うという行為」[30]であって、結果に反して行動した場合でも政治的、道義的な責任を問われるということである。なおこれに関して、市長及び議会だけでなく市民にも尊重義務を課すことを検討したかという質問が出された。[31]

このほか、附則で選挙管理委員会が投票結果を市長及び議長に通知した時点で、この条例がその効力を失うとあるが、それでよいのかということなどが問題となった。[32] しかし、「市民投票条例」の規定そのものよりも、むしろ住民意向調査との関連で、「市民投票条例」について活発な論議が交わされた。

「市民投票条例」の制定を歓迎する議員は、住民意向調査に先だって住民投票を行うことを求めた。その理由は、市長は自分の意に反して意向調査を行うのであるし、意向調査の調査項目に新市の名称が入っているので、同時に実施すると合併ありきの印象を与えかねないからだというのである。しかしそれでは、事務の効率さや経費の点で、市民の理解が得られないとの答弁があった。

地方、「市民投票条例」の制定を阻止せんとする議員は、あの手この手を使って迫った。

その一つとして、「市民投票条例」は憲法に違反しているという主張が展開された。その議員は次のように言う。合併協議会による住民意向調査と「市民投票条例」の内容は、いずれも住民の意向を確認するためのものであり、目的は同じである。しかし意向調査の三択（賛成、反対、どちらともいえない）に対し、「市民投票条例」は賛成、反対の二択である。意向調査で「どちらともいえない」に投票した人は、市民投票でどちらに入れたらよいのか。「どちらともいえない」に投票した人の票の行方によっては、意向調査と市民投票の結果が相反するケースもありうる。大きな混乱が引き起こされる。

この混乱は、三択の住民意向調査と相入れない二択の市民投票が行われるからである。意向調査は、市町村合併特例法に基づいて作られた法定合併協議会が行うもので、合法的なものである。「市民投票条例」は、意向調査の三択でなく二択としているので、この市町村合併特例法から逸脱している。したがって、自治体が法律の範囲内で条例を制定することができると規定した憲法第九四条に反しているというのである。

これに対し、「市民投票条例」は憲法第九四条、地方自治法の第一四条に基づき、市民に投票権を与え、権利義務の制限を規定した条例である。住民意向調査は、合併協議会の要綱によって行われる。このように、『市民投票条例』に基づく投票と合併協議会が行う意向調査というのは、まったく制度が異なっている。そういう意味で同じ同列で、同じ法律同士で上下を決めるものではなく、市が決める条例と法定協議会が定める要綱は、まったく時限《ママ》が違うものでありそれについての上下について議論するのは、おかしいと思う[33]」という答弁がなされている。

このほか、多治見市長の住民投票への強い思いが、三人の首長を動かして住民意向調査を実施することになった。住民投票が意向調査に形を変えただけである。それで市長は十分に公約を果たしているではないか。また、多治見市長は合併協議会の会長でもある。だから、三市一町をまとめていく責任があるので、多治見市長としての住民投票に固執するのではなく、三市一町が足並みをそろえる意向調査でよいのではないか。さらに、たとえば二〇%という低い投票率で、反対が多かったからといって合併をしないのでは、市長のリーダーシップが問われる。こうしたさまざまな観点から、住民投票に疑問が投げかけられたのであった。

なぜ制定されなかったのか

「市民投票条例」は、なぜ制定されなかったのか。

反対討論で、「住民投票も三市一町の決めた住民意向調査も共に投票方式で行い、その中味も殆ど同一ではないか。いたずらに市民を惑わし、混乱を生じさせるだけではないか。また、余分な経費の負担にもなるではないか」[34]、「八月二〇日に合併協議会が投票方式の意向調査を実施すると決定したことによって、市長が選挙で公約された住民投票条例は大きく性質が異なってきた。このことによって市民投票条例を制定しなくても市民の皆様は、合併の是非について投票ができるようになった」[35]ことが強調された。

このように、本来全く異なる住民投票と意向調査が同一であるとみなされた。この限りでは、まさしく「多治見市においては、市民が望んでいない意向調査が、結果として、市長の公約である住民投票を駆逐するという役割を背負って登場し」[36]たのであった。

住民意向調査が、多治見市長を除く三人の首長によって合併協議会で提案され、可決をみたことは既述した。議会制民主主義を建て前に住民投票にきわめて消極的な姿勢を示していた三人の首長が、突如として意向調査を提案するに至った真意はよく分からない。住民投票の実現を求めた住民説明会での住民の要望に応えたものなのか、あるいは住民投票の実施を明言していた多治見市長に歩み寄ったものなのか、人によってさまざまな推測がされている。さらに、もっと別のねらいがあったのかもしれない。

いずれにせよ、多治見市議会が「市民投票条例」を決する前に、合併協議会によって住民意向調査の実施が決められたことが、住民投票の実現を妨げることになったことは疑問の余地がない。しかしこの時、住民投票の制定を阻止することになった意向調査によって、合併がご破算になるとは、恐らく多くの人は思いもつかなかったにちがいない。

住民の直接請求による住民投票条例も否決

さて、多治見市長が提出した「市民投票条例」は、以上のような結末をみた。しかし、「市民投票条例は私たちの意思をきちっと表すためにどうしても必要だ」[37]と考えた市民が、直接請求で多治見市に住民投票を求めるに至った。

その情報を耳にした時、市議会が否決した後新たな情勢の展開がみられなかったので、私などは署名活動の盛り上がりをかえって危惧したのであった。ところが総選挙もあってわずか一二日間だけの署名活動で、直接請求に必要な有権者の五〇分の一である一、六五一人をはるかに上回る一万三、五五四人の有効署名を求めた。大変な盛り上がりを見せた。この活動を担った「市民投票条例制定請求者の会」（越村勝吉代表）は一二月一〇日、多治見市に住民投票条例の制定を求める請求を行った。なおこの住民投票条例の内容は、市が提出した「市民投票条例」とほぼ同じものである。

これを受けて、多治見市長は一二日に「条例に基づく住民投票の実施は、不可欠かつ最善のものと考える」という意見をつけて、条例案を市議会に付議した。しかしながら、一七日の合併問題調査特別委員会、一九日の本会議でそれぞれ前回と全く同数の票で否決されたのであった。合併の是非は住民投票で決めたいという住民の願いは、議会の前にまたしてもかなえられなかった。

多治見市長は九月市議会終了後、広報たじみの随想で住民投票について次のように言っている。「これは議会でも、採択後の記者会見でも言ったことですが、全国的に見ても『住民投票』はつい最近まである地域に起こった問題に対して、抵抗運動的に（誤解を恐れずに言えばですが）行われる極稀な事例しかありませんでした。しかし、急速に『住民投票』は全国津々浦々に広がっています。それは全国的に合併の問題を多くの自治体で住民投票によって住民に問うことが行われ始めたからです。このような広がりを持ち始めた住民投票が民意を問う方法として、『当り前』のことになるのは時間の問題です。なぜなら、今、市民自身がその政策が決定されることで市民生活に大きな影響があり、しかも市民自ら責任を引き受けなければならない性質の事柄があることがみんなに分かってきたからです。市民自身が政策選択することの必要性が増してきているといえます(38)」。全く同感である。

第三節　タウンミーティングの開催

三回にわたって開催

三市一町の中で、住民投票条例の制定をめぐって揺れたのは多治見市だけであった。同じく、合併に関するタウンミーティング（市民集会）を三回にわたって開催したのも多治見市だけである。これら住民投票条例の提案やタウンミーティングの開催は、いかにも西寺市長らしい、市民にとっても誇りに思える試みである。

さて、多治見市民に合併に関する情報を提供し、市民と一緒に合併問題を考えるために、タウンミーティングが**図表6**のように開催された。若干の説明を加えると、以下の通りである。

合併協議会設立の準備が進められている最中に開催された第一回タウンミーティングは、「多治見市独自で市民に対し合併に関する情報提供や市民と合併について議論する場としてパネルディスカッ

図表6　タウンミーティングの開催状況

	開催日	テーマ（キャッチフレーズ）	内容	参加者
第1回	02年6月2日	みんなで考えよう！　東濃西部3市1町の合併	中立、積極、慎重の3人のパネリストによるシンポジウム	200名
第2回	03年1月11日	合併から考える市町村のまちづくり	講演「西東京市にみる合併の記録」（斉藤治西東京市総務部次長） 講演「合併による効果と課題」（丸山康人四日市大学教授）	200名
第3回	03年12月23日	合併シンポジウム～あなたと考えたい　まちの未来のことだから～	賛成、反対2人ずつの4人のパネリストによるシンポジウム	600名

ション形式」[39]で行われた。

コーディネーターは後房雄名古屋大学教授で合併に中立、推進、慎重の三名をパネリストとして進められた。まず三名のパネリストが合併に対する各自の思いを述べた後、自治体と国との財政関係や合併のメリット、デメリットなどに関し、フロアーからの発言も交えて行われた。この時の発言の要旨は、広報たじみ『Tajimist』（№一九九九、二〇〇二年八月一日）に掲載されている（巻末に〈資料〉その一として掲載してある）。

第二回のタウンミーティングは、「多治見市・瑞浪市・土岐市・笠原町の合併に向けて東濃西部合併協議会で協議が進む中で、合併体験談とまちづくり研究論から三市一町の将来について考え、議論していただくため[40]」のものであった。

旧田無市と旧保谷市は二〇〇一年一月に合併して

西東京市となったのであるが、講演者の斉藤氏は元田無・保谷合併協議会事務局次長である。なぜ西東京市の体験談なのか。推測するに、西東京市は多治見市と同じようにベッドタウンとして発展してきたまちであることに加え、行政改革を目的として合併した先がけだからであろう。しかし西東京市の場合は、旧田無市を旧保谷市が包み込むという地形上の特徴が、合併の必要性として指摘されてきたのであり、東濃西部の場合とは少し違うことを看過すべきではない。なお「合併の効果と課題」について講演した丸山康人四日市大学教授は、どちらかと言えば合併推進の研究者である。[41]

第三回は、「平成一六年一月二五日（日）に実施される合併協議会主催の住民意向調査に向けて、市民が合併の是非について考えるため、合併協議会の最新の協議結果や多治見市における合併のメリット・デメリットを示し、最終的かつ総括的な情報を提供し、市民とともに合併について議論を深める[42]」ために開催された。

当日は、合併協議状況説明と多治見市における合併のメリット・デメリットの説明に続き、パネルディスカッションが行われた。コーディネーターは小出宣昭中日新聞編集局長で、パネリストは賛成、反対二人ずつの四人である。パネリストは事前に**図表7**のような賛成・反対の理由（発言趣旨）を提出し、それが当日の資料に掲載された。出席者がパネルディスカッションの始まる前に質問表に記入した質問も取り上げながら、パネルディスカッションは進められた。なおパネルディスカッションの発言要旨は、多治見市のホームページに掲載された（巻末に〈資料〉その二として掲載してある）。

図表7　パネリストの賛成・反対の理由

大嶽《おおたけ》　崇《たかし》　氏　　合併賛成　　　　　　　　　　　　　　小路町在住

【発言趣旨】

1　3市1町は地場産業を共有している。地場産業である陶磁器の原材料、製造窯元、販売を共有しているひとつの経済圏である。

2　歴史と文化も共有している。中仙道、中央線、土岐川の沿線で、人々の交流、文化、歴史を共有する生活圏である。

3　この生活圏、経済圏を共有する3市1町の産業、都市基盤、行政の足腰の強い体質をつくるには、合併が一番である。

4　少子高齢化による生産年齢人口の減少、景気の低迷と地場産業の疲弊、都市基盤整備の中、密集住宅、狭い道路、交通渋滞等々の問題がある。

以上の諸問題を解決するには、3市1町が合併することにより、社会資本を拡充して、合併特例債、地方分権を活用し少子高齢化社会に適合する「新しいまち」を創造することが一番である。

丹羽《にわ》　浩康《ひろやす》　氏　　合併反対　　　　　　　　　　　　　　大針町在住

【発言趣旨】

1　合併すれば、少子高齢化が一層促進される。

少子高齢化対策としての合併は、間違いである。他の2市1町の高齢化率が多治見市の高齢化率よりはるかに高いから、合併してもよくならない。高齢化率は、多治見市が14.6%、全国平均が17.4%（平成12年度）である。瑞浪市は20%、土岐市も20%の高高齢化率である。多治見市が20%になるのは平成23年である。

2　合併した場合、多治見市は今より財政状況が良くならない。

経常収支比率は低いほど良いが、多治見市78.7%、瑞浪市77.5%、土岐市87.6%、3市1町では81.7%と悪化する。

財政力指数は、1に近く、1を超えるほど良いが、多治見市は0.72、瑞浪市は0.65、土岐市0.579、3市1町では0.649とこれも悪くなる。

3　財産、債務すべて新市に引き継ぐと言いながら、土岐市の旧8か町村合併時財産は、それぞれ旧8か町村の事業にのみ使用する、と合意しているが、このような不公平な協議が成立したのに、多治見市だけが実施している「線引き」市街化調整区域の制定を白紙に戻すなど、抵抗、強硬な異議申し立てをしなかった。借金と負の規制だけを気前良く引き受ける合併など論外である。この線引き問題が起因し、南姫30区区民投票の結果74%の住民が合併に反対している。（投票率92.9%、合併反対2,730票、賛成808票）

早川《はやかわ》　鉦二《しょうじ》　氏　　合併反対　　　　　　　　希望ヶ丘在住

【発言趣旨】

1　合併を歓迎するムードが住民の中に高まりをほとんど見せてもいなければ、3市1町の住民の一体感もあまりない。また、合併協議会の議論や住民説明会の状況から思うに、財産も借金もお互いが共有し、必要とあれば負担増もいとわないで誇りに思えるまちを今からつくるのだという気概があまり見られない。このように、そもそも合併の条件が成熟しているとはいえない。

2　厳しくなる財政に対応する合併といいながら、借金を増やし、公共事業を大幅に伸ばすのは理解できない。

3　多くの住民が求めている議会議員の合併即選挙（設置選挙）と住民投票が実現しない。

水野《みずの》　正信《まさのぶ》　氏　　合併賛成　　　　　　　　新町在住

【発言趣旨】

今、多治見市においては第5次総合計画の確かな実施が求められ、加えて東濃西部地域全体においては先進的、広域的なまちづくりを着実に展開する必要がある。

そしてこれらのまちづくりを支え、可能にするのは合併という行政改革に取り組むことと考える。

1　次世代にとってのまちづくり

①多治見市における第5次総合計画の実現

合併の是非にかかわらず多治見市の課題は第5次総合計画の実現にある。

②広域的なまちづくりの必要性

東海環状自動車道路の供用開始と道路網の整備、定住促進をめざす郷土づくりなどがある。

③中核市への展望

たゆまぬ行政改革と地域の自主自立及び道州制におけるこの地域のあり方として合併10年以降に可児市との合併を考える。

2　合併による行財政改革の必要性

①今後の改革の展開

多治見市が進めてきた市民参加と情報公開のもとでの行財政改革を新市に引き継ぐことで、より大きな成果を得ることができる。

②財政見通し

合併特例債がなくても合併は財政的に有効です。しかし、国の財政支援のある10年間に都市基盤と生活環境の整備を徹底して進めることができる。

③情報公開と市民参加

新市における基本理念や行政改革の実現には、情報公開と市民参加が今の多治見市以上に求められる。

（出所）合併シンポジウム資料。

賛成派と反対派によるパネルディスカッション

以上のように行われたのであるが、三回のうち二回にわたって合併賛成だけでなく、慎重もしくは反対のパネリストも加わって行われたことは特筆すべきことである。

最近はこのようにして行うケースも増えているが、まだまだ多くがそうでない。合併を推進しようとする自治体は、推進の立場に立つ研究者や住民だけを招いて、講演会やシンポジウムを開催する傾向がある。

たとえば東濃西部合併協議会は、合併協議会主催の説明会終了後の二〇〇三年九月二一日に、東濃西部三市一町の合併を考える「まちづくりシンポジウム」を開催した。これは「合併の必要性や将来の三市一町のあり方など、新市まちづくり計画を中心とした意見交換の場を設け、合併に対する住民意識の高揚を図ることを目的と[43]」したシンポジウムであり、パネルディスカッションのパネリストとして四人の首長の他に二人の公募選出の住民が含まれていた。二人のパネリストを公募で選出したのはすばらしいことであったが、しかし「慎重派の方に参加していただく位置づけは、まちづくり計画・協定項目の説明をする中で、合併に対する不安や心配に対しての方策を示し、理解していただくというものである。（事務局）[44]」というのでは、あまりにも寂しい。

九〇〇〇人の住民が足を運び、成功だったと言われるのに、合併反対のパネラーも入れるべきであったという意見や感想が、当日のアンケートにかなり多く見うけられる。しかもこのシンポジウムを担当した広報広聴小委員会が、「まちづくりシンポジウムの実施結果」を話し合った中でも、「当初ここでは、公募委員には反対一人、賛成一人というようなことで決まっておったような記憶があるんですが、実際は賛成側の方が二人で、この中にもたくさん反対側の意見を発表できる公募の委員が欲しかったということが書いてありますが、それがあればもっときっと議論が盛り上がったんじゃないかなというふうに思います」[45]という発言がなされている。

こうしたことを考慮すれば、多治見市のタウンミーティングの開催とその持ち方は評価されてよいと思う。

〔注〕

（1）広報たじみ『Tajimist』No.二〇二、二〇〇三年七月一五日。

（2）多治見市ホームページ「合併地区説明会（六地区目）でのおもな質疑応答〈小泉公民館〉」

（3）多治見市財政課によれば、市民税納税義務者数は一九九九年度が四八、六四六人、二〇〇〇年度、四八、〇〇二人、二〇〇一年度、四七、六九〇人、二〇〇二年度、四七、四三九人と推移している。

（4）地方交付税の算定特例措置の説明と、それが合併後一五年で終了することが記述してあるだけである。

（5）多治見市ホームページ「合併地区説明会（一地区目）でのおもな質疑応答〈脇之島公民館〉」における訂正前のものによる。

（6）同右の訂正後のものによる。これに関する質疑は、ホームページ一四地区目〈文化会館〉の質疑応答を見られたい。

（7）同右の再訂正後のものによる。これに関する質疑は一五地区目の〈小泉中学校〉で行われたが、ホームページの質疑応答には記述がない。

（8）たとえば、片山善博鳥取県知事の『朝日新聞』二〇〇三年一〇月三日の「私の視点」を見られたい。

（9）瑞浪市企画部企画政策課『平成一五年度市民懇談会項目別意見集』による。

（10）合併した市町村の属する都道府県に対する特例措置である。県が合併した市町村に対して行う交通基盤施設の整備にあてることができる地方債で、事業費の九〇％をあてることができ、返済額の五〇％が交付税措置される。

（11）瑞浪市『市民懇談会　東濃西部三市一町合併及び新総合計画策定の状況』六頁。

（12）『土岐市合併説明会付属資料』三頁。

（13）『みんなで考えよう市町村合併のことVol.二　笠原町市町村合併地区別住民説明会資料』五頁。

（14）『第一二回東濃西部合併協議会　会議録』三九―四〇頁。

（15）『多治見市合併説明会～多治見市にとっての東濃西部三市一町合併～』一六頁。

（16）多治見市ホームページ「合併地区説明会（五地区目）でのおもな質疑応答〈池田町屋公民館〉」。

（17）多治見市ホームページ「合併地区説明会（六地区目）でのおもな質疑応答〈小泉公民館〉」。

（18）多治見市ホームページ「合併地区説明会（九地区目）でのおもな質疑応答〈南姫公民館〉」。

(19) 同右。
(20) 南姫公民館で問題にしたのであるが、多治見市のホームページには記録として残されていない。
(21) 三市一町の各地における住民説明会の質疑に関しては、各市町で記録が作成されているほか、広報たじみ『Tajimist』№二〇三一、二〇〇三年一二月一五日（三市一町合併問題特集号）。『かさはら』№五四二、二〇〇三年一一月、に主な質疑が紹介されている。
(22) 合併問題調査特別委員会は三市一町合併問題が具体化する中で、「本市議会においても積極的に合併問題を論議、検討すべきと考え」（『平成一四年第二回多治見市議会臨時会会議録』三〇頁）、二〇〇二年五月に開催された臨時会で設置が決まった。
(23) この案件を付託する委員会を合併問題調査特別委員会とするのか、あるいは総務常任委員会とするのかで、議会運営委員会でかなりもめた。詳しくは二〇〇三年八月二二日と二七日開催の『議会運営委員会会議録』をみられたい。
(24) 首長提案の住民投票条例が議会で否決されるのはきわめてまれである。多治見市のケースは、この時点で長崎県世知原町に次ぐ二例目であった。
(25) 『中日新聞』二〇〇二年六月三〇日。
(26) 二〇〇三年四月二一日の市民報告集会における「多治見市議会議員選挙公開質問状回答一覧」による。
(27) 『平成一五年第五回多治見市議会定例会会議録』三九頁。
(28) 同右、三九頁。
(29) 『合併問題調査特別委員会会議録』（二〇〇三年九月九日）一頁。
(30) 同右、六頁。
(31) この質問に対しては、「合併については、行政管理権限があるのは市長と議会であり市民については行政管理権限がないので市民については省いた」（『合併問題調査特別委員会会議録』〈二〇〇三年九月九日〉八頁）との答弁がされている。
(32) これは、廃止にする条例を制定する手間を省くための措置である。そしてまた手続的に条例が失効したとしても、結果の尊重義務は失われるものではないという。『平成一五年第五回多治見市議会定例会会議録』四六頁を参照。
(33) 『合併問題調査特別委員会会議録』（二〇〇三年九月九日）一四頁。

(34) 同右、一九頁。
(35) 同右、二〇頁。
(36) 『平成一五年第五回多治見市議会定例会会議録』二七三頁。
(37) 『合併問題調査特別委員会会議録』(二〇〇三年一二月一七日)四頁。
(38) 西寺雅也「随想第八二回　重要な政策決定を市民参加で行うこと」広報たじみ『Tajimist』No.二〇二九、二〇〇三年一一月一日。
(39) 多治見市企画部企画課「平成一四年度第一回タウンミーティング(合併シンポジウム)企画書」。
(40) 多治見市の参加呼びかけのチラシ。
(41) 第二回タウンミーティングの内容は、二〇〇三年三月一五日と四月一五日の広報たじみ『Tajimist』に簡単ではあるが紹介されている。
(42) 多治見市企画課「多治見市主催シンポジウムの概要」
(43) 第六回広報広聴小委員会の資料4「まちづくりシンポジウムの開催について」一頁。
(44) 第五回広報広聴小委員会の資料1「第四回広報広聴小委員会主な意見」三頁。
(45) 『第七回広報広聴小委員会　会議録』一二頁。

第四章　住民意向調査の実施と合併協議会解散へ

第一節　多治見市における賛成派・反対派の運動

賛成派・反対派の組織

二〇〇四年一月二五日の住民意向調査に向け、多治見市内の合併に賛成あるいは反対の人々がどんな活動を展開したのか。私の見聞したことに限られるが、新聞での報道を中心に、多治見市合併推進議員団（森寿夫団長）、多治見市第三〇区（長谷川昭二区長）・「南姫合併を考える会」（丹羽浩康会長）、「合併に反対し多治見の街を守る会」（責任者・久富裕）、「多治見をずっと住んでいたい街に！市民の会」（事務局・井上あけみ）を中心とした合併に反対する市民の有志、などの活動を紹介する。

多治見市合併推進議員団

二〇〇三年一一月に発足した多治見市合併推進議員団は、定数二四の多治見市議会のうち、保守系と公明党の計一五人からなる。一二月二〇日から、街頭演説とチラシ配布の街宣活動を始めた。街宣カーで連日市内を回りながら、意向調査への参加と賛成投票を市民に呼びかけた。また、推進議員団に所属する議員の地元を中心に、集会を開いたりして住民に合併の必要性を訴えたりした。

こうした合併推進議員団は、多治見市以外の二市一町でも結成された。これらの各市町の合併推進議員団を統合する形で、「三市一町合併推進議員連盟」（森寿夫会長）が一月一二日に設立された。それには、三市一町の議会議員八〇人のうち、自民、公明、保守系無所属議員の合計六〇人が参加している。その設立総決起集会で森会長は、「夢と希望の持てる未来を築くためには合併しかない。産業・経済界に元気を取り戻すためにも、住民に合併の必要性を訴えていこう」[1]とあいさつした。

合併推進派の運動では、この他に陶都経済懇話会[2]がチラシを配布したりしたが、合併推進議員団の活動が目立った。そして、反対派の市民有志は街頭に出たのであるが、賛成派の市民有志が街頭で訴える姿はみられなかった。

第三〇区・「南姫合併を考える会」

多治見市には現在、市民の自治組織である区が四〇ある。その一つである南姫地区の第三〇区は、多治見市の一番北にあり可児市と隣接する。この区のもとに「南姫合併を考える会」がつくられ、合併反対の運動を展開してきた。

この地区が地域ぐるみで反対に起ち上ったのは、次の理由による。

この地区は一九九六年に、開発抑制の市街化調整区域に指定された。そのため、地区の活性化に危機感を持った区民は、その見直しを求めてきた。しかしそれが実現しないまま、三市一町の合併が課題となってきた。もし三市一町の合併が実現すると、この地区は「新市の端の端となり、街が死んでしまう」[3]からである。

このため、合併に関する勉強会を積み重ね、積極的に反対運動を行った。その一つに、東濃西部三市一町の合併を問う区民投票の実施がある。これは一八歳以上の区民を対象に、一一月二九、三〇の両日に行われた。投票用紙は事前に各家庭に配布し、町内会役員がこの両日に投票箱を持って各戸を回り、回収する方法で行われた。投票率は九二・九%で、回収された投票用紙二、七〇〇枚の内訳は、賛成八〇八票、反対二、七三〇票、白紙などの無効一六二票であった。実に七割以上が反対という結果をみた。

この区民投票の結果は、現状での線引きの見直しはむずかしい。他の二市一町は線引きがないので、合併すればすみやかに調整することになる。(4) いかにも合併こそが見なおしの大きなチャンスとして、地区住民に説明してきた多治見市にとって大きな衝撃となったにちがいない。逆に、合併に疑問をもってきた市民には、大きな勇気を与えた。

「南姫合併を考える会」の「東濃西部三市一町の合併に反対します‼」というチラシには、反対の理由が七つ列挙されている。その最後に、「都市計画・線引き・市街化調整区域の先行きが不透明です」という事項がある。その一方で合併特例債の問題点など、合併の根本的な問題点も指摘されている。このようにみてくると、第三〇区の住民が合併反対に起ち上ったのは、確かに彼らの住む地域の問題とかかわってはいるが、合併に関するしっかりとした学習に裏づけられたものであることがよくわかる。

合併に反対する市民の有志

最後に、市民の有志の活動についてである。会のニュースやチラシを作って、各戸配布するなど、それまで独自に活動していた「合併に反対し多治見の街を守る会」のメンバーや、「多治見をずっと住んでいたい街に！　市民の会」の仲間に加えて、合併に反対の思いを持つ市民が、正月明けに一堂に会した。そこで、意向調査までの残りわずかな期間をできる限り手をつなぎ、運動の相乗効果を図るために、一緒に行動する日を決めた。それにしたがって、早朝の駅前や昼下がりのスーパーの前などで、街頭宣伝が六回ほど取り組まれた。参加者がそれぞれの思いを込めて、合併反対を市民に訴えたのであった。

私は、三重県名張市（二〇〇三年二月九日実施）や滋賀県長浜市（二〇〇三年二月一六日実施）の住民投票に向けての運動を見てきたことがある。特に長浜市の場合は、三つの合併の枠組みと、「合併しない」の四つの選択肢から選択する住民投票であったためか、各陣営が事務所をかまえ、街宣車がひっきりなしに行き交うなど、大変な運動の盛り上がりを感じた。それに比べると、多治見市の場合は表面的に見る限り、静かな運動であったと思う。

第二節　多治見市の投票啓発活動

市の合併への見解を掲載した投票啓発チラシ

市内に住む友人から、「うちの子どもが保育園から持ち帰った、多治見市の投票啓発のチラシは問題である」という電話があった。そこでＦＡＸで送ってもらったのが、**図表1**のチラシである。チラシの表は、もちろん問題ない。しかし、裏面を見てびっくりしたのであった。これではまさしく、合併に賛成するよう住民に呼びかけているものでしかない。これが、行政が行う投票啓発なのか。行政の公平・公正は、どこへ行ってしまったのか。こうしたことがまず脳裏に浮かんだ。

そこで合併に反対する市民の有志の皆さん（有志代表校條均）と、次のような「保育園を通じて配布された、住民意向調査に関するビラについての申し入れ」を、多治見市長にしたのであった。

「日頃は多治見市民のためにご尽力いただき、誠にありがとうございます。

さて、一月二五日の東濃西部三市一町の合併に関する住民意向調査が迫る中で、多治見市は投票への呼びかけと、多治見市の合併への見解を掲載したビラを、市内の保育園の園児を通して家庭に配布しております。また今後、幼稚園、小・中学校の教育現場を介して配布する予定とも聞いております。

市民に投票への呼びかけをするのは行政として当然のことですが、合併に賛成するよう呼びかけているともとられかねない裏面の文言に関しては、公平・公正な行政サービスを担う行政本来の姿から逸脱しているものと思われます。合併の是非を判断する材料として掲載するのであれば、賛否両論を公平に掲載すべきものと私達は考えます。

したがって私達は、多治見市がこうしたビラを配布したことに強く抗議するとともに、以後こうしたビラを配布しないことを要求いたします。

なお、多治見市が行政本来の姿から、住民意向調査の啓発に積極的に取り組まれることは大賛成ですし、私達も努めてまいります。

以上宜しくお願いいたします。」

市長が不在で、企画部長が応対したが市側の態度は強腰であった。「なぜ掲載したのか」に対して

図表1　多治見市の投票啓発のチラシ［A＝表面］［B＝裏面（左頁）］

3市1町合併に関する

住民意向調査

その一票!!

あなたの意見　私の未来

投票日

平成16年1月25日（日）

調査項目
① 合併の是非（「賛成」「反対」「どちらともいえない」から選択）
② 新市の名称（「土岐川」「陶都」「桔梗」「東濃」「織部」から選択）

投票資格者
18歳以上の市民
18歳以上の永住外国人（投票資格届出が必要です）

期日投票（不在者投票）
平成16年1月19日（月）〜24（土）　多治見市役所（8：30〜20：00）

結果の取扱い（多治見市）

「賛成」または「反対」のいずれか多い方に従う

実施主体　東濃西部合併協議会　多治見市、瑞浪市、土岐市、笠原町

詳しくはお問い合わせください
多治見市役所　企画課
電話　22－1111　内線414・415
FAX　22－0621　E-MAIL　kikaku@city.tajimi.gifu.jp

裏面もご覧ください

多治見市はなぜ合併を検討するのか?

少子高齢社会の到来により
① 市民税などの収入の減少 ② 福祉・医療などの義務的支出の増加
⇒自由に使える財源が不足

合併しない場合

これまで以上に行財政改革に取り組んだとしても
●市民サービスの削減
●増税や公共料金引上げの検討不可避

合併した場合

●**合理化による経費削減**（人件費・物件費など）が可能
●**国の財政支援**（合併特例債など）により、集中的に道路整備などが可能
●交通体系整備、地場産業の振興など**広域的・一体的なまちづくり**が可能
●20 万都市となり、基盤整備もでき、**まちの魅力が高まる**ため、企業誘致、雇用の増大、定住促進に期待

合併の不安と対応策

○これまで多治見市が先進的に取り組んできた、情報公開、市民参加、行財政改革等の枠組みができなくなる可能性
⇒新市になっても行政改革などに積極的に取組み。
○慣れ親しんだ「多治見市」という市の名前がなくなってしまう。
○新しい市役所が建設されると、市役所が遠くなり、不便に。
⇒窓口業務は、これまでどおり各市庁舎で取扱い。
○合併特例措置が終了する合併 15 年以後は、財政規模が再度縮小していく。
⇒特例措置のあるうちに社会基盤整備を重点実施。

は、「住民説明会に来られない人や、広報たじみを見ていない人のために、合併に対する市の見解を知ってもらうためである」。「住民が合併の是非を判断する材料なのか」の問いに、「その一つである」という言葉が返ってきた。そして全体を通していえば、こうしたビラを配布してなぜ悪い、配布するのは当然だというような姿勢に市側は終始したように思えた。(5)

教育現場を介して配布する予定がないことは確認した。(6) しかし、このビラが万単位で印刷され、行政とかかわる各種団体や事業所を通して、あるいは市職員によって既に広汎に配布されていることを知ったのであった。私が知り合いの市職員から、ティッシュとこのチラシを早朝の多治見駅裏で受け取ったのは、意向調査の投票日の前々日の二三日であった。

問題のあるチラシを取り上げた経緯は、以上の通りである。

埼玉県上尾市の二の舞

この件は、一方に偏った行政の情報提供が大きな問題となった、埼玉県上尾市のケースを想起させる。上尾市で二〇〇一年七月二九日、さいたま市との合併の是非を問う住民投票が行われた。これは、条例に基づいて合併の是非を問う全国で初めての住民投票で、大きな注目を浴びた。

ところで賛成派、反対派の対立が泥沼化する中で、合併に反対する上尾市当局は、職員「研修」で合併反対を職員に押しつけた。そしてまた、「住民投票告示日直前には、住民投票啓発パンフレットが市職員により全戸配布された。パンフは合併に否定的な情報で埋められ、『吸収合併で上尾は消滅』『合併の必要はない』などの大見出しが踊った。各地の住民投票に詳しく、上尾市で合併に否定的な講演を行った五十嵐暁郎・立教大教授ですら『住民投票で、ここまで行政が一方の意見に偏った例は見たことがない』と懸念を示した[7]」。

合併に対する賛成、反対が多治見市の場合と逆ではあるが、上尾市当局の行動が批判を受けるのは当然である。もちろん、多治見市と上尾市とでは、行政の取った行動は大きく違う。しかし、一方に偏った行政の情報提供という点では、多治見市も上尾市と同じであると言わざるをえない[8]。

どうしてそんなことをしたのか

市長が住民投票条例を提案し、賛成、反対の両者を入れてパネルディスカッションをもった多治見市である。その多治見市が、どうしてこんなチラシを配布したのか。あるいは、そうせざるをえないどんな事情があったのか。

市長提案の「市民投票条例」を否決した日の本会議で、ある議員は次のような発言をしている。

「合併に賛成の立場や反対の立場の市民が活発に運動し、それぞれの得票数を伸ばすのは、それぞれの立場の市民であります。しかし、投票率自体を上昇させ、どちらともいえないの得票数を限りなく減少させ、合併是非の判断を行いやすくする責務は行政にあるのであります。……合併是非の判断は、多治見市の将来を決定づける重要な事柄であります。二度とやり直しができないのであります。市民に周知する姿勢としては、従来の広報活動という姿勢だけではなく、徹底して宣伝するという姿勢で臨み、実行していただきたい。少なくとも広報紙とは別の点を市民に知らせる工夫をしていただきたい。合併した場合と合併しない場合の行政サービスの違い。財政の推計。そして、多治見市が財政力の低いところや借金の多いところ、さらに高齢化率の高いところや都市基盤の遅れているところと合併してもなお、メリットがあることなどをわかりやすく示した詳細な資料を全戸配布してください。……繰り返し申し上げますけれども、もし投票率が低く、どちらともいえないの得票が多いため、合併の是非の判断が難しくなった場合、それはすべて行政の責任であります」[9]。

確かに多治見市の住民説明会における一会場あたりの参加者は五〇名たらずで、他の市町に比べ少なかった。投票率の低さが懸念されていたことは、その通りである。しかし単に、このように投票率を高くし、どちらともいえないの得票を減らすためにやっただけとは思われない。やはり、より多くの賛成票を得票するためである。この点、チラシの内容を検討すれば、より明らかとなる。

図表1の〔B〕は、多治見市の住民説明会における『説明会資料』に掲載されている、第三章の**図表2**「多治見市はなぜ合併を検討するのか」、**図表5**「合併の不安と対応策」と大変よく似てはいる

が、全く同じではない。

「少子高齢社会の到来による収入の減少・支出の増加」が、「少子高齢社会の到来により①市民税などの収入の減少　②福祉・医療などの義務的支出の増加」となっているように、具体的な説明が加えられてわかりやすくなっている。同じように、「合理化による経費削減」については括弧つきだが「人件費・物件費など」をつけ加え、さらに「市民負担増加の検討不可避」が「増税や公共料金引き上げの検討不可避」となっているように、目を通すだけでわかるようになっている。

もう一つの相違点は、合併した場合のメリットとして、これまでの「合理化による経費削減」と「財政支援」の二つに、「広域的・一体的なまちづくり」と「まちの魅力が高まる」の二つの事項が追加された。また、合併しない場合のところに「これまで以上に行財政改革に取り組んだとしても」を新たにつけ足して、市民サービスの削減や負担の増加がいかに不可避的なのか強調されるに至っている。さらに合併の不安と対策が、六項目から四項目に減らされた。以上のように、チラシの内容は『説明会資料』の図表よりも合併するしかないことをさらに強調したものになっている。

以上、チラシの内容が賛成票をいかに増やすのかという観点から、『説明会資料』の図表に手を加えたものであることがわかる。

これは開票結果後の新聞報道によって知ったことであるが、合併推進派は意向調査の天王山は多治見市であるとみなしていた[10]。多治見市を除く二市一町は、賛成が圧倒的に多い。これに対し多治見市は、賛成、反対がせり合っている中で、多治見市長が得票の多い方に従うことを市民に約束していたからである。どちらに転んでも不思議はないと予想されたこの多治見市で、何としても反対票を上回る賛成票を獲得しなければならない。こうした焦りが、問題のある投票啓発活動を生み出したのではなかろうか。これはあくまで私の推測にすぎないが、いずれにしても誠に残念であった。

滋賀県長浜市にみる行政のあるべき投票啓発活動

これに対し滋賀県長浜市の住民投票啓発活動は、こうであった。長浜市の選挙管理委員会が作成した新聞大の用紙の表は投票啓発の記事を掲載し、その裏面は「住民投票公報」として、住民投票の四つの選択肢を支持するそれぞれの団体が作成した記事で埋められている。さらにまた、市民シンポジウムに参加した四団体の人が書いた原稿を掲載した「住民投票に係る市民のみなさんのＰＲ報」まで作られ、各戸配布されている。

行政のなすべき投票啓発活動は、まさにこれであると思う。

第三節　住民意向調査実施結果

全く予想外の投票結果

二〇〇四年一月二五日に実施された三市一町の合併に関する住民意向調査の開票結果は、**図表2**の通りであった。

翌二六日の新聞が「『まさか』言葉失う首長」（『中日新聞』）、「4首長ショック隠せず」（『岐阜新聞』）、「4首長会見　衝撃大きく」（『朝日新聞』）などの大きな見出しで報じたように、笠原町を除く三市で反対が賛成を大きく上回る全く予想外の結果となった。とりわけ、瑞浪市と土岐市における反対の得票率が、多治市の五六・九％をさらに上回る六五・九％と六〇・六％にそれぞれ達したのは、恐らく何人にとっても大きな驚きであったにちがいない。三市一町とも投票率は五〇％を超え、笠原町を除く三市で首長が合併協定書に調印しないとした判断基準をクリアし、合併は白紙に戻ることになった。

図表2　住民意向調査実施結果

	多治見市	瑞浪市	土岐市	笠原町	合計
賛成	15,365 (34.7%)	5,337 (26.2%)	9,315 (30.3%)	3,987 (67.3%)	34,004 (33.6%)
反対	25,181 (56.9%)	13,439 (65.9%)	18,619 (60.6%)	1,302 (22.0%)	58,541 (57.8%)
どちらともいえない	3,311 (7.5%)	1,335 (6.6%)	2,346 (7.6%)	587 (9.9%)	7,579 (7.5%)
無効	388	282	450	45	1,165
合計	44,245	20,393	30,730	5,921	101,289
投票資格者数	84,811	33,579	51,832	9,533	179,755
投票率	52.2%	59.3%	60.7%	62.1%	56.3%

（注）（　）内は得票率である。

なお同時に行われた、五つの候補から一つを選択する新市の名称に関する投票では「東濃」が一番多く、「陶都」「織部」と続いた。

以上の結果は、行政の推進してきたこの合併が、笠原町を除いて住民の総意とはいかにかけ離れたものであったかを明らかにした。首長が、この結果に大きなショックを隠し切れなかったのも当然である。

このことは、議会に関しても言える。行政をチェックすべき議会本来の機能からすれば、むしろ議会の方が問題があると言うべきかもしれない。しかし議会は、この合併に関してはチェックするどころか、行政と一体となって、もっと言えば行政の誘導役となって推進してきた。多治見市議会で、合併に消極的であった西寺市長に多くの議員が合併を執拗に迫った。意向調査の実施に向けては、二四人の多治見市議会議員のうち一五人が合併推進議員団を結成して、市民に賛成を呼びかけた。三市一町では八〇人のうち六〇人の議員が合併推進議員連盟に加入し、活動したことなどに関しては、既に述べた。それでも、意向調査の結果はこの通りである。まさしく笠原町を除く議会が、いかに住民の総意と乖離していたか白日の下に示されたのである。これほどの極端な乖離は、非常にまれではないかと思う。

私たち住民が、市長や議員に市政を委ねても、決してすべてのことをまかせたのではない。住民は今回、意向調査ではあるが自分たちの合併への思いを一票に託した。私たち一人ひとりが市政の主人公である以上、それは当然である。その重要性を、意向調査を通して私たち住民は学んだと思う。

しかしながら、いつでもこういう機会が作れるわけではない。日常的には、どうしても市政を市長や議員に委ねるしかない。そうであれば、私たちの市政への思いを本当に実現してくれる市長や議員を選ぶことの重要性を改めて認識することが必要である。

首長はどう受けとめたか

ところで、首長はこの意向調査の結果をどう受けとめたのか。最後となった合併協議会において、首長は投票結果に対する考えを述べている。それを紹介すると次のようである。ただし塚本土岐市長は、その場では投票結果に対する考えを述べていない。このため、意向調査の結果が判明した後の記者会見から引用する。

【高嶋瑞浪市長】

「この結果につきましては、私といたしましては、まさか、という思いでありました。よく考えてみますと市民の皆さん方に合併の必要性ということを理解していただけなかったとこういうふうに思っております。また、私どもがそのことについてしっかりと十分な説明がしきれなかったと、こういうふうにも思っております。私はメリットだとかデメリットとかそういう問題ではないと、将来を見据える中でご判断をしていただきたかったという思いをしております。なんか身近なところの尺度で市民の皆さんが判断されたのではないかとそんなことも思っております。この地域、この現状を考えますと、住民投票、住民意向調査投票というのは合併ということについてそぐわなかったのではないかという思いもいたしております。[11]」

【水野笠原町長】

「どうして、こういう事になったのか、皆さん誰に聞いてもですね、予想どおりだったという方は一人もいらっしゃらない。皆さんどうしてだ、どうしてだ、という話が出てくる訳でありまして、覆水盆に返らずと申しまして、今さらいろいろ後から言ってもしようがない訳でございますが、日本の政治の中には皆さんもよく聞かれる総論賛成、各論反対ということがございます。あるいは大義名分と地域エゴという問題もございます。あるいは理性と感情という言葉もあると思います。そういう中でその前者の方の財政的危機であるから合併しなきゃ駄目だと、あるいは、合併によって本当の行政改革ができるんだというふうな本当の大義名分と申しますか、総論そちらのほうが、皆さんに訴えることが足らなかったのではないか、後のほうの各論であるとか地域エゴとかそういうふうな問題が先に、あるいは感情論とかそういうふうなものが先走ってしまって、その名称がなくなるとか財産がなくなるとかそういう話ばっかになっちゃって、肝心の何のために合併するんだというふうなことが皆さんに説明できなかったというふうなことが言えるのではないかと、そういうふうに思っておる訳でありますが、私は先ほど高嶋さんがおっしゃいましたように先を向いた場合、一つのトレンドとしては、われわれ笠原が選択した方向、流れというのはやはり、間違っていなかったと、今後も間違ってないと思います[12]。」

【西寺多治見市長】

「私どもが住民説明会でお話させていただいておりました、例えば財政の問題にいたしましても、現実に平成一六年度の予算編成を今いたしておりまして、今まで経験したことのないような厳しい予算編成を強いられている、あるいは一七年度はそれ以上に酷くなっていくゆうような状況が現実のものとなってきている、という状況の中で意向調査が行われた訳でございますが、その点、そうした財政的な事は分かっていてもなかなか多治見市の市民の皆さん、多治見に愛着をもってみえる、あるいは多治見市が皆で築いてきたまちを大事にしたいと、いったような意見をしばしばこの意向調査の運動の中でもお聞きをしたわけでございますけれど、やはりそれぞれの地域のアイデンティティと申しますか、そうしたものを私たちの理屈が越えていくことができなかったと、いうふうに思っている次第でございます。[13]」

【塚本土岐市長】

「合併は必要ないという思いが市民の間に漠然とあったのではないか[14]」。「土岐市では公共料金が値上がりすることに対する不安があったのでは[15]」

新聞報道

新聞の解説記事などは、次のように報じた。

『中日新聞』（二〇〇四年一月二六日）

「調査は、行政や合併推進議員団が中心となり、理解を求めたが『メリット・デメリットが分からない』という意見のほか、慣れ親しんだ市名の変更、公共料金の差異、規模拡大で市政に住民の声が届きにくくなることへの不安などから、推進派が考える以上に反発ムードが広がっていた。」

『岐阜新聞』（二〇〇四年一月二六日）

「合併に対する期待の薄さ、不安の大きさが浮き彫りになった。合併協議会の立ち上げから、行政主導で進められてきた合併に対する厳しい批判も込められたといえる。……『なぜ今、合併なのか』『市町の名前消える』『合併特例債も借金に変わりない』『合併すれば新市の外れになってしまう』……。合併に否定的な声は根強かった。少子高齢化、厳しい財政状況、低迷する地場産業の危機感を背景に、賛成派は合併の必要性を訴えたが、浸透しなかった。」

『朝日新聞』(二〇〇四年一月二六日)

「合併後一〇年間に約五八三億円の合併特例債による都市基盤整備が進められることや、人口が二二万人余りになって権限がより大きな特例市に昇格できることなどをメリットに掲げ、合併を推進してきた。

しかし、そんなメリットも住民にとっては魅力が薄かった。

『特例債で事業ができても借金には変わりない。後の世代につけを回すだけだ』『大きな新市庁舎建設は税金の無駄遣い』『周辺地域の過疎化が進行する』など疑問を口にする声は多かった。『自治体の規模が小さくても知恵を出せばやっていける』との声も少なくなかった。結局、そうした民意が合併にストップをかけた。」

住民に合併の機運がない中で進められた合併協議の帰結

さて私は、次のように考える。

まず、**図表3**を見て欲しい。これは『第四次東濃西部地域広域市町圏計画』（二〇〇一年三月策定）を策定するために行われた住民の意識調査から、三市一町の合併に関するものを取り出したものである。

この**図表3**と、先ほどの意向調査実施結果の**図表2**を比較すると、**図表3**の「賛成である」が三四・一％であるのに対し、意向調査における賛成の得票率が三三・六％と、実に驚く程よく一致している。他方、「反対である」と「合併は必要ないが協力関係は強化」を足したものに、「わからない」を加えると、六〇・八％となり、反対の得票率五七・八％ときわめて近い数値である。つまり、「賛成である」が四六・〇％から、賛成得票率が二一・三ポイントもアップして六七・三％となった笠原町を除くと、意向調査の結果は三年程前に実施された住民の意識調査とほとんど変わっていないことに注目したい。

二〇〇一年三月に策定された『第四次東濃西部地域広域市町圏計画』では、そうした住民の意識調査から、三市一町の合併ではなく、広域連合の設立を検討する必要が述べられ、「こうした取り組みを行う中で、圏域住民の一体感と住民意識の醸成が図られた段階で三市一町の合併を検討[16]」するもの

図表3　3市1町の合併についての意見

	①賛成である	②反対である	③合併は必要ないが協力関係は強化	④わからない	⑤無回答	②+③
全体	34.1	7.3	38.7	14.8	5.1	46.0
多治見市	32.3	6.4	41.2	16.2	4.0	47.6
瑞浪市	28.8	8.3	43.0	13.4	6.5	51.3
土岐市	35.5	7.6	36.4	14.7	5.8	44.0
笠原町	46.0	9.4	29.9	11.5	3.2	39.3

（出所）東濃西部広域行政事務組合『第4次東濃西部地域広域市町圏計画　意識調査報告書』2000年11月、113頁。ただし②+③は筆者がつけ加えた。

とされた。三市一町の合併のことは、もっと先のこととされていたのである。

しかるに計画策定からわずか一年と少し経った二〇〇二年七月に、合併協議会を全く唐突に立ち上げたのであった。「機が熟して」いないのに、合併特例法の適用を視野に入れて、行政主導で合併協議会が設置された。合併に賛成する住民がわずか三分の一にとどまり、多くの住民が合併を望まない中で、合併協議が着々と進められた。このようにそもそも住民の中に合併機運がないのに、それを無視して進められたことの当然の帰結が、これではないのか。もっとも合併を推進する人には、全国的な合併ムード、とりわけ異様とも思える岐阜県内の合併ムードのもとで、足元の住民の意識のことは、あまり脳裏に浮かんで来なかったのかもしれない。

それでは、多くの住民はなぜ合併に否定的だったのか。
意識調査では合併に「反対である」理由として、「きめ細かな行政サービスが困難となる」が最も多く、次いで「現在の居住地に関する整備が後回しになる」や「市町のイメージや個性の希薄化」と続く[17]。しかし、なぜ「合併は必要ないが協力関係は強化」なのかは、その設問がないのでわからない。

なぜ合併は必要ないのか、土岐市長の言うようにそれは「ばく然」とした思いにとどまるのか、あるいは多治見市長の言うようにまちへの「愛着」なのかもしれない。いずれにせよ、住民の中に合併したいとか、合併するのだという合併の機運は、あまりなかったのである。

合併の必要がないと思う住民に、合併の必要性を理解させ、合併賛成に回ってもらうのは容易なことではない。おらがまちへの誇りや愛着が強ければ強いほど、それは並大抵のことではない[18]。しかも東濃西部の三市のように、それなりの人口と財政規模を持つまちの場合に、これから財政が厳しくなる、今合併すると財政支援があるといくら言われても、多くの住民が考えを変えることにはならない。それが説得力を持つのは、小規模自治体に限られる。笠原町の得票賛成率が意識調査の「賛成である」よりも著しくアップしたのは、このためであると思う。もちろん多治見市のように、私に言わせればやりすぎだと思うほど、大胆に住民に働きかければ、それはそれなりに効果を持つ。しかし、それでも大きな変化は生じなかった。

したがって、瑞浪市長の言うように「十分な説明」が不足していたのではない。あるいは笠原町長のように、「各論」に走ってしまって「総論」を訴えることが足らなかったからではない。

合併を推進してきた人は、それがうまくいかなかった原因を、自分たちの努力不足に求める傾向が強い。しかし、そういうレベルの問題ではない。繰り返すことになるが、合併は必要としないと思う住民の方が、合併したいと思う住民よりはるかに多かったのに、彼らも賛成に転じてくれると信じて合併協議を進めたことに、そもそも問題があったと思うのである。

第四節　おわりに

合併協議会解散を確認

意向調査実施直後の第二三回協議会で、これからの合併協議会のあり方が問題となった。合併協議会として、意向調査の結果を分析し、それを踏まえてどうするかを考えることが必要であるという意見も出された。しかし、協議会は住民代表としてやってきたのであり、住民の答えがはっきりと出た以上解散するしかないということで、解散の確認が行われたのであった。

合併協議会の解散は、三市一町の議会での議決をまって正式に決まることになるが、それは動かしがたい。

西寺多治見市長は、二〇〇四年二月一六日の広報たじみで、「意向調査の結果について」多治見市民に次のように報告している。

「合併の是非について多治見市では、多治見市の調査結果として「賛成」「反対」のどちらか一票でも多い方を尊重するとして結果を見守ってきましたが、多治見市では反対票が賛成票を上回りました。これが多治見市民の意向であると真摯に受け止め、今までご説明してきたとおり、合併協定書には調印しないこととします。

これまで、三市一町の合併の必要性について、地区説明会や合併シンポジウム等で説明に努めてまいりましたが、今回の投票の結果は、それ以上に市民のみなさんの、『多治見』のまちに愛着をもっている、これまで築き上げてきたまちづくりの姿勢を大切にしたい、また、『多治見市』の名前を残したいという思いが強く表れたものと思います。

今後、三市一町の合併の枠組みが白紙にもどったことで、財政的に大変厳しくなっていくことが予測されます。歳入の減少に合わせた歳出規模での行政運営を原則としつつ、持続可能な地域社会づくりの観点から『しごとづくり』、『安心と誇りの持てる地域づくり』に真剣に、かつ早急に取り組んでいくことが必要と考えています。

これからの進むべき方向については、議会、市民のみなさんのご意見を伺いながら考えていきたいと思っています。(19)」

住民の総意とかけ離れて合併を推進してきたことへの反省の言葉がないのが、まことに寂しい。

多治見市民は自ら選んだ道を歩む

二年間にわたって合併問題で揺れた多治見市であるが、市民を二分する大きな課題であっただけに、これからしばらくは若干の後遺症が残るのは避けがたいかもしれない。しかし合併問題を通して、住民は地域のことや、自治のことなど多くのことを学んだ。それを今後のまちづくりに生かしていけば、決して無意味な二年間ではなかったであろう。

住民意向調査の結果として、住民は合併しないでまちづくりを進めることを選択した。それは、これまでの道を少しも変えるものではない。しかし、この住民の決断たるやすごいと思う。国が敷くレールに乗らずに、自分たちでレールを敷き、列車を走らせる道を選んだからである。この道は決して平坦ではないが、多治見市民はこれをやってのけるにちがいない。私もひとりの市民としてこれに参加できるのを嬉しく思う。

【注】

（1）『岐阜新聞』二〇〇四年一月一三日。

（2）陶都経済懇話会が配布したチラシ「『賛成』投票で新市誕生を‼」によれば、「陶都経済懇話会は、昭和六〇年に多治見市・土岐市・瑞浪市・笠原町の経済界が、地域の将来を展望し、三市一町の合併を目的に創設され、『東濃西部複合都市構想』の策定および広域連携の必要性を訴えるとともに、新市の名称の公募、各首長への要望・提言などの合併推進事業を積極的に行ってきました」という。

（3）『中日新聞』二〇〇三年一二月六日。

（4）東濃西部合併協議会『住民説明会　質問・意見等分類一覧』三七頁。

（5）この時のやり取りについては、『岐阜新聞』と『中日新聞』の二〇〇四年一月一七日、『朝日新聞』は一月二一日を見られたい。

（6）校長会が反対したためであるということを、後日知った。

（7）吉永康朗「合併めぐり混乱した住民投票　上尾市・投票啓発の中身」『合併する自治体、しない自治体』（月刊『地方自治職員研修』臨時増刊号、No.六九、二〇〇二年三月号）一四九頁。

（8）意向調査の投票率を上げるため、多治見市では市職員約一、一〇〇人が総がかりで投票啓発運動に取り組むことにした。「運動は、職員と家族が町内の人たちに投票するよう声かけをする。また、企画課がリストアップした市内の各種団体や事業所などを職員が訪問し、『なぜ合併か』を考える説明パンフレットなどを配って投票を呼びかけるという」（『朝日新聞』二〇〇三年一二月六日）。このためだけのパンフレットは作られず、住民説明会の資料『多治見市合併説明会～多治見市にとっての東濃西部三市一町合併～』を配布した。

（9）『平成一五年第五回多治見市議会定例会会議録』二八七―二八八頁。

（10）『中日新聞』二〇〇四年一月二七日。

（11）『第二三回東濃西部合併協議会　会議録』四―五頁。

（12）同右、六―七頁。

（13）同右　七頁。

(14) 『中日新聞』二〇〇四年一月二六日。
(15) 『岐阜新聞』二〇〇四年一月二六日。
(16) 東濃西部広域行政事務組合『第四次東濃西部地域広域市町圏計画』一九頁。
(17) 東濃西部広域行政事務組合『第四次東濃西部地域広域市町圏計画　意識調査報告書』一二四頁。
(18) 拙著『市町村合併を考える』の第三部「なぜ市町村合併に反対するのか」のⅣ「誇りに思う『まちづくり』が合併を阻む」を参照されたい。
(19) 広報たじみ『Tajimist』№二〇三六、二〇〇四年二月一五日。

付録／資料

〈付録〉
講演「市町村合併の動向と問題点」

〈資料〉
その１　第一回多治見市タウンミーティング
その２　第三回多治見市タウンミーティング
その３　東濃西部合併協議会『～活力、安心、創造を求めて～みんなでつくる、緑あふれる、交流のまち（東濃西部三市一町合併協議会の状況報告書）』
その４　多治見市『多治見市合併説明会～多治見市にとっての東濃西部三市一町合併～』

講演「市町村合併の動向と問題点」

一　はじめに

①　分離独立したばかりのコミューンを訪ねて

本題に入る前に二つのことを申し上げたいと思います。

一つはこの夏休みに、スウェーデンの分離独立したばかりのコミューンを訪問した時のことです。スウェーデンは戦後、二回にわたって地方分権を進めるために大合併をやってまいりました。その結果、合併が終わった一九七四年の段階では、二、五〇〇の自治体がわずか二七八のコミューン、いわゆる基礎的な自治体の数になってしまったわけです。スウェーデンの人口は九〇〇万人を切っていて八七〇万人、面積は日本の一・二倍という国です。ですから単純に平均してとらえると、一つのコミューン当たり一、五〇〇平方キロメートルですから大変広いのです。例えば東西に三〇キロですと南北に五〇キロということです。いかに区域が広いかおわかりになるでしょう。日本で今一番広いのは清水市と合併して新しく生まれた新静岡市、いわき市を抜いて日本で一番行政区域が広いと思いますが、それでも一、五〇〇平方キロメートルまではいってないです。単純に考えてもそれだけ広い。そういう中でどうして住民自治が成り立っているんだろうか、そういう問題意識から私は一九九七年の一〇月から一九九八年の九月までの一年間、スウェーデンのウプサラ大学に留学し調査研究してきました。

そして帰ってきて五年経つわけです。久しぶりにスウェーデンの友人と旧交を温めたい。しかも、ちょうど私がいた時に私の住んでいたウプサラコミューンから分離独立する運動があって、留学中にそのリーダーの方にもお会いしたんですが、実はそのコミューンがこの一月に誕生したというわけです。ですからスウェーデンは一番少なかったときには二七七なんですが、その後分離独立するコミューンがあって今では二九〇になっています。つまり二九〇番目のコミューンが誕生したということもあって、この夏休みにスウェーデンに調査にでかけて参りました。新しく誕生したキニブスタのコミューンの行政の人、議会の人、その運動を進めてきた人からいろいろと話を聞いてきました。

単刀直入に申し上げますが、「どうですか、順調に立ち上がりましたか」と聞いたところ、「いやぁ、実は大変なんです」ということでした。なぜ大変かというと「駅前の駐車場が狭すぎるのでもっと広げてくれとか、ここの集会施設は老朽化しているから直してくれとか、ここの道路を舗装してくれとか、住民からの声、要求ががばっとでてきて実は大変なんですが、でもそれが本来の地方自治じゃないですか」ということを話されました。わたしはその話が非常に印象に残っています。まさにそうだと思うんです。

分離したキニブスタというところは留学していたウプサラ大学のあるウプサラコミューンの中にあって、ウプサラコミューンの面積はなんと二、五〇〇平方キロメートルもあって、これではとてもじゃないが地域の住民の声は行政に反映しにくいし、参加もしにくいわけです。自分達の声、思いがなかなか行政に通じないということで、「キニブスタ２０００」というなかなか格好のいい名前の組織ですが、これを住民の方々がつくられて、この一月一日から新しいコミューンをつくったのです。

私がスウェーデンにいるときに、日本では「合併、合併」といっているが、スウェーデンでは逆に分離独立の動きがありまして、五年ぶりに訪れましてそれを調査してきたわけです。分離独立して住民からの声がいっぱい寄せられて、嬉しい悲鳴をあげているコミューンの話をまずしておきたいと思います。

② 私の足もとでも合併協議がすすんでいる

もう一つは私は岐阜県の多治見市に住んでいますが、岐阜県は合併先進県どころか滅茶苦茶です。九九の市町村があって白川村一つを除いて全部合併協議です。九九の内九八、そういうところです。

ただ折り合いがつかずに合併協議会に参加していないのがあと二つありますが、思いは合併はしたいのです。

私が住んでいる多治見市と土岐市、瑞浪市、笠原町、三市一町の合併の話になにかと触れるかと思うので、どういう歩みをたどっているか簡単に最初に紹介しておきます。

東濃西部合併協議会というのですが、去年の七月一日に合併協議会が設置されました。今年の三月に新市の建設計画（案）が策定されました。協定項目、たとえば合併期日だとか議員の定数だとかかなり煮詰まりまして、六月と七月に住民説明会が行われ、それを受ける形でまちづくり計画案の手直し、あるいは協定項目の手直しをする最終的な段階にきています。

この合併協議会による住民説明会とは別に、三市一町それぞれによる最後の説明会が今行われています。多治見市では一七カ所で合併説明会が行われ、明後日（一一月一日）が最後の説明会です。

最終局面にあるわけですが、何がもめているかというと議員さんの在任特例です。合併の時に設置選挙でやるのか、二年以内の在任特例でいくのか。一年四カ月の在任特例でいくという合併協議会の結論はすでに出ているんですが、どこの説明会でも住民のみなさんから批判的な意見がでてきて今見直しをやっています。

非常に特徴的なことは、東濃西部合併協議会というのは本当に唐突にできたということです。つまり普通ですと合併研究会、あるいは任意の合併協議会、そて法定の合併協議会に進んでいくんですが、ところがそれらは一切抜きにして、「二〇〇二年六月をめどに法定の合併協議会を立ちあげる」ことについて、去年の三月二日に三市一町の首長と議長さんで合意をみた、という新聞報道をみて住民はビックリしたという、日本でも稀なケースじゃないかと思います。

もう一つの特徴は、合併協議会委員に公募の委員がいるということです。今では当たり前ですが、まだ去年の段階では目新しかったんです。私も公募の合併協議会委員に応募して応募作文をだしました、「まちづくりシンポジウム」の公募のパネラーにも応募作文を出しました。二つとも選外となりましたが合併協議会や、市でやる説明会にも「はしご」で参加して勉強しています。合併協議会は二一カ所でやりましたがその内九カ所に出席し、質問してきました。多治見市の説明会も一七カ所ですが明後日行きますと一〇ヶ所目になります。住民の皆さんの前でかなりいいたいことを言えるので、協議会委員にならなくてかえってよかったかなとも思っています。いずれにせよ委員の公募というのは当時としてはかなり画期的なことでした。

三つ目の特徴は、多治見市の市長は住民投票条例で住民投票を実施して合併の是非を決めるというマニフェスト、選挙公約で三選されたので、当然のことながら九月の段階でそれを出したのですが、住民投票条例案が議会で否決されたんです。実はその前に、住民投票なんか必要ない、議会制民主主義を前面に立てていた二市一町の首長は、合併協議会に「住民意向調査をする」という議案を提出してそれを決めてしまいました。投票方式ですから西東京市と似ているんですが、多治見市が住民投票条例案を議会に上程するということは、選挙公約ですからもちろんよく知られていたことです。しかし合併協議会で前もって決めてしまったわけです。そしてこの九月二四日に多治見市議会は否決したんですが、その議論の中でも「もうほとんど住民投票と変わらんのだから、いいやないか」というようなことで否決されたのです。来年の一月二五日に投票方式の住民意向調査で決まるということです。もちろん取り扱いはあいまいです。「結果を尊重して合併協議をすすめる」というのですから、何を言っているのかさっぱり分かりません。ということでまだまだ混乱が続くのじゃないかと思いますが、私はそういうところから来たということを念頭において、私の話を聞いていただくとよく理解していただけるかと思っております。

以上、大変前置きが長くなりました。

二　なだれを打って合併協議に走る市町村

①　駆け込みの合併協議

さて今日の状況ですが、とにかく二〇〇五年三月が合併特例法の期限、その適用を受けるためには急がなきゃいけない。もう一つは西尾私案とか、第二七次地方制度調査会の中間報告にあるように小規模町村の権限を縮小し、奪ってしまう。あるいは周辺の自治体に編入させるぞ、という動きがでてきたために非常に合併協議が進むようになってきているということです。

総務省の調査によりますと、この七月一日現在、法定協議会の数は三五七で参加市町村は一、四四二、任意協議会は一六〇で参加市町村が五九二、合わせると五一七の合併協議会に二、〇三四の市町村が参加しています。

こうした状況からすると、二〇〇五年三月までに政府の目標とする一、〇〇〇自治体にはほど遠いにしても、今の三、二〇〇の市町村が二、〇〇〇前後に減ることになるかもしれません。

② 行政主導

このように多くの市町村が合併協議に走っていますが非常に特徴的なのは任意にしろ、法定にしろ行政主導で合併協議会がつくられてきているということです。本来、合併というのはそういうものではありません。

たとえば笠原の町長さんは三市一町の合併を公約に掲げてきた人ですが、議会では「合併を公約にしているが、これといった活動を何もしていないじゃないか」、「推進すべきだというビラをつくって配るとか、集会などをもつべきだ」というような議論がされています。しかし、合併というのはそういうものじゃないんです。住民にとってとても大きな影響を持つ大変重要なことです。コミュニティがどうなっていくのか、あるいは行政サービスはどうなっていくのか、もちろん名前の問題もあるでしょうし、地域の人々にとってみると大変大きな問題です。従いまして住民の中に合併の機運というか、合併したいなあ、というものが前提でなければなりません。「やむを得ないなあ」というのでは駄目なんです。いいまちをつくるためにこういう課題を抱えている、これを解決するための手段・選択肢の一つとして合併があります。本来は住民の中に自分達のこれからの誇りに思えるすばらしい地域社会をつくるために、あるいは今抱えている課題を解決するために合併したいという機運がみなぎっていること。もう一つは相手の市町村の皆さんとの一体感、ひとつになってお互いにすばらしいまちをつくるんだ、という住民の一体感があるということが、合併を進める大前提でなければなりません。

ところがぜんぜん違うわけです。首長が要は財政的にやっていけないとか、二〇〇五年後は権限がなくなってしまう、というようなことでどんどん合併が急がれているわけです。先見の明があるから俺についてこいということでもなく、逆に取り残されてしまうということだけです。他方、小規模町村でないまちでは財政が厳しくなるということに加えて、国の財政支援をあてにして合併を急いでいます。岐阜県をみていますとほんとに雪崩現象といってよいと思います。

③ 自立を求める小規模自治体

そういう中でも合併しない、今の独立を一分でも一秒でも長くできるように追求していくというところもあります。発電所がある、大きな会社の工場がある、だから固定資産税など財政が潤っているから合併はパスという小規模自治体もないわけじゃないけれども、財政力のない小さいところで頑張っているところがあります。強く印象に残っているのは沖縄の離島振興協議会の町村の決起集会に行ったんですが、合併すると俺たちの島の自治がなくなるというのです。私はよく合併によって住民自治が後退するという言い方をするわけですが、そういう甘っちょろいものじゃない。本土と島が合併してしまえば人が住めなくなる、ということなんです。島の場合は外界は海で囲まれているので、教育や福祉など総合的な行政サービスが受けられなければ暮らしていけない。そのためには、島に自治がなければならない。財政的にきついとか、厳しいとか、やっていけないというのじゃないんです。いまの島の自治を守る、まちの自治を守る中で財政はなんとか考えようということなんです。島の自治を守る、まちの自治を守ることを全面に掲げた、気迫にあふれた、素晴らしい集会で大変勉強になりました。島根県隠岐の海士町でも、同様の印象を持ちました。

岐阜県では白川村だけです。世界遺産の合掌づくりの村であるからです。当初は高山市との合併の話があったんですが、自動車で一時間半以上もかかるということもあって、やはり世界遺産のある独自のまちづくりをすすめるためには、合併したら駄目ということになっています。岐阜県下では唯一つです。

行政に呼ばれることも多いのですが、最近は少しやり方が変わってきているということもあります。

賛成派、反対派両方呼んで、合併の講演会やシンポジウムを行うことがあります。行政の腹は決まっているのですが、一種のセレモニーで反対の先生まで呼んだじゃないかということもあるのかもしれません。

長野県ではむしろ合併したくない、ということなんだけれども、逆に賛成の先生の話も聞いておかなきゃいけないというところもあります。そういう頑張っているところは独自の村づくりをしている、ユニークな村づくりをしていて、自信をもっているから少しくらい財政がきつくたってそれを乗り越えていけるという確信、それを村民と共有しています。

そういうところを絶対につぶしてはいけないのですが、いまの状況を大掴みにみたときには雪崩をうって多くの市町村が合併に走っているということでしょう。

三　血の雨は降らなくとも混乱は避けがたい

①　公開の合併協議会、住民説明会の開催

矢祭町の場合、どことも合併しないという矢祭町宣言があります。昭和の大合併のときには血の雨が降った。実はその時のしこりが今なお町民の皆さんの中にあって、二度と繰り返したくないということが謳われています。

昭和の大合併は住民にあまり知らされないで、議会だけの協議で進んでいきました。だから住民の皆さんは、それを知った時これは何だ、ということで大変な怒りをもつということになったんです。分村合併、あるいは合併してまもなく分かれてしまうというケースも大変多かったんです。

今はどうかといえば一応合併協議会は公開ですから、傍聴もできるし会議録も手にいれることができて、一応知ることはできます。ただそこで自由で活発な審議がどれだけ行われているかは問題です。住民の皆さんの不安、反対の思いがどれだけ反映されているか、賛成の論議ばかりで進んでいるのではないかなどの問題はあるものの、一応は住民の前で合併協議が行われています。住民説明会も説明会というより合併ありきの説得会といった方がいいかもしれませんが、一応は住民の前に開かれています。昭和の大合併の時のように、住民の目に触れないところでポンと決まるというような話は聞いたことはありません。

② どこのまちと合併するのか

しかし、混乱は避けがたいということです。それは、合併の理念など何もないからです。あるのは「やむを得ない」、「財政的にやっていけない」、「今合併するとこういう財政支援が受けられる」というだけで、ほんとに市町村が合併することが必要だから自主的に合併する、ということではないからです。だから「どこの町と合併するのか」という枠組みでケンケンガクガク住民がケンカすることになるのです。枠組みは二つのタイプになります。ひとつは勤め先とか、買い物など生活圏優先で考えるか。あるいは、町や村が一部事務組合を作っているとか、かつては郡で一緒だったというような行政圏を優先するのか。この生活圏か行政圏かであっちがいいとか、こっちがいいとかのイザコザが起きるわけです。

もう一つは財政だったら大きなところとくっつく方がいい。逆に大きな町とくっついたら個性が埋没しちゃう、独自性を発揮するなら小さいところ同士が一緒になった方がいい、ということが議論になっている。大きく分けるとこの二つのパターンがあると見ています。どうしてこういうことになるかというと合併の必然性がないからです。

③ どこのまちがリードするのか

市の名前をどうするのか、市役所の位置をどうするのか、こんなことでケンケンガクガクやるわけです。ほんとに難しいのは市同士のケースです。あるいは町村でも同じくらいの町や村で、どこがリーダーシップを取るのかこれまた大変です。兵庫県の篠山市などもその旧町はどんぐりの背比べで、何度も合併の話が破談になってきたんです。それが何で今度は早くに合併できたか、対抗馬の丹南町が赤字を抱えいたがゆえに篠山町さん、今回はそちらの条件どおりでということになったような感じがしないでもないんです。

岐阜県の関市と隣の美濃市のケースです。美濃市が「対等合併」か、名前を「美濃関市」とするか、どちらか一つ譲歩してほしいと泣き付いているんですが、関市側は二つとも譲れない、というわけです。美濃市はとてもこれではうまくいくわけがない、ということから今のところ単独を考えているということです。

兵庫県の相生市と赤穂市に挟まれた上郡町に呼ばれたんですがおもしろいです。相生市は二市一町で合併したい。赤穂市はそれは嫌だ、上郡町との合併だったらいい。上郡町の住民の皆さんはそれぞれ近い方と合併したい、というようなことで住民投票できめるというようなことなんですが、ここでも相生市と赤穂市が牽制し合っているのではないかと思います。

④ 住民に合併機運がない中での合併協議

住民に合併機運がない中での合併協議ですから混乱は避けがたいのです。ほんとは市の名前とか役所の位置などということは、ほんとに合併が必要で、必然性があればいくらでもクリアできる問題だと思うのですが、あまりにもこんなことばかりに時間を費やしていてどうするのか、という気がしてなりません。

そしてまた、住民には合併機運がないのに議会や行政だけで合併協議を決めようとするため、それはおかしいということになります。このように、行政や議会と住民の思いが遠くかけ離れているので、合併の是非は住民投票で決めようという運動に拍車がかかります。

⑤ 住民投票を拒否

住民投票というのは住民がきめるということですが、その住民投票を拒否するから混乱することにもなるんです。住民が主役の町づくりなんていうわけですが、それは言葉のうえだけで、議員の皆さんも合併協議会の委員の皆さんも本当は全然わかっていない、と言わざるを得ません。これは住民意向調査のところで触れますが、現状はそんなところではないかと思います。

四　これで誇りに思えるまちができるの

①財政不安や財政支援に駆られて

こんな形で合併して誇りに思える町ができるのか、ということです。

いまの合併論議は財政不安や財政支援とすべて財政問題に終始しています。これからは小さな財政力のない市町村はやっていけないと、合併に追い込むためにうまく利用されているわけです。

地方交付税を真綿で締めるようにジワジワジワリ減らしていくわけです。地方交付税がなくなると早とちりする人が大勢でてくることになります。そしてとにかく、財政支援が受けられることだけを考えるわけです。だから、住民自治の問題とかあるべき地域社会とかいう議論は、ほとんどないのです。財政というのは自治を守る中で考える、というのではありません。圧倒的に多いのは、とにかくもうやっていけない、地方交付税が段々削られていくという事ばかりなんです。

もっとうまくやってくるんです。少子高齢化社会というわけです。生産年齢人口が減少し、納税人口がへる、というのです。これはそうなってます。多治見市でもそうです。一〇万六千人の町で名古屋のベッドタウンです。もともとはお茶碗の町ですが、いまは納税者が減ってきています。そして年寄りがドンドン増えています。福祉を中心に経費が増える、だから財政的にやっていけない、というやり方なんです。国からの交付税が減る、下手すると交付税制度自体がなくなる。さらに少子高齢化だ。とてもじゃないがやっていけない。そこで合併によって行財政を効率化するしかない、あるいは行政能力を向上させるしかない、こういう論理です。

それに対して私はこういいます。まずは財政予測は困難だということです。一〇年後こうなるということなんですが、多治見市では市単独の最後の説明会に入っていますが、ここでの説明は少子高齢化一本です。合併しないと何年後はこれだけの財源不足、これだけの赤字になるというわけです。法律できめられた経費は減らすことができません。だから二〇億とか三〇億の赤字をカバーするためには住民の皆さんの負担しかありません、こうくるわけです。たとえば環境、ゴミ処理にかかる経費を三〇%減らすためには有料のゴミ袋を現在の一八円から八〇円程度にしなきゃならない、ある意味では非常に分かりやすく頭に入ってくるような言い方でやってくるんです。うまいでしょう。

しかし、三位一体の改革といってもまだ決まっていないし、地方交付税制度がどうなるかも決まっていません。この段階で財政予測はできるのか、いわんやほんの数か月前に合併協議会に出した財政予測と今回の財政予測が全然違うと指摘しながら、財政予測だけで一喜一憂するのはおかしいのではないか、財政予測はいまの段階ではとても難しいのです。

もう一つは、財政が大変だ、というのは分かる。それなら借金は減らさなければならないし、経費増の中心である公共事業を抑えなければならないのに、新しいまちづくり計画のなかでは借金がドンドン増えることになっています。投資的経費、つまり公共事業費が物凄く増えています。矛盾しているんです。合併協議会の説明では、一〇年間で合併しないでいくと投資的経費が三市一町で一、〇〇〇億円。合併すると一、九〇〇億円になる。合併特例債六〇〇億円と交付税の合併算定替えの分などを全部投資的経費にぶち込むわけです。その結果、三市一町が合併するとこんなにメリットがあるというんですが、それはおかしいじゃないか、というんです。財政が余裕がなくなる、厳しくなるという事なら借金を減らさなければなりません。家計だってそうでしょう。賃金が上がらないとなれば当然借金をどう減らすか、不必要な支出・経費をどうやって抑えるのかが大事なんでしょう。このことは、住民の皆さんに今の合併がおかしいということを理解してもらうために追及すべき重要なことだと思います。矛盾しているということです。

財政支援、財政支援というけれども合併特例債、これは借金だ、ということです。ここでは既にご理解いただいているところですから説明は省きますが、返す借金の元金と利子の七割は地方交付税で面倒見てもらえる。多治見市にとっては有利な借金だというけれども、そんなことで借金すれば国民全体の借金が増えるということですから、破綻している地方交付税制度がそれこそ破綻してしまう。

面白い話があります。住民説明会で、有利だ有利だというので「国の財政も逼迫していますが、合併特例債の優遇措置は大丈夫ですか」という質問がでました。答えは「国の法律に基づいていない普通交付税については、今後いろいろな議論がなされるものと考えますが、合併特例債については国の法律で制度として保障されていますので優遇措置が受けられるものと考えています」。なんとこれが文書で残ってしまいました。「冗談じゃない、普通交付税法という立派な法律に基づいているんでしょう、訂正しなさい」といって訂正させました。そうしたらこうなのです。「普通交付税については今後いろいろな議論がなされるものと考えますが、…」後は同じです。最初の「国の法律に基づかない」というところだけ削除したのですが、償還に必要な元利の七割というのは普通交付税の基準財政需要額の中に計算されるのに、こんなことも知らないでやっているのか、といったら「すみません」ということで直したんです。こうです。「合併特例債の返済額の七割が普通交付税で措置されることが制度として保障されていますので、優遇措置が受けられるものと理解しています」というのです。住民の皆さんは、ここを心配しているんです。これくらい合併特例債にこだわるわけですが、全然回答になっていません。

ちょっと話がそれました。

合併算定替の話も、これは期待額にすぎません。合併算定替はそれだけでは意味をなさない。人減らしをやってはじめて意味がある、ということです。いわんや一〇年間、あるいは激変緩和の後の五年間を過ぎると一本算定となって、人件費や物件費を減らしてだいたいトントンになるんです。東濃西部の場合、一本算定によると地方交付税は約三〇億円減ります。他方、合併一〇年後の人件費（職員二六〇人削減の場合）と物件費の削減額は約三一億円と試算されています。地方交付税の合併算定替の財政支援はほんの一時のことです。

② 市町村計画を寄せ集めた新しいまちづくり計画

新市のまちづくり計画、三市一町の合併でどんな新しい町ができるのか。多治見市でいえば、三市一町が合併しなければできない町ができるのだろうか。だから合併するというのでしょう。多治見市だけでは素晴らしいまちができない。三市一町が合併すると素晴らしい、こういうまちができるというのが合併協議会が策定する新市建設計画でなければなりません。しかし、どこもかしこも全然そんな具合になっていません。

どうなっているか、実際のところはそれぞれの市町村の総合計画で、いまなおいろいろ残っている事業を取捨選択してぶち込むという事になっています。広域的な計画に関しては、広域市町村圏あるいは広域行政圏の計画がぽーんと入れられているだけです。私のところの東濃西部合併協議会でまとめられたキャッチフレーズは、「~活力、安心、創造をもとめて~みんなでつくる、緑あふれる、交流のまち」です。これで合併後のイメージが湧いてくるでしょうか。実際、ほとんどのところの計画はこの調子です。つまり何を議論しているかというと「将来像」、「まちづくりの基本理念」こういうことばかり議論しているわけです。それも大事でしょうが、共生、協動、創造、安心、活力など、どこでもこういう単語が並べられているだけです。それが合併後のあたらしいまちづくりだというのです。結局、合併特例債を得るためには新市建設計画の中に事業名を盛り込まなければその対象にならないから、そのためにそれぞれの市町村計画を寄せ集めただけの新しいまちづくり計画になってしまうのです。

③　先送りの協定項目

協定項目でも基本的な協定項目、合併の方式・期日・新しい市町村の名前・庁舎の位置など、また合併特例法による協定項目、議員数とか、任期とか、地方税の取り扱いとか、こういうものは、もちろん玉虫色ではなく、きちんと決めなければなりません。

ところが、すり合わせが必要な協定項目もたくさんあります。とりわけ公共料金などもう決まっているというのですが、ほとんどが新市後、つまり、新しいまちができた後に、速やかに調整する、つまり決定するというやり方、つまり先送りです。

住民から見たら保育料はいくらなのか、上下水道はいくらになるのか何もはっきり分からないのです。

ほとんどのことが新市後ということなのに、合併の是非を判断しろということです。住民からすれば非常にけしからんことです。なぜ決まらないのか、と問うと格好のいい答えがかえってきます。保育料をどうするか、水道料をどうするかは、新しい市長がどういうまちづくりの方針・抱負を持っているかによって決まってくるのだから、合併協議会ではきめることができない、というんです。これは全然違います。自治体のエゴが正面から衝突するんです。たとえば保育料が低いところが合併後ぐーんとはね上がるということになれば、そんなことは持ち帰れない、合併はやめたということになりかねないからです。こんなことがまかり通っているんです。

④ 破綻が必至の財政計画

合併特例債で破綻しない、というのはどういう時か、実際は非常に難しいです。合併した後、工場団地をつくって多くの企業が来てくれて、固定資産税や住民税の法人税割とか、多くの人が住むようになるなど税収増となるというようなケースです。

あるいは長野県の駒ヶ根市・飯島町・中川村・宮田村合併協議会のような考え方です。そこでは合併特例債を上積みしていません。合併協議会が財政計画をつくる際に、それぞれの市町村の投資的経費を一〇年後には今の半分に減らした計画とし、さらにその八割にして、しかも合併特例債でやる投資的経費は起債充当率が低い、つまり借金する割合が少ない。そしてまた借金するとほとんどの事業がその返済に必要な元利の一部が交付税の基準財政需要額に算入されるのですが、それがわずかしか算入されない、あるいは全然算入されないものを合併特例債でやっていくという計画になっています。どうしてですか、と尋ねると「借金ですから将来の負担を考えてのことです」ということでした。田中知事も「長野県ではとにかく合併特例債は多くても半分までに抑えよう、という方針でやっている」ということでした。

そういうところは別ですが、大半の所はそうではないのです。合併特例債を限度額まで発行することになっています。しかしそこには誤解や見落としがあります。

まず合併特例債に錯覚があります。基準財政需要額に算入されるというとらえ方ではなくて、それだけ地方交付税がプラスされる、プラスになって返ってくるというとらえ方です。基準財政需要額から基準財政収入額を差し引いたものが地方交付税です。基準財政需要額に返済に必要な元金と利子の七割を算入したとしても、たとえば仮に税収増があった場合は、全部自分のところで負担することになるんです。多くのところが、その部分が今の交付税にプラスされて交付税が交付されるという理解をしているんです。私のところの多治見市の広報もそうだったので訂正させました。

また国の借金が増えれば交付税の算入も保障がないのです。先日、朝日新聞で鳥取県の片山知事が「交付税の先食いはやめろ」、と書かれていました。「景気対策といって市町村や県で公共事業をやれば借金を認める、面倒をみますよとやってきた結果が今でしょう。国と自治体合わせて七〇〇兆円の借金をつくってきた大きな要因なのに、それをまたやろうとしているのか。そうでなくても地方交付税は減らされてきているが、本来はいまが一番ピークにならなければいけない。国としてもいつまでそんなの面倒見られるかわからないという状況だ。ますます借金苦の二の舞いになる。コスト意識をもたずに不必要な箱ものをドンドンやることになる」と書かれていました。行政の現場の知事が書かれているんですから本物です。

返済額の三割ということについても、多くのところでは利子を計算にいれていません。私のところでは、合併特例債は六〇〇億円ですから二%の利子だと七〇〇億円、七〇%ですから約五〇〇億円が基準財政需要額に算入されて、二〇〇億円は自己負担なんです。多くのところは六〇〇億円だと三割だから一八〇億円と計算しています。利子を計算しなければいけません。要するに合併特例債は借金なので、大変だということです。

しかも、合併後一〇年間発行できて、三年据置で一五年償還です。地方交付税は一本算定になっていますからトントンになっているんです。そして借金はドンドン返していかなければなりません。地獄です。

多治見市の場合は、合併後一〇年間に一〇経過後の返済に必要な自己負担部分一六〇億円は減債基金として溜めておくから大丈夫といっています。着目はいいとして、そのとおりできるかどうかは別問題です。

もう一つは箱ものを造れば当然、維持管理が必要ですが、ほとんどのところでこれが財政計画で考慮されていません。造ってくれればいいという全く旧態依然の考え方です。借金はどんどん返さなければならない。道路や施設の維持管理の費用がかかる、というなかでニッチモサッチモいかなくなって財政破綻が必至の財政計画ではないか。むしろ合併しない方が財政破綻から免れる。

長野県の広報は、さすがだと思います。

「Q2」のところに地方交付税だけとるとこうなる、と書いてあります（注1）。

また、「市町村合併を考える重要な三つのポイント」を示しています（注2）。

住民にとにかく合併なんだとしか説明しない自治体が圧倒的な中で、さすが違うなと思います。

⑤　行政ベースで物事が運ぶ

合併協議会の中では、幹事会が物凄い力を持っています。どこでも助役、総務部長、企画部長で構成されています。つまり首長を除く役場の行政マンのトップが入っていて、ここで合併協議会に出す議案が全部作られます。幹事会の中に専門部会があります。担当分野の部長職、町村では課長職です。さらに分科会があります。これは担当分野の課長職、町村だと主任でしょう。行政が一体となってやってくるのです。

エピソードですが、私のところの第一回の合併協議会の休憩時間にまちづくり建設計画の小委員会が開かれたのですが、そこでもう住民アンケート項目、こうやりたいなど全部揃ってでてきたんです。余りにも拙速すぎる、それはないだろうということで決定は先送りとなったんです。

もう一つ。委員が勉強会をやりたい、と求めたことがありました。なぜなら会議で発言しないと事務局案がそのまま承認されていくからです。すると事前に委員さんの意思統一の場になるのではないかという事で物議をかもしたのですが、結局は会長が勉強会ならいいでしょう、ということでまとめられたのですが、それぐらい行政のペースで思うようにことが進められるということなんです。

⑥　一面的な情報提供

合併協議会を立ち上げる前に、合併に関するいろいろな調査研究報告書がつくられます。これからも驚くべき内容のものがでてきます。「町から市、五万・一〇万都市から二〇万都市に昇格することは、他の都市の人々に与える印象を変化させ、一流都市に仲間入りするというように住民や地域産業のプライドを刺激し、それが深く故郷を考える機会になると考えられる」というんです。私の住む多治見は一〇万人、岐阜市は四〇万人、岐阜市の方が一流都市なんです。名古屋市は二二〇万人、名古屋はもっと一流都市なんですか。違うでしょう。名古屋市では住民自治の確立がむつかしい。コミュニティができにくい。例えばリサイクルの分別収集もやっと始まったばかりです。それなのに人口が増えれば増えるほど一流都市などと、ぬけぬけとよくいえたものです。また、住民のプライドを刺激するというのです。なんと感性豊かな人が書いたのかとびっくりします。

住民説明会の資料にもそういうことがあります。「合併の不安と対策」というものですが、その中に「合併すると住民の声が行政に届きにくくなるのでは」という質問に対して、「人口規模の大きな市でも、議員数が少なくて問題が生じていることはありません」というのです。現に、議員の在任特例で何が議論になっているか。合併して大きな都市になると、小さな地区や、集落は議員が選べなくなってしまい、住民の声が届かなくなってしまうので、一年でもいいから延ばしてくれという議論をしているんじゃないですか。

地方債の説明も同様です。「市の長期にわたる借入金のことです。学校などの長期にわたって利用される施設の建設に必要な資金について、世代間の公平をはかる観点から、地方債という形で調達しています」。今までは借金で経常収支比率の数字が高くなると、大変だ大変だといってきたのに、合併特例債に関しては「世代間の公平」を説くのです。子や孫の代は大変でしょうが、こういう書き方だといまの大人は何も痛まない、ということになります。財政学をやっている人の中に「そういう側面もある」、というようなことを言う人はいますが、それが地方債だというのは誤りです。

行政は使い分けるのです。合併協議に入る時の広報『タジミスト』では、「国、県、市町村の財政難から、交付税制度の維持が困難になり、市の財政の悪化も深刻化する恐れがあります」ということで、合併を考える時が来たと言うのです。ところが合併特例債など全部交付税でしょう、矛盾してると言うのです。半年前まで地方交付税制度が維持できないといいながら、今度は地方交付税で優遇措置が保障されるというのですから。とにかく合併ありきのあまりにもひどい、一面的な情報提供になっています。

⑦ 財産の新市への継承や税と公共料金など負担増は少しでもイヤ

この考え方は強いです。しかしこれでは誇りに思えるまちづくりはできません。私が「まちづくりシンポジウム」公募パネラーの応募作文で書いたことを紹介します。「合併協議会での議論や合併についての住民の説明会での質疑や要望には、財産は少しでも新市に引き継がれるのはイヤである。ちょっとでも税や公共料金など負担が増えるのには反対である。安上がりの行政であれば何でもよい。こうした考えがかなりみられる。これでは誇りに思えるまちをつくることはむつかしい。住民が自律した市民に成長することがまず急務であり、それには合併しない方がよい」。例えば住民税。人口五万人以下の均等割は二、〇〇〇円です。五万人以上は二、五〇〇円です。瑞浪市も笠原町も五万人を切っています。これが二〇万人都市になりますから均等割は二、五〇〇円になります。これをどうするかで大変だったのです。二年間だけの猶予で無くすか、特例法で認められている五年間それでいくのか、事務局案はできるだけ住民の一体感を配慮するということで二年間案だったんです。このことで延々と議論が続くんです。いくら違うか、年間で五〇〇円、しかも均等割は世帯の人数ではないのです。未成年者や高齢者、低所得者、夫婦（一人だけに課税）などに非課税措置が取られているため、均等割の納税義務者は世帯数を若干上回る程度です。一世帯一人とすると、一、五〇〇円の攻防なのです。これで延々議論するのですから、どうかなっているのではないかと考えてしまうような状況にあるわけで、これでは誇りに思えるようなまちづくりは難しいでしょう。やはり自分達でやってみて、必要ならば皆で助け合わなければいけません。そして行政の手を借りなければできないことなのかどうか、ほんとに必要ならあえて負担することをいとわないということでなければなりません。そうでなければできません。

秋田県の「ケアタウン鷹巣」で有名な鷹巣町の町長さん、残念ながら選挙で負けましたけれど、この住民の皆さんは行政が出してきた介護保険料に自分達はこういう介護サービスをしてほしいので、町が考えている介護保険料に上積みしてこれだけにしてくれという申し出をしたのです。そこまでいかなければだめだと思います。

⑧　住民投票ではなく住民意向調査の実施

岐阜県に根尾村というところがあります。宇野千代さんの淡墨桜や明治時代の大きな濃尾地震の断層が今なお見られるところで有名なところです。

根尾村の参加している合併協議会の協議は全部まとまりました。そこで住民の皆さんの意向を聞いてみようということで、郵送の意向調査をしたところ根尾村では反対が賛成を上回ってしまったのです。村も合併協議会も大慌てでです。合併反対運動のリーダーの方から話を聞いてきました。とにかくよく勉強されていますし、新聞折り込みだけでも二〇回もビラを配布したとのことでした。発電所があって岐阜県で一番裕福で財政力指数は〇・九という事情もあったのですが、こうした住民運動の成果です。とにかく反対が上回ったので村はどうしたか、ということです。村当局は、住民の批判が強い理由として、二つのことを考えたわけです。一つは発電所があって固定資産税を多くとるために標準税率の一・四％でなく超過課税の一・七％で課税しています。その五年間の不均一課税が根尾村のために使われるのか疑問だとして怒っているのであろう。もう一つは人口二、三〇〇人と少ないので議員の数が少なくなって、住民の皆さんの考えが行政になかなか反映しにくくなる。「恐らくこの二つだろう」ということで、これらの点はこれから合併協議会に再検討を求めていくので、「とにかく賛成してほしい」といって住民説明会をやりました。そして、その集約を村ではなく区長（自治会長）にまかせたのです。その結果、三一区のうち二二の区長から合併を望むという集約が役場に届いたので、合併の同意が得られたとみなしたのです。これが住民意向調査なのです。

つまり実施団体が思うようにもっていけるという事です。東濃西部合併協議会でも議論になりました。住民が決めることにものすごく抵抗があるんです。たとえ一月二五日住民意向調査をやって反対が賛成を上回っても、これまでの努力が無に帰しちゃうので何回も合併協議を続けてほしいという意見が出ています。

なお、なぜ住民意向調査の方がいいかという説明もされています。複数のことが聞けるということです。住民投票は合併の是非ということですが、住民意向調査ですと新市の名前を候補の中から選ぶとか、西東京市の場合は新市が取り組むべき主要な施策をいくつかあげて印をつけて下さい、ということができるからというのです。しかし本音は違います。もし反対が多くてもそれで終わらせずに、何とか合併にもっていけるようにという魂胆なわけです。「結果を尊重する」といっても全然違います。住民投票の場合は住民が決めるということですが、住民意向調査の場合は実施した団体が決めるということなんです。住民投票の場合は法的な裏付けがないので、やむをえず首長と議会に尊重の義務を負わせるということにすぎないのです。

以上のようなことで合併するとしたら誇れるようなまちができるだろうか、わたしはできないと思います。よく合併は結婚にたとえられますが、愛情がほとんどないのに持参金が多いからというようなやり方でしょう。誇りに思えるまちづくり、幸せな家庭生活はできないでしょう。

五　まちの将来は住民が決める

①　地方財政の確立に向けて

地方財政の確立に向けて何が必要なのでしょうか。地方財政だけでは駄目で、国の財政構造から変えていくことをやらなければ出来ません。それは歳入・税制も然り、支出も然りです。担税力に応じて、つまり税金を払う能力に応じて納税する。だから所得の多い人、資産をたくさん持っている人らにもっと多くの税金を納めてもらう（応能主義）ということです。いまは景気対策ということで所得税の最高税率はたったの三七％です。以前は七〇％でしたが、消費税導入直前に六〇％に、そしてどんどん下げてきたわけです。一方で不公平税制がどんどん是正されて課税ベースが大きくなっていればいいのですが、こちらの方はあまり進んでいません。不公平税制を相変わらず存続させたまま最高税率をどんどん低くしてきたので、お金持ちの人にとってはほんとにありがたい税制になっています。これを変えていくという事です。

国家経費でいえば軍事費の縮小、大型の公共事業費の抑制、国債費の減額など、税制、経費両方を変えていかない限り非常にむつかしいと思います。

もう一つ重要な問題は地方税財源の充実という事です。地方交付税における財源保障機能をできるだけ減らそうという動きがありますが、そうでなく財源保障の機能・役割を逆に充実させていかなければなりません。税源移譲については当然財政調整を伴った税源移譲でないならば、財政力の小さい自治体とその大きい自治体との格差がますます大きくなってしまいますから、財政調整をともなった国税から地方税への税源移譲でなければなりません。

高知県の森林環境税のように、森林の果たしている公益的な役割・機能に着目して、たとえば水の使用料に課税し、それを山林の面積等に比例して交付していくような制度も必要ではないかと考えます。いずれにしても国の財政構造の改革と地方税財源の充実の一つを取り組んでいく必要があります。

② 自立は自律した住民を生み出す

これは私が大変好きな言葉です。自立は合併しない事です。自律は自分の責任で自分で考えて行動する、そういう住民です。

さて、農山村の小規模自治体の問題をいかに考えるべきでしょうか。

まず農山村に人々が住み続け、森林を守るということがいかに重要な事なのかという事です。森林は公益的な大きな役割を果たしているわけです。水源の涵養、大気の浄化などです。『分権の光　集権の影』という本の中で、矢祭町の町長さんが保母さんのインタビューに答えているところで、「将来人間が人間らしく住める社会は農村しかない。だからいまは都市へ都市へだけれども必ず近い内に農村に広く人が住むようになる。そういう確信を持っている。それゆえに合併して村や町をなくしてはいけない。地域社会をなくしてはいけない」ということを話しておられます。

菅原文太さんが愛知万博の「万博フォーラム　五感豊かな街をめざして」の基調講演で話された内容が新聞に載りました。

菅原さんは岐阜県の清見村に住んでおられますが、なぜ自分は都会に住まないのか三点いわれています。とにかく日本の食料の自給率がものすごく低いのに、日本の農地の多くが休耕田になっている。したがって将来必ず食料問題が出てくる。食料問題を考えると都会には住めない。もうひとつはＩＴとか何とかで事業を起こして、ガバガバ儲かっている人しか都会に住めない。コッコッコッと町工場をやっている人は大変苦しくなっている。今や大都市は勝者のみが住みやすい。三つ目は、朝、雨戸を開けた時の農山村のなんとも言えない景観や香りが自分は好きなんだ、ということでした。清見村というのは高山市の西部に隣接する山深いところです。菅原文太さんといえばやくざ映画ということしか印象に残っていませんが、基調講演の中身は大変いい講演と思いました。

二つ目に、小規模町村はほんとに行政能力がないのか、あるいは高くついてほんとに駄目なのか、ということもしっかりと認識していく必要があります。

よく例に出されますが高知県の馬路村、一、二〇〇名の村ですが、紬の生産加工・販売で二七億円の産業にまで育てて、合併しないで誇りをもって村づくりを進めています。

長野県の泰阜村、二、二〇〇人の小さい村です。長野県は一人当たりの老人医療費が全国で一番低いのですが、その中でも長野県一二〇市町村の内五番目に老人医療費が少ない。また国民健康保険税が長野県で一番低いと言われています。なぜそれができているかというと、在宅医療と福祉を徹底しているからです。終末期の医療費があまりかからないようにしている。たとえば高齢者が軽い病気の時医者にかかれるように高齢者の窓口負担を軽減したり、勤労者向けに夜間診療日を設けていることなどで、一人当たりの医療費が安くなっているんです。

長野県の栄村は、二、六〇〇人の村ですが、ここでは「げたばきヘルパー」といって村民が研修をうけて資格を取って、ボランティアで二四時間の介護体制をとっています。「道直し」も村直営で、住民と協議しながら集落内の道路を改良していくのです。そういう人を職員として抱えているのです。普通は何々組とかいう建設会社がやるのですが直営ですから非常に安上がりです。「田直し」も国庫補助によらずに農家と役場とオペレーターの三者協議で、小規模の基盤整備を補助金もらってやるよりもはるかに安くやっています。栄村では住民との協動によって、「実践的住民自治」というのですが、非常に効率のいい行政を実現しています。小規模町村だから行財政力がない、金がかかる、効率が悪いということで合併は当たり前ではないか、となり勝ちですが実際はそうではない小規模な町村が幾つもあります。

自立は自律した住民を生み出す。それはどういうことかといえば財政支援を求めて合併するということは外部依存なんです。これからは地方分権で、自己決定、自己責任の時代ですといいながら、器用に使い分けて合併特例債という外からのものに依存するのです。そしてコスト意識を働かせず、不必要な箱ものに取り組んでいくのです。外部依存のそういうまちづくりでは、自律した住民は育ちません。確かに財政的にみると一〇年間はそうでない時に比べると若干余裕があるかもしれませんが、自律した住民が育ちません。

それに対して合併しない自治体では、非常に厳しい財政状況を住民との協動で切り開いていかざるを得ません。そうすることによって、自治の真の担い手である自律した住民が育っていくと考えています。

今私が考えているのは、合併問題を通じて日本の地方自治はどういう段階にあるのか、ということです。ＮＰＯとか確かに変わってはきました。元気な住民の皆さんが結構増えてきましたが、まだまだです。議会などを見てみれば駄目です。その議員を選んだのは住民ですから、変わってきてはいますが住民の自治意識はまだまだです。

もう一つ関心があるのは合併したところ、しないところの一五年後、二〇年後どういう違いが出てくるか、長生きして検証してみたいんです。はっきり言えることは過疎化の進み具合が全然違うでしょう。合併した山村は過疎化に拍車がかかります。合併しないで頑張ったところは、人口は減るにしても減少率は低いのではないかと見ています。岐阜県と長野県では二〇年後には必ず差が出てくるでしょう。もう一つは、先程も触れたように元気なまちとそうでないまちの差が歴然と出てくるだろうということです。合併したところは、ぬるま湯というか、外部依存の旧態依然の状況から抜け切れません。大変な状況を住民の皆さんが自分達の知恵と行動力で切り抜けたところというのは、自治の担い手としての住民が育っていくのではないか、と考えます。

③ 合併するなら地域自治組織と合併を監視する住民会議が必要

昭和の大合併は住民自治の後退と過疎化をもたらしました。このため、これまでのようにすべての権限を新市の市役所に集中させずに、一定の権限を旧市町村の住民の自治にゆだねる。そういう新たな自治のしくみをつくることが議論されています。これを地域自治組織とか、都市内分権などというけれども、これは合併の免罪符ではありません。今の議論は合併の免罪符なんです。合併後は地域自治組織をつくるから問題ありませんというんですが。これは駄目なんです。でも、もし合併するということなら住民自治が大きく後退するんですから、その一つの手立てとしては地域自治組織の導入を考える必要はあると思います。

もう一つ強調したいのは、合併を監視する住民会議が必要だということです。多治見市でいえば、合併しなければ一、〇〇〇億円、合併すれば一、九〇〇億円ものお金が公共事業としてばらまかれるのです。公共事業には利権がつきものです。だれがコントロールできるでしょうか、首長か議会か、恐らくできません。ましてやこれからは合併した三市一町の分捕り合いが始まるのです。目に見えています。だから合併の進行を監視する市民会議・住民会議を公的なものとしてつくる必要があるのです。財政の破綻を抑えるためとか、協定項目どおりに進んでいるかどうか、あるいは予期しないような問題がでてきたときにどう対応するのか、住民の皆さん、市民の皆さんを信頼してつくり運営することが重要です。

私どものところでは三年に一回、国際陶磁器フェスティバルというのがありますが、会場がないので体育館などでやってきました。今度は県が大変立派な「セラミックパーク美濃」というのをつくったんです。景気対策に便乗してできたと思うのですが、しかし管理運営は結局地元がやるんです。私は多治見市の財政問題市民懇話会の会長をしていたんですが、委員の皆さんから厳しい意見が出ました。財政状況が全然変わってしまっているのになぜチェックできなかったのか、県がつくるからいいではないかということだけれども、現にこうして維持管理費で大変な金額が必要になってきている。過去に要求したから予算がつくならいいということだったが、そのままというわけにはいかない。絶えず見なおしが必要であり、議会や行政が決める前に情報提供すべきじゃないか、そして住民の意見を聞くべきであるという内容を提言に盛り込むことができました。市民のみなさんから出てきた意見でできたんです。

皆さんのまちの計画もそうです。住民がまちの総合計画の進行をチェックする時代が来ています。ですから合併するならばこうした組織をつくる必要があるのです。うまくいっているか、うまくいっていないのはなぜかチェックする役割を住民会議をつくってやっていくべきなのです。

④ 合併の是非は、結果に対しても主体的な責任を負う住民投票で

今の合併はうまくいく筈がないんですが、ダメとなったその時に、だからあの市長が、議会が悪かった、そういってすますことの出来る時代ではありません。責任は追及すべきですが、自分達が参加して決めた。そして結果に対しても主体的な責任を担っていくべき時代です。

とりわけ合併しないという時は、住民の皆さんに決めてもらうことが大事だと思うのです。住民の皆さんが合併せずに頑張ると自分達で決めたのなら、子や孫にも私たちはこういうことで単独でいくことを決めたんだと誇りをもって伝えられるでしょう。自分達で決めたんなら、少々財政的に締め付けがきつくても自分達の努力で越えていくことができるんです。首長さんが頑張るのもとても大事なことだけれども、住民の皆さんに決めてもらうことが一番大事な事です。

⑤ 自治労の皆さんに期待する――姿が見えません

今日は私の考えていることを単刀直入に話させていただきました。いつも住民の皆さんに話してい

ることなので、市町村職の皆さんには少しばかりもの足りなかったかも知れませんが、自治労の皆さんに申し上げたい事は、もっとものを言ってほしいという事です。住民からは自治労の姿が見えません。自治労の組合員の皆さんから聞こえてくることは何かというと、「合併後も自治労の組織は残るんだろうな」という議論です。あるいは「労働条件はどうなっていくんだろうか」ということです。これらはとても大事なことです。それはよく分かりますが、皆さんは役場・市役所にいて住民の皆さんよりも情報を多く持っているわけですから、もっともっと前に出てきて本当のことを言ってほしいのです。

行財政の合理化で私のところでいえば二六〇人の人員削減がメリットなんです。先程いいましたように、見直し論議を今やっているんですが妙な展開になるんです。合併協議会の説明会でどんどん批判がでてくると、「こんなにいいことをやろうというのに批判が出てくるのは、住民は合併の必要性が分かっていないからだ」ということで、必要性を鮮明にするためにはもっと人員削減の数を増やす必要があるという事になったのです。そして削減目標は三〇〇人となりました。二六〇人というのは単に類似団体というだけでなく、二〇万人の人口、面積、産業構造の似ているところなどを根拠に決めてきたんです。ところが見直しの最後の段階でモデル定員を持ち出して、削減を四〇人増やせる、二六〇人は最低限ということになりました。ここまでお話してきた合併問題の基本のところが理解できないからこんなことになるんです。

皆さんの職場を守る、首を守ることは大切です。これは働く人皆の問題です。公務員がやられれば民間にはね返っていくんです。そうなんですが、組合は合併反対といっているけれども、何だ自分のことだけいっているだけじゃないか、こういうとらえ方が多いのが実情です。ジレンマだと思います。でも皆さんの労働条件を守り、住民自治や民主主義のために、組合の方からもっと強く合併の問題点を訴えてほしいのです。

長時間どうもありがとうございました。

＊山形県米沢市職労などの呼びかけで二〇〇三年一〇月三〇日に、東京で開催された「自治体合併を考える市町村職労交流会」で行った講演に加筆・修正したもので、全国自治体労働運動研究会『季刊　自治体労働運動研究』Vol.12、二〇〇三年一二月、に掲載されたものである。

【注1】『広報ながのけん』〈平成15年5月24日付新聞掲載〉

Q2　合併しないと地方交付税が減るって本当？

A2　現時点では地方交付税制度の長期的な見通しについて国は明らかにしていません。現在の制度では、合併をしなかったという理由で配分が減らされることはありませんが、小規模市町村への配分は、割増措置の見直しや人口減少等に伴い減少していくと予想されます。他方、合併した市町村でも合併特例期間経過後は、新市町村の財政規模に応じて段階的に減少します。

なお、県内のある地域で最大限の行政改革を前提として、「市町村合併」または「合併しないで個々に存続した場合」の交付税額を試算した事例（下図）では、交付税額が合併16年後には逆転する結果となりました。

交付税額試算事例、合併・存続ともに減少し16年目の逆転

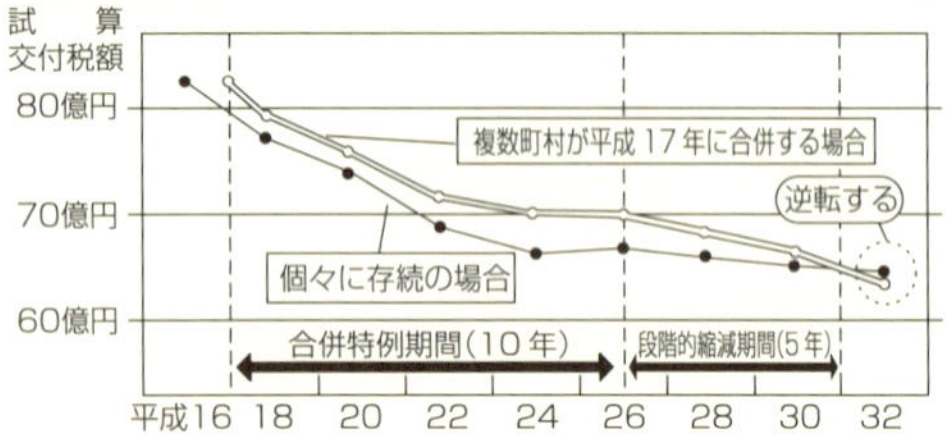

交付税試算の前提条件

1. 国の交付税額が平成32年までに3割減少と仮定
2. 合併特例債の発行は将来的な財政運営を考慮し、限度額の½と仮定

注）地方交付税とは、市町村間での財政力の差のバランスをとって地域差のない一定の行政サービスを実現するための国から市町村に交付される財源。
合併特例債とは、合併市町村が施設整備等を行う場合に合併後10年間利用できる借入金。

【注2】『広報ながのけん』〈平成15年5月24日付新聞掲載〉

市町村合併を考える3つのポイント

① 合併は「目的」でなく、地域の「自治」を確立する選択肢の一つ

- 地域の「自治」の確立には、住民の皆さん一人ひとりが将来の地域のあるべき姿を十分に検討することが必要です。
- 住民参加のもとでの最大限の自助努力を前提に、合併を選択せずに地域づくりを進める場合、あるいは、広域的な協働体制を進める場合等、多様な自治のあり方についても研究し、住民の皆さんが十分に議論されることが重要です。

② 一番大切なのは「住民自治」の確立

- 住民の皆さんにとって最も身近な基礎的自治体が市町村です。地理・地形的条件や固有の歴史、伝統文化等を礎として成り立ってきたそれぞれの自治活動がさらに充実するよう、住民の皆さん一人ひとりが参画する“住民自治”を確立し、新たなコモンズの創設に向けた自律的な地域づくりを進めていくことが大切です。

③ 合併課題の十分な研究と議論を

- 合併には、規模が大きくなって行政効率が高まる一方で、住民から行政が遠くなるという二面性があります。
- 合併すれば、自然にサービスが向上したり、負担が減少したりするわけではありません。
- 「合併した場合」、「合併しないで存続した場合」等、それぞれについて、今後の課題を十分研究し、しっかり議論しましょう。

その一　第一回多治見市タウンミーティング

合併で何が問題になっているのか？

合併に関して賛成、慎重、中立の立場の方をパネリストに招き、タウンミーティング（市民集会）を六月二日に開催しました。

コーディネーター　後　房雄さん　名古屋大学法学部教授

パネリスト
三枝眞知子さん　フェニックス21（市民自治を学ぶ会）代表
小林慶太郎さん　四日市大学地域政策研究所専任講師
早川鉦二さん　愛知県立大学外国語学部教授

後　自治体と民主主義の関係を考える時、どの範囲で民主主義を行うかは重要な問題として議論されてきました。「規模と民主主義」のあり方には密接な関係があると思います。一般的に住民と政府との距離は近ければ近いほど良いし、一定のまとまりがあったほうが効率的にやれます。二つは矛盾したことで、答えはないのかもしれません。どこで折り合いをつけるかは、そこに住む住民たちの自治で決めていくのがふさわしいと思います。

意見交換に入る前に、三人のパネリストから、それぞれの立場で合併についての考えをお伺いします。

情報公開と住民が意見提案できる場が必要

三枝　私は中立的な立場で、またフェニックス21での活動を通して考えたことを申しあげます。フェニックス21は「自らの地域のことは自らが決める、自ら地域の将来を考える市民自治」を目指して結成し、合併に関する学習会や公開質問状の提出などを通して合併問題について考えています。

住民が合併の是非を客観的に論じるためには、客観的な資料が必要と考えており、情報公開、民意の反映の尊重、意見表明の場の確保が重要だと思います。

行政主導で合併を進める場合、任意の合併協議会などで検討してから、法定合併協議会（以下「法定協議会」）の設置に至るのが一般的だと思いますが、今年三月の三市一町の法定協議会設置に向けての首長と議長の突然の合意に、住民は当惑しています。

今まで、合併に関して行政や市議会のみならず、住民も「実現するわけがない」という思いで傍観者的に捉えていたのではないでしょうか。その一方で、合併に疑問や不安を持っている住民に対して、行政職員や議員はその思いを受けとめようと努力されたのでしょうか。

「合併問題は避けて通れないこと」と消極的なスタンスで捉えるのではなく、住民、議会、行政が一体となって、地域住民が共有できる「まちの将来像」を作成し、合併の是非を論じるような積極的なスタンスで取り組まないと、合併をしてもしなくてもよいまちにはならないと考えます。

そこで、議会と行政には、①住民が意見提案できる場を確保すること、②住民の意思の反映を充分尊重すること、③徹底的な情報公開をすること、④しっかりとした説明責任を果たすこと、の四点を要望します。これらを具体的な言葉や行動で示してほしいと思います。住民も具体的な提案をしていきたいと思います。

合併は「究極の行財政改革」と言われていますが、「究極の住民自治改革」と位置付けて合併問題に取り組み、合併の是非を問われた時に、客観的な根拠をもって是非を選択できるように、行政と議会とともに行動していきたいと思います。

合併は住民自治の体制を強化する可能性もある

小林　私は合併に賛成する立場で話をします。しかし絶対に合併しなければならないと言うつもりはありません。ただ、今のままの自治体の枠組みでは、今後、財政的に厳しくなり、地域の活力が維持しにくくなるということと、一方で、合併は住民自治の体制を強化する可能性もあるということを指摘したいと思います。もちろん、合併の是非はそこに住む市民が判断するべきなわけで、その判断の材料を提示できればと思います。

合併を考える際に、国の財政状況も考える必要があります。平成一四年度の国の一般会計の歳入総額は約八一兆円ですが、その三六・九%にあたる三〇兆円は借金です。真の収入は約五一兆円に過ぎません。平成一四年度末の国の公債残高は約四一四兆円と見込まれていて、一般家庭に例えると、年収の八倍強のローンが残っていることを意味します。地方の借金も平成三年くらいから増加していて、国と地方を合わせた借入金残高は、一四年度末で六九三兆円。GDPの一五〇%、国民一人あたり約五四六万円になります。歳出（支出）をみると、自治体の歳入を補填する地方交付税が約二割、社会保障費や公共事業費、義務教育関係費などの一般歳出にも国から地方への補助金がかなり含まれています。

「聖域なき」財政再建といわれ、こうした国による地方の財源保障範囲も縮小されようとしています。市町村が、今までどおりの財政運営を今後も続けていくことは、難しくなってきているのです。

また、地方分権を進める動きもあります。三市一町で合併すると二〇万人を超え、「特例市」になることができますが、特例市になると公害の規制や都市計画（開発規制や建築許可）に関する権限が委譲されます。このように大規模市になるほど、自治体職員の能力が高いとされ、多くの権限が委譲されます。今後、第二次地方分権改革が行われる見込みで、より多くの権限の委譲を受け、自治の範囲（自分たちで考え決められる中身）を増やそうとすれば、それを受けとめられるだけの自治体としての体力が求められます。基礎体力をつけるために合併の選択肢もあるのではないかということです。

また、市町村の合併の特例に関する法律（以下「合併特例法」）が失効する平成一七年三月末までに合併すると、財政上の特例があります。合併特例債や地方交付税の取扱いで優遇措置があり、どうせ合併をするのならば期限内で合併したほうが「お値打ち」といえます。

次に「合併協議会」についてです。協議会は合併を行うこと自体の是非も含めて、合併に関するあらゆる事柄の協議を行う組織です。「合併ありき」ではなく、感情的にならずに、客観的な判断をするための材料を整える場です。先ほど三枝さんから、「任意の協議会を経ることなく、突然法定協議会を設置するのはいかがなものか」というご意見がありましたが、任意の協議会は情報公開されない可能性もあり、法定協議会で議論したほうが、内容について知ることができて良いのではないかと思います。

合併特例債を目的にした合併は財政危機を招く恐れがある

早川　多治見市に転居して二七年になりますが、その間に多治見市は情報公開が進み、市民参加による行政運営がされるようになりました。また、自分で考え、行動する自律した市民が増えてきました。最近では、「どのような公園を作るか」から住民と行政がともに考え、完成後の管理を地域住民が行う事例があります。公募による市民委員会は二〇を超え、行政と一体となって市政運営を進める気運も高まり、そういう多治見を誇りに思っています。二一世紀の自治体は自律した市民がどれだけ増え、行政と一体となって住みよい地域社会を作っていけるかにかかっていると考えます。私は合併に関して慎重派の立場でお話しします。

今議論されている市町村合併は、自治体のためでなく、国の都合で進められていると思います。また、合併すると自治体の経費削減が進むと言われますが、地方交付税が減るのでどれだけ削減効果があるか疑問に思います。一〇年間は合併前の額が据え置かれますが、経過後は地方交付税が大きく減ります。行政依存型の住民では、経費が削減できないのではないかと考えるのです。自律した市民を増やすことでしか経費を削減できないと思います。

国の財政不安から、地方交付税制度そのものがなくなるようなことを言われますが、制度はなくならないと思います。学校教育の問題など、財源保障できなくなれば、自治体だけでなく国も困るからです。

私が心配しているのは、合併に向けた駆け込みの公共事業のほかに、効率化されて余裕ができた財源と合併特例債による公共事業の大盤振る舞いによって財政危機を招く恐れがあることです。公共事業のばら撒きによって、本当の地域の活力をつくることができるか疑問に思います。また、地方交付税が減るなかで、合併特例債の返済に追われ、合併する自治体が多ければ、優遇措置自体が危なくなる可能性もあります。合併特例債を目的にした合併は、このように財政危機を招く恐れがあるばかりか、住民に依存効果を持たせることになります。

合併のデメリットとして、市庁舎が遠くなるということがよく言われますが、住民は物理的な距離のことを言っているのではなく、行政との政治的距離について危惧しているのではないでしょうか。合併は自律した市民を増やすことに対して弊害になると思います。合併はそのような流れに逆行するのではないでしょうか。

後　会場から三者の発言について質問はありませんか。

会場　法定協議会を設置して、どれぐらいの率で新市（合併）に至るのですか。

小林　平成一四年四月末の時点で、法定協議会は全国で六五あり、そのうちの二〇がこの四月に設置されました。正確な数字はわかりませんが、合併の件数は去年が五件、今年が二件で、ここ五年間では一〇件だったと思います。協議をやめた所も一～二か所あるようです。

会場　地方交付税の見直しを小泉政権が進めていて、総額が減るのではないかと言われています。合併すると地方交付税が一〇年間は据え置かれるそうですが大丈夫ですか。合併特例債は借金でもあるので、将来に借金を残すのは、今の経済情勢から考えて大丈夫ですか。また、能力に応じた権限の委譲について説明がありましたが、市民からみれば、適正に行われるのであれば、市でなくても県でも国でもかまわないと思いますがいかがですか。

小林　今後地方交付税の総額の縮小は避けられないと思います。普通交付税は減っていっても、合併特例法に関する交付税はちゃんと入ってくると思います。合併特例債は元利償還金の七割を国が面倒をみる制度で、どうせ借金をするのなら、このような借金のほうがお値打ちなのでは、という意味でお話ししました。確かに適正に行われるのであれば、国でも県でもかまいませんが、適正かどうかのチェックをするには基礎自治体のほうがしやすいと思います。権限が委譲されるということは、市民(市)が触れられる権限が増えるということでもあります。

後　ここでいくつかの論点に絞り、議論を深めていきたいと思います。まず法定協議会を急に設置することになった動きについて、みなさんの感想や意見をお聞きします。パネリストの方にお聞きする前に、会場の方のご意見を伺いたいと思います。

(法定協議会を設置する経過について、問題だと思われる方と設置すること自体は良いと思われる方の挙手を求めた)

法定協議会設置へ向けての経過をどう考えるか

後　ここにお越しの方の中では、「設置しても良い」とお考えの方が、「問題」と思われる方の二倍くらいという結果でした。この結果を踏まえてどのように考えますか。

三枝　任意の組織であいまいな議論をするよりも、法定協議会で議論したほうが良いとは思います。しかし、九五年に合併特例法が改正されてから、今まで(七年間)議論されなかったものが、今年三月に合意した経緯をみると、「時間がないから任意の協議会はやらず、法定協議会を設置する」として合意したとしか思えません。

小林　任意の協議会で検討してから、法定協議会を設置するのが一般的です。しかし、舞台裏（市民の目に触れないところ）で、ある程度決めてから法定協議会で追認するというやり方は、情報公開に努めてきた多治見市の市民には堪えられないのではないでしょうか。それゆえに、任意の協議会を経ずに法定協議会を設置することになったのでしょうが、そのあたりの事情の説明が住民に十分になされなかったので、唐突な印象を与え、三枝さんが当惑されたのだと思います。

　法定協議会の設置は、地域のことを考え直すきっかけになるので、市民の方も積極的にアプローチ（関わり）をして、今後法定協議会の場でどのような議論がされていくかをチェックする必要があります。

早川　（今日の）この会への出席者が多いとは思えません。合併に対して市民の気運があまりないのに、法定協議会を設置することに問題があるのではないでしょうか。法定協議会には賛成派と反対派の方が入って十分議論してほしい。どのようなまちをつくるか真剣に議論する場にしていただきたい。合併する期限を決めないで十分な時間をかけて議論してほしいです。

地方自治体と国との財政関係をどう考えるか

後　それぞれの市町議会で最終的な合併の是非を決めることになります。議会で決めるということは民意を背景にした代表者で決めるわけですが、住民が議員を選ぶときに合併（をするかしないか）の公約を基準に必ずしも選んでいません。その議員の皆さんに決める権限があるかどうかが実質的な問題になるでしょう。合併をめぐって選挙がなく、まったく想定していない議員が最後の決断をすることになると、住民が（合併の是非の決断までも）委任したわけではないという気持ちになります。議会にどのように民意が反映されるかがこれからの課題ではないでしょうか。決定権をもつ議会と有権者との信頼関係がこの問題のポイントだと思います。

　また、政府の財政危機を背景に進められているのではないかという意見がありました。国の財政危機という背景との関係、地方自治体と国との財政の関係についてどう考えますか。

早川　合併したからといって、自治体の財政が豊かになるとは思えません。合併せずにこのままで豊かになるとも思えない。自律した市民がうまれることによって、今の苦境を乗り越えていくのが望ましい。地方自治体だけでなく国も含めて、財政の再建を考えていくことが必要で、税金の問題や経費の縮減とあわせ、地方交付税や地方分権にともなう税源の委譲をどのようにしていくかが議論されるべきだと思います。

小林　国の財政危機を地方に押し付けるような財政再建は好ましくないと思います。それを議論することは大切ですが、与えられたルールの中でいかにうまく立ち回るか（今の状況のなかで最善の策をとること）を考えることも必要です。その一つの方法が合併であり、受け身の姿勢ではなく、国の制度をうまく活用して地域のより良い将来につなげていく「しなやかさ」が求められているのではないでしょうか。地域を改善するチャンスとして合併を考えてほしいと思います。

また、合併特例法の期限までに結論を出さないのは行政や議会の職務怠慢だと思います。今の条件の中で合併の是非の結論を出すべきです。高齢化が進めば、社会保障の支出が増え、国からのお金だけでなく地域で得られる税収も減っていきます。これからどうなるかから目を背けずに議論してほしいと思います。

三枝　特例債は借金で、国の財政状況が悪くお金がないのに、なぜお金をばらまくことができるのだろうと住民は思います。借金に借金をして、それを背負わされるのは私たちです。

合併のメリット・デメリットは検討されていますが、合併しなかった場合のメリット・デメリットについては行政も検討されていないと聞きました。合併しなかった状況について、住民も含めてなぜ考えてこなかったのかと思います。

特例債ありきで合併に進むことに危惧を抱きます。しかし新市の建設計画を作成し、三市一町が新しいまちになることを住民が客観的に理解し、是非が議会で判断されたのであれば、私はその結果に従おうと思います。そのためには特例債が合併の目的にならないように情報公開や説明責任を果たしてほしいです。

合併のメリットとデメリットは何か

後　特例措置があるとして、結果として自治体や市民が更に借金に依存したり、国へ依存したりする方向で合併を受けとめられるとプラスになりません。財政問題にしても自分たちで責任をもって解決していく姿勢で臨むかどうかです。「国から」とは、どこかよそからお金をくれたり、命令を発したりするわけではありません。他人ごとでなく自分たちの問題として財政問題に取り組む必要があるというのが共通した意見だつたと思います。また、特例法の期限内に合併の是非を決める責任が行政にあるのではないか。そこにあえて法定協議会を設置する意味があるのではないか、という小林さんの意見もありました。

合併するとどのようなプラスとマイナスがあるか。やる場合とやらない場合を比較して総合的に中身の結論を出す必要があります。会場からも意見をいただきたいと思います。

会場　住民自治が確立されてから、大きな枠組みで考えるべきだと思います。また、受益と負担の関係をどう考えるか。愛着のない地域に住民税などが使われることを許せるかが疑問です。また規模を考える時、人口だけでなく、面積も考えないといけないのではないでしょうか。社会基盤を整備する時に面積が広ければコストも増加します。都市的基盤を整えた自治体と農村部を抱える自治体が一緒になった場合、本当に規模の利益を得られるかが疑問です。

会場　すでに合併している自治体でのメリットやデメリットがわかれば教えてください。

会場　適正な自治体の規模とは、人口だけでなく面積もあるのではないでしょうか。多治見市から三市一町になると面積は五倍になります。職員や議員も減れば、今より水準の高い住民サービスが受けられるという客観的な根拠があるかが疑問です。

地域が抱える特有の問題、市議会や住民が決めたわけではない県が進める事業についても法定協議会の場で議論されれば良いと思いますが、任意の協議会などで先に協議や調整をするべきではないでしょうか。

三枝　三市一町の共通基盤が何なのかについての議論があまりにも少ないように感じます。その議論が盛んになれば、精神的な一体感は（面積が広くなるというデメリットの）物理的な距離を越えられるかもしれません。住民としてもサービス面だけを捉え、自分の利益しか考えないような地域のエゴだけで判断するようなことはしていきたくないと思います。

小林　多治見市はうまくいっているから、よそと一緒になりたくないという考え方はさびしいと思います。多治見が今まで取り組んできた住民自治を広げていければ、それがメリットになるのではないでしょうか。多治見市民の方は今まで取り組んできた蓄積があるので、よそと一緒になったからといって行政依存になるとは思えません。

また、三市一町の共通基盤としては美濃焼があります。しかし全国的には美濃焼の知名度は低い。東濃地域がバラバラでアピールしているからではないでしょうか。一緒になってアピールすれば財政の効率化になるし、合併するからできることなのではないでしょうか。

すでに合併している自治体の例としては、西東京市の場合、一〇年間で一九〇億円程度の予算の削減ができると試算されていたと記憶しています。

早川　多治見市にはまだまだ自律した市民は少なく、これからのまちだと考えています。特例債目当てで合併しては、また国に依存する体質になってしまい、地域をよくしていこうという気概が失われてしまうのを心配しています。

合併の功罪は時間が経たないとわかりません。先程の西東京市は旧市同士のあつれきが生まれたと聞きます。

面積も重要な要素だと考えます。合併前のまちの大きな出来事が、合併後には小さな地区の小さな出来事として、無視される恐れがあります。

自治体が合併していくと県も再

編されていくと思います。今後はそれらについての議論もしていく必要があると考えます。

合併の問題がまちの将来を考えるきっかけになる

後　全体を通して会場から意見をいただきたいと思います。

会場　陶磁器産業も三市一町がバラバラでは中国に勝てないのではありませんか。行政や業界が一緒になって中国等に立ち向かう方策を考えるべきです。

会場　期限に合わせて法定協議会を作るように思えます。アプローチになれば良いと言われましたが、今日の参加者数でアプローチになるのでしょうか。

　議員が合併の問題について後援会等をとおしてどのように説明されるかがこれからの課題だと思います。

会場　周りの市民に聞くと合併に関心がありません。地方自治はそこに住む市民が守っていくものと考えています。行政としてはお金（特例債等）だけのために合併するのかと思いました。期限にあわせて合併するのはいかがなものでしょうか。多治見市はいろいろな問題を抱え、やらなければならないことがあります。

　市民が中心となってこのような場へ出かけ、行政側と意見交換していくことがベストだと思いました。

早川　合併問題について市民一人ひとりが考えていけば、すばらしいまちができると思います。地域社会の今後の姿はむろんのこと、自治体とは何か、市民のあり方、議会や行政のあり方についてこれを機会に考えていくことを期待しています。

小林　国から言われたからではなく、自分たちの自治の中身をより広げられるかどうか、自律性を高めるための手段として合併という手段が使えるかを議論してほしい。行政に望むことは、徹底した情報公開と、合併した場合としなかった場合の一〇〜二〇年後のまちのあり方の検討をしたうえで、考えられる準備を早急にすることです。

　市民の方は、デマ情報が流される場合もあるので、情報を選別して自分の頭で判断し、自律した市民として行政に働きかけてほしいと思います。

三枝　議員や行政はこのような考える場（住民集会）をどんどん設定してほしい。私たちも行っていきたいと思います。

また、住民は議会を傍聴し、議会でのやりとりを聞いてほしい。まちは自分たちで作るものです。できることから、まちづくりを一緒に考えていけたらと思います。

後　過去の大合併は明治と昭和（第二次大戦後）の二回ありました。明治の時は小学校をもてるくらいの自治体にしたい。昭和は中学校をもつという目標があり、合意を得やすかった。今は豊かになり、これといった目標がなく、このままでもいいのではと考えてはいないでしょうか。総合的に考えて意思決定をすべきで、わかりにくいから議論をしないのは良くないと思います。

アメリカでは、自治体にするかどうかを住民投票で決めます。郡に属していても市に属していないところがあり、税金を支払わないで市のサービスを受けないか、税金を払ってサービスを受けるかを決めています。

合併の問題は、どういう単位の地域で自治を進めていくのが最も良いのかという複雑な問題ですが、今日をきっかけに議論していけば、例え合併しないで多治見市だけでやっていくことになっても、今後の大きな財産になるのではないかと思います。

（このシンポジウムは六月二日に市民プラザで開催されたものであり、七月一日の東濃西部合併協議会設置以前の内容となっています）

＊多治見市の広報誌「Tajimist」№一九九九、平成一四年八月一日、に掲載されたものである。

その二　第三回多治見市タウンミーティング

合併シンポジウム
あなたと考えたい　まちの未来のことだから

日　時　平成一五年一二月二三日　午後一時三〇分
会　場　産業文化センター
参加者　六〇〇名

市長　合併の問題はそれぞれの自治体にとって重要な課題。昨年七月に法定の合併協議会を設置し、これまで二一回にわたる合併協議会とそこに設けられた小委員会で合併に関する議論をしてきた。合併協議会の会長として難しい課題等も調整し、合併協定項目と新市まちづくり計画ができあがった。

合併に関する説明会も合併協議会主催のものを七回、多治見市主催のものを一七回実施し、ご意見を伺い、質問にお答えしてきた。また、広報紙等でも情報提供をし、来年一月二五日に実施する「住民意向調査」へ向け、情報提供の一環として、本日のシンポジウムを開催することとした。

多治見市を取り巻く環境として、少子高齢化や人口減少があり、市税収入が減収しはじめ、福祉関係の費用が増大していくなかで、地場産業も苦戦し、市の財政は年年悪化している。また、国も財政破綻寸前の状況のなかで、地方交付税や補助金がカットされていくことが予測される。今後ますます多治見市の財政は厳しくなり、将来は市民サービスの低下や市民負担の増大が懸念される。このような問題をかかえながら合併を考えていることをご理解いただきたい。

合併することで、行政の合理化や効率化につながっていく。また、これからの市民ニーズに対応できるような専門的知識をもった職員も採用できる。この地域は道路や下水道などの都市基盤の整備がまだまだ必要なことから、合併特例債を活用して集中的な投資が可能になる。この地域が持っているポテンシャルを生かしていくためにも広域的なまちづくりが必要であろうと考える。

説明会の際にもご意見をいただいたが、多治見市がこれまで取り組んできた先進的な取組み、例えば市民参加や情報公開、総合計画に基づく計画的な行政運営、環境の取組みなどが合併により後退してしまうのではないかという危惧をもたれた方も多くいらっしゃるが、合併によって後退させることがあってはならないと考えている。これまでの取組みは市民共通の財産だと考えるので、合併で生かしていかないといけない。生かすことが合併のメリットにつながる。

合併協定項目と新市まちづくり計画が整った段階で、選挙と同様の投票方式による「住民意向調査」を実施したい。永住外国人も含む一八歳以上の市民、約八万五千人の有権者の投票によって合併の是非を決めていこう、新市の名称を決めていこうと考え実施する。合併の是非は「賛成」、「反対」、「どちらでもない」からの選択になっているが、今まで、民主的な市政、市民参加の市政を目指してきたつもりであり、市民の意向を最大限に尊重したいことから、多治見市は「賛成」「反対」のいずれか多いほうに従って進んでいこうと考えている。住民意向調査に少しでも多くの市民に参加していただくことが、民意を反映していくことにつながると考える。ぜひみなさんに投票に出かけていただきたい。

合併協議状況の説明
東濃西部合併協議会　事務局長　木股信雄

多治見市のメリット・デメリットの説明
多治見市理事・企画部長　吉田盛厚

パネルディスカッション

コーディネーター
小出宣昭さん（中日新聞取締役編集局長）

パネリスト
大嶽嵩さん（会社役員）
丹羽浩康さん（南姫合併を考える会会長）
早川鉦二さん（大学教授）
水野正信さん（東濃西部合併協議会委員）

小出　都市の規模についてどう考えるか。新聞記者として台風や災害の取材をする際に避難所へ立ち寄るが、人間には「縄張り根性」というのがあるのがわかる。たぶんこれは人間の本能のようなもので、隅や壁際から埋まっていく。

東京に住んでいても、せいぜい三つくらいの区を利用するだけではないか。残りの二〇区については、その人にとっては何の存在価値もない空間。人間の一生にとって、どのくらいの縄張りが一番居心地がいいか。一生のうちにその空間がどれだけ協力してくれるのか、自分から利用することができるのか、居心地が良い範囲を設定するのが合併問題の最も重要なことだと思う。賛成反対のそれぞれの立場からご意見を伺いたい。

大嶽　合併に賛成。

三市一町は、土岐川沿いに位置し、生活圏をともにしている。歴史的にも共有している部分が多く、歴史のある陶磁器という地場産業も同じなので、合併しやすいのではないか。

国の財政が破綻寸前。少子高齢化で今後多治見市の財政も厳しくなる。高齢化がすすむので、健康で長生きできる高齢者をつくることが解決策の一つだと考えるが、郷土愛をもてる三市一町で、ＩＴによる文化も取り入れ、二〇万都市になる合併ができればいいなと願っている。

丹羽　合併には猛反対。

少子高齢化の対応策として合併する理由がわからない。多治見市より他の二市一町の少子高齢化がすすんでいる現状をみると合併してもしょうがないのではないか。

多治見市は財政状況が改善してきているが、合併すると財政がもっと悪化する。財政が悪くなり高齢化がすすみ、合併特例債という借金も増える。現在の地方債や事業債を比べるだけでも、合併することで、多治見市民一人あたり一五万円程度の借金が増えてしまう。土岐市は財産も多いと言われるが、財産、債務すべて新市に引き継ぐとしながら、土岐市の旧八町村合併時財産は、それぞれの事業にのみ使用するとしており不公平ではないか。

早川　合併協議会が解散したところへ行き理由を聞くと、「夢を共有することができなかった」というような言葉がかえってくる。自分のまちのメリットをごり押しするだけでは難しいのではないか。三市一町の合併協議を見ても、「地方税の取扱い」の市民税の均等割について、合併協議会事務局からは二年間の猶予という案が出されたが、五年間を強く希望した自治体があった。年間五〇〇円の差の問題でそこまで言われるのかと思った。また、公共料金は新市になって速やかに調整するとしたものが多い現実を見ると、まだ三市一町は夢を共有するところまでには至っていないのではないか。

財政が厳しくて合併するのであれば、今ある借金を返し、経費を切り詰めていくのが普通だと思うが、合併して借金を増やし、公共事業を増やそうとしている。国も多治見市も財政が大変な時になぜ借金を増やすのか、国民の借金が増えるだけで私には理解できない。長野県では、合併特例債の発行額を発行限度額の半分だけにしようとか、一〇年後の投資的経費を今の四割にしようと議論している協議会もあり、将来の財政負担を減らそう、合併特例債に依存しないようにしようと取り組んでいる。そういう合併であればまだ理解できるが、今のやり方は理解できないし、国から交付税で措置される保障もないと考える。

まちづくりの主体は住民だというが、住民投票条例案は否決されたし、合併協議会では議員の在任特例が決まった。これにより、一七年度予算の分捕り合戦が激化するだけで、合併協議会の財政推計どおりいくのかも疑問だ。

水野 合併に賛成の立場で話す。

平成一三年に第五次総合計画が策定され、その実施が求められている。また、東濃西部としては先進的、広域的なまちづくりを展開しないと未来がない。これらのまちづくりを達成するためには、合併という行政改革に取り組むことが必要と考える。

広域的なまちづくりをする必要性は、二年後の東海環状自動車道の供用が始まることで、新たな都市間交流や産業交流を生み出すと思われ、それにあわせ道路網の整備をし、地域のポテンシャルをあげることで土地利用の効率をあげること。二つ目は、住環境を整えることで、定住人口を増やすこと。定住市民の増加は、新旧市民にいろいろな価値観があることを自然なことと認め合ってきた。その力が行政に情報公開や市民参加型の行政運営を促すことにつながったと考える。これを三市一町に広げて展開することで、基礎体力をつけなくてはいけない。三つ目は「線引き」の見直し。線引き制度は、守るべき農地や緑地の保全には一定の役割を果たしているが、調整区域内の生活環境の整備や住民自らのまちづくり活動においてはマイナスになっている。広域的なまちづくりをすすめるうえで、線引きの見直しは避けて通れない。瑞浪市と土岐市、笠原町には線引きがないことから、新市で一体性を保つため、今までの制度にこだわらない見直しが可能となる。

合併は手段であって目的ではな

い。地域再生の手段であって、足腰の強い自治体をつくる構造改革の手段。多治見市がこれまですすめてきた市民参加と情報公開の下での行財政改革を新市に引き継ぐことで、より大きな効果が得られると考える。新市まちづくり計画から一例をあげると、合併一〇年間で職員を三〇〇人減らすこととしており、年間二六億円の経費削減になる。今年度の多治見市の公債費相当額が毎年削減できることになる。

小出　これまで出された意見の中からテーマを絞って議論をしたい。大嶽さんが言われた「三市一町における土岐川を中心とした歴史の共有」が市民の心の中にどの程度あるとお考えか。

丹羽　歴史という点からみれば「多治見市」という名前が消えることが寂しい。（多治見市ができて）六〇年余りかけて全国に広めてきたブランドを失うのが惜しい。

小出　歴史の共有としては、多治見としての塊のほうが強いということか。

早川　三〇年前に多治見市へ越したきた。三市一町は美濃焼のまちとして全国でも有名だが、最近では、多治見市のことを行政の改革度が一三位のまち、分別収集として二三分別しているまちだと胸をはって市外の人へ話している。そんなまちが消えてなくなるのは大変寂しい思いをしている。

小出　三市一町の歴史の共有よりも、現在の多治見市が新しいことをしていることで全国に自慢できることへの思いが強いという意見だった。三市一町では多治見市が一番財政が健全ではないか。これは合併ではいつも問題になること。東西ドイツの統一でも、西側経済がガタガタになったとも聞いている。丹羽さんが、「財政の弱い他の二市一町と合併することのデメリット」について意見を言われたがどう考えるか。

大嶽　財産は共有してしかるべき。多治見市は先進的で、高齢化率も今は一番低いが、一〇年、二〇年先では差がなくなり、多治見市も高齢化がすすんでいく。多治見市は三市一町の兄貴分として譲るべきところは譲る気持ちがないと合併はうまくいかないと考える。

水野　現在は確かに良いが、多治

見市の高齢化率も一四%から、二〇年後には二七%になる。多治見市の財政状況の良さは既に行革等を行い、これ以上は良くならないという数字。構造的に変えないと経常収支比率も財政力指数も変わらないとの認識をもっていただきたい。合併すると、財源不足にならないばかりか貯金もできるような財政構造になる。

小出　長期で見るか、短期で見るかが重要。「財政が大変であれば、現状のまま財政が均衡できるか、借金をどう返していくかを考えていくほうが先ではないか」という早川さんからの意見があった。合併という手法で解決するのは間違いという論点に対してどうお考えか。

大嶽　企業経営の感覚で考えれば、融資が受けられるのならば、融資を受けて足腰の強いスタンスで会社を経営していく。自治体の合併では、借金を融資と考え、返済できるように経費の削減をし、運営については三市一町で話し合っていい方法を論ずることが必要。

小出　財政バランスも重要だが体質を強めることが合併による効果。早川さんから「現時点では夢を共有するまでには至っていないのではないか」という論点があったがどうお考えか。

水野　合併協議会で委員として議論を重ねてきた。いろいろな情報を事務局からご提供いただき、最近夢が共有できるような状況になってきた。今まで近いけれども他人のような関係であったことに問題があるのではないか。土岐市の財産区の話が出たが、これも情報不足。多治見市でも同じような扱いをしているところがある。土岐市だけが得をしているわけでも不公平でもない。情報がうまく伝わっていないのが夢を共有できない原因ではないか。土岐市の制度のおかげで約三〇〇〇ヘクタールの山林、自然環境が守られてきたという面もある。他市町のことをよく知ることが夢づくりの第一歩だと考える。

小出　水野さんから出された「長い目で見れば合併は有益で、広域道路網の整備によって土地の利用効率が高まり活性化する」という意見があったがどうお考えか。

丹羽　合併特例債等の借金が九〇〇億できるというが、多治見市が返そうが国が返そうが借金は借金で、私たち国民が払うもの。借金してハコモノができるだけの行政運営から脱却すべき。子供たちに借金を残すことになる。

早川　企業がきたり、大学がきたりと大きな夢を語られるが、工場が国外へ出て行く時代だし、今はどこのまちも企業を誘致しようと必死。フロンティアリサーチパークに立地する企業がなかなか決まらない現状をみると企業が誘致できるか疑問。むしろ福祉や環境、教育を重視するまちづくりに取り組んだ方が企業の進出が見込まれる。人口が増えると魅力が高まるとも思えない。足腰の強い自治体をつくるうえで財政のことを考えることは必要だと理解しているが、今のやり方には賛成できない。人件費の削減にしても、新庁舎ができるまでは、分庁舎方式でいくのであれば、予定どおり職員を減らせるのか。それをやるのであれば市民サービスの低下、職員の方にとっては過酷な勤務になるのではないか。自分のことは自分でする自律した市民が増えたり、NPOのような市民で支え合う体制ができたりして、はじめて職員が削減できるのではないか。

小出　長期的に見てプラスかマイナスか、長期的視野についてどのように評価するかが論点ではなかったか。早川さんから「そもそも将来予測を信じていいか」という主旨の意見があったが、将来予測を信用しても良いものか。

水野　合併協議会の運営や多治見市の行革の推移を見て、これを信じなければ何を信じるのかと思っている。長期的視野の点で「公共事業は悪」という意見があったが、多治見市においては、三年ごとの市民意識調査の結果からも、交通体系の整備をしてほしいという意向が一番多い。都市基盤整備が遅れていたり、生活環境の整備が十分でなかったりという判断を市民はしている。事業が不要とは言えないのではないか。合併特例債は最小の費用で市民がほしいものが作れるもので、市民にとって最小の負担で最大の効果が得られる合併特例債を使わない手はないと考える。

小出　合併特例債という有利な借金を使い広域交通網の整備をすることで、市民の重大関心事である交通渋滞の解消ができる。ただ一方で交通渋滞を解消するためには「多治見」という誇りある名前を捨てなければいけない。コストと効果の比較の問題だと思う。合併特例債は財政運営上得だが、それを利用する代償がかなりあると思うがいかがか。

早川　私はあまり得とは思えない。合併特例債は借金。ますます自治体の借金も国の借金も増えることになる。七割は地方交付税で措置されるとしているが、地方交付税の特別会計が借金を抱えどうしようもない状態であることはみなさんご存知のとおり。地方交付税の総額が抑制されているので、合併特例債の部分が措置されれば、学校や道路等をつくるための他の措置分が減っていく。交付税トータルで見れば実質的には減らされていく。合併特例債に依存するのは財政破綻を生み出すおそれがあると考える。

また、合併特例債は国の支援にすがること。地方分権の精神が泣くのではないか。私は公共事業が罪悪だと言っているわけではない。必要な上下水道の整備等はしていただきたい。ただ合併特例債に依存すると財政破綻をおこすのではないか、市民サービスを低下させないとすると投資的経費をいかに抑制するかにならざるを得ないと考える。

小出　自治体の借金について補足説明すると、公共事業の場合、世代間負担の公平化という原則がある。道路や橋などは未来の人まで利用できるので、長期の借金で未来の人まで負担してもらおうということが原則。このような合併特例債という借金の性質についてどう考えるか。

大嶽　長期的な融資だと思う。足腰を強くして長期的に返済を計画していけば良い。企業で言えば、長期計画を立て融資を受け、足腰を強くし、組織をスリム化し、利益が出るようにしていく。「利益が出る」ということは行政でいえば市民が楽しい生活をできるということにつながると考える。

小出　会場からのご意見やご質問の中からいくつか取り上げ、パネリストのみなさんにご意見を伺いたい。「多治見という地名がなくなるのは寂しい」という意見についてどう思うか。

大嶽　私も愛着をもっている。過去には旧多治見町と旧豊岡町が合併したが、「豊岡」という名前にはならなかった。旧豊岡町の方はどのように思われたのか。このような苦しみを乗り越えて新しい名前でスタートすることが良いのではないか。

小出　兄貴分として堪えよということか。名を捨てて実を取る構図とも言えるが。

水野　旧市名も除外せず公募をし、五つの候補に決まった。これはおおむね公募の数が多いもの。新しい名前でいこうという主旨で応募された市民が多かったのだと思う。

小出　これまでの合併を見ていると、頭文字だけくっつけた名前もある。五つの候補を見ると新しく名前を考えたもので、単語に意味をもたせようという地名が並んでいると思う。とは言っても「多治見」という名前が消えることは納得がいかないか。

丹羽　全国的に名をうつた「多治見」という名前を消してはいけないと思っている。

小出　「合併すると多治見市がこれまですすめてきた総合計画や行政改革が滞り、多治見市独自のまちづくりが先送りされてしまうのではないか」という意見をいただいた。三市一町のなかでは、多治見が行政の先進性も力も優れていると思うが、弱いほうに足並みをそろえると後退してしまうのではないかという危惧についてどう思うか。

水野　合併しないと財政的な理由から、総合計画などの計画を先送りしたり、やめたりするものが出てくるのではないかと考えている。総合計画というまちづくりを着実にすすめるためにも合併が必要だと思う。

小出　「足腰を強くするために具体的に何をしたら良いか」という質問をいただいたがどうお考えか。

大嶽　市民参加の行政改革であろうと思っている。行政のあり方を見なおす必要がある。

水野　一〇年間合併特例債を有効に活用して都市基盤の整備や生活環境の整備を早く済ませてしまう。結果的に進出企業が出てくることや、地域の魅力を整え直すことで、税収を増やすようなまちづくりをしていくべきと考えている。

小出　「どうして住民意向調査に

『どちらともいえない』という選択肢を入れたのか」というご意見をいただいたがどう考えるか。

大嶽　関心のない市民にとってみれば、「どちらともいえない」が本音だと思う。どう取扱うかは最終的に判断する市民の側にあるだろうと思う。

丹羽　この選択肢は必要ない。賛成か反対でやるのが当然。

早川　住民投票と住民意向調査は全く違う。住民投票は市民が決めるもので、住民意向調査は実施したほうが決めるもの。住民投票で決めるべきだと思うが、住民意向調査を選んだが故にこの選択肢が入ったのだと思う。

水野　私もなかったほうが良かったと思っている。多治見市長が賛成反対の多いほうで決めるとおっしゃっていることから、住民投票と同じ効果、同じ成果が得られるものと思う。住民意向調査をすることで二市一町の方の考えもわかるのではないか。

小出　「日本人は『イエス』『ノー』をはっきり言わない」と外国から言われる。私の感覚としては「イエス」でも「ノー」でもない真中の答えがあるということを正確な英語で外国の人に伝えることが本当の国際化だと思っている。西洋の世論調査であれば、「イエス」「ノー」「知らない」の三択になる。「どちらでもない」という答えは日本独自の文化のようにも思った。

「合併協議会にかかる費用がどのくらいか」という質問をいただいたが事務局で答えられるか。

木股合併協議会事務局長　昨年七月から来年一月二五日に開催する住民意向調査の費用として約一億四千万円。うち住民意向調査を実施する経費が約六、五〇〇万円。なお、これには事務局へ各市町から出向している職員の人件費は含まれていない。

小出　「合併による人員削減のためのリストラ（解雇）にともなう対策費用はどのくらいか」という質問についても回答をお願いしたい。

木股合併協議会事務局長　今後一〇年間で三〇〇人を計画的に削減していく。定年退職者のおおよそ半分を補充することで削減していく。

小出　「面積が三倍以上、人口は二倍にしかならないため、道路整備等の効率が悪くなるのではないか」という意見をいただいたがどう考えるか。
木股合併協議会事務局長　多治見市以外の市でお話を伺うと、周辺の地域がさびれるのではないか、上下水道の整備が遅れるのではないかと心配するご意見をいただく。多治見市のように人口密度が高いところと人口密度が低いところが合併すれば、多治見市だけの立場で考えると効率性は平準化されるだろう。しかし合併しなかった場合よりも基盤整備に使える財源がまかなえるのではないかと考えている。
小出　「少子高齢化の歯止めをするための合併ということになっていると思うが、なぜ合併するととまるのか」という意見をいただいた。正確に言うと痛みが和らぐということだと思う。少子高齢化と合併の関連性という問題についてどう考えるか。
丹羽　合併すると少子高齢化は悪化すると思う。新しい産業を誘致すると言われるが、そんなに調子よくいかないのではないか。
早川　解決にはならない。どれだけ元気な市民が生み出されるかのほうが重要。厳しい財政状況を市民と行政が協動して乗り越えていくことで、自治の担い手である市民が生み出されていくのではないか。そうすることで多治見市に住んでみたいと思う人が増えていくと考える。外部の力を借りるのではなく、まちづくりの基本は市民一人ひとりにあるということが、長い目で見れば少子高齢化に対応する道だと思う。
小出　「多治見市に住んでみたいと思う人が増える」という意見があったが、それは重要なことだと思う。これまでのまちづくりは道路や鉄道などの誘致が中心であったが、人間が「住みたがるまち」というのは、道路網や交通体系が整備されたまちなのかどうかを考えさせられる都市が全国にはある。道路網の整備と多治見市に住みたいという人の心の関係をどう捉えているか。
水野　新旧市民にいろいろな価値観があることを自然なことと認め合ってきたことで、市民参加や情報公開などがすすみ、相乗効果がでてきた。しかし、基盤整備については全国レベルから見ると魅力が少ないし、まちがきれいだとは言えないので、早急に改善すべきだと思う。

大嶽　都市基盤整備は遅れている。道路の混雑度は全国平均より高い。渋滞速度も全国平均より遅い。交差点の緩和度も全国平均より悪い。狭隘道路も全国平均より多い。これらを考えると都市基盤整備は必要だし、今のままでは快適な生活は難しい。

丹羽　確かに交通渋滞は大変。多治見市は道路行政が悪いことは間違いない。しかし、借金をして道路を作ってもらうのも困る。

早川　個人的には車を運転しないので、公共交通を利用している。市民のみなさんが公共交通を今よりも利用すれば解決するのではないかと思う。

小出　多治見市長の住民意向調査の取扱いについての質問をいただいた。「『賛成』『反対』の多いほうに従うとしたのは三市一町合計の結果か多治見市内の結果についてか」という質問だが。

市長　多治見市の結果に従うということ。

小出　「仮に投票率が低かった場合でもその結果に従うのか」。

市長　投票率に線を引くと、逆に投票率に達しない運動をしようとか、一票でも少なければ無視するのかという問題が起きるので、投票率にはこだわらないとした。ただし、投票率をあげる努力はしなければいけないと考えている。

小出　これまで様々な論点(問題)が出たが、私の感じた合併というのは、それができあがって、新しい「縄張り」として定着できるか、その地域に住む人が拡大した「縄張り」の中を十分に活用して人生を楽しんで暮らせるのかが一番大切。お互いに仲良くやっていけるかの中身、新しい枠組みの中の空間が充実する可能性があるかどうか、住み心地が良くなるかどうかだと思うが、みなさんはどうお考えか。

大嶽　私は合併することで良くなるものと信じている。それにはみんなで努力することが必要。行政に任せず、市民参加で、みんなで考え、お互いに和の精神をもてれば良いと思う。

丹羽　合併したら借金が増える。高齢化社会も解消しない。多治見市の名前がなくなる。他の市町の人たちとは友達づきあいはできても親戚付き合いはできないと思う。

早川　合併とは、住民自治の区域が拡大するということ。現在、年二回小学校区単位で地区懇談会をやっているが、合併協議会の説明会では中学校区単位だった。住民自治が後退していくのではないか。行政区域が広がることで他の地域のことがわからなくなり、住民が観客になって行政や議会にお任せになってしまう。それではダメだと思う。

水野　合併協議会に参加してわかったことだが、腹を割って話すと、どんなまちづくりにしようかという話が生まれてきた。もっともっと交流すれば多治見市に今までなかった新しい力が生まれるのではないか、外から人が入ってきてくれるのではないかと期待している。

小出　合併の問題は双方に理がありと正解がない。住民意向調査に向けて、市民のみなさんに何を基準に選択してもらいたいかをお聞きしたい。

大嶽　合併が将来の子孫に良い結果を生み出す。子孫の住み良いまちづくりのために必要。

丹羽　子孫に借金を残してはいけない。

早川　お金よりも大切なものにまちの自治がある。国の政策に安易に追従するのではなく、多治見の将来を自主的に決める自治を守り拡充していくこと。それの担い手である私たちは、自分の考えで、自分の責任で行動する自律した市民に成長していかないといけない。

水野　合併をしなければ借金は増えていく。合併特例債は借金だが、一〇年間で返済額を全部積み立てていく。子孫まで残さない一〇年で終わる借金と考えていただきたい。ぜひみなさんに正しい情報をご認識いただきたい。

小出　今日の議論を参考にし、みなさんで良くお考えになって、住民意向調査に参加していただきたい。

＊多治見市のホームページに掲載されたものである。

1 はじめに

3市１町は、古来から焼き物の産地として、歴史的にも経済・文化・生活など様々な面で強い結びつきをもっており、住民相互の交流も活発です。また、行政の広域的な課題に対応するために、東濃西部広域行政事務組合において、多くの共同事務を行っているといった現状があります。

その一方で、社会的潮流の変化の中で、少子高齢化、住民生活の質的変化、地方分権の進展、財政基盤の悪化といった新たな課題に対応するために、行財政の効率化、行政能力の向上への早急な対応が求められています。3市１町の合併は、これらの現状や課題に対する有効な対応策として考えられます。

そのような背景の中、平成14年7月1日に法定の合併協議会として「東濃西部合併協議会」が設置されました。現在、協議会においては、合併の是非を含め、3市１町合併の具体的な検討・協議を進めています。

なお、この冊子は、現在の合併協議の協議状況と、今回作成した「新市まちづくり計画」原案の内容を住民の皆さんにお知らせし、合併の是非を判断する資料の一つとして活用いただくことを目的に作成したものです。

2 3市1町の現状

■3市１町の地域の状況

地域の状況		多治見市	瑞浪市	土岐市	笠原町	合　計
面積（km²・H11年）		77.79	175.00	116.01	13.45	382.25
可住地面積（km²・H2年）		35.48	43.33	34.19	6.17	119.17
人　口	（H12年国調）	104,135人	42,298人	63,283人	11,605人	221,321人
	平成7年との比較	約3%増加	約1%増加	約4%減少	約2%減少	ほぼ変化無し
	0〜14歳	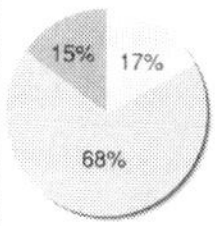	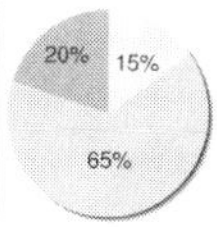	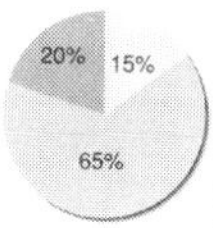	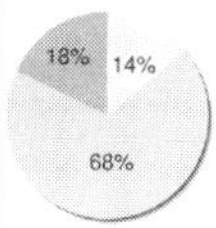	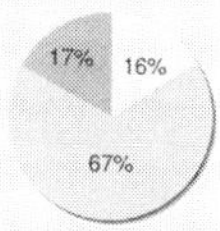
	15〜64歳					
	65歳以上					
産業構造	第1次（人・H12国調）	0.5%	3.1%	0.6%	0.4%	1.0%
	第2次（　〃　）	34.7%	37.7%	44.7%	54.3%	39.3%
	第3次（　〃　）	64.8%	59.2%	54.7%	45.3%	59.7%

※第１次産業：農林漁業、第２次産業：鉱業、建設業、製造業、第３次産業：電気・ガス・水道業、運輸・通信業、卸売・小売業、飲食店、金融・保険業、不動産業、サービス業

■3市１町の財政の状況

3市１町の財政状況は、必ずしも良好ではなく、健全な財政運営や財政の体質強化に努める必要があります。

H11〜13年度3年度平均（普通会計）		多治見市	瑞浪市	土岐市	笠原町	合　計
歳　入	歳入合計	308.8億円	155.6億円	224.1億円	40.5億円	729.0億円
	地方税	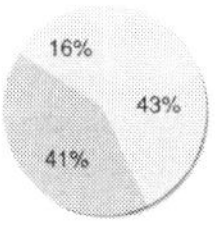	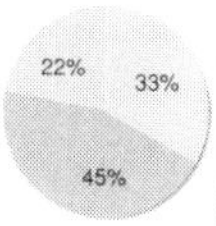	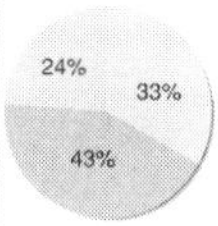	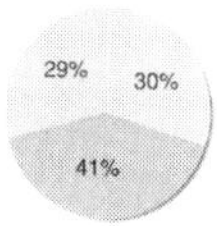	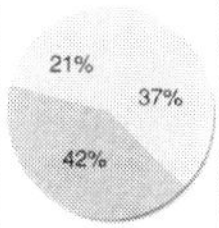
	その他					
	地方交付税					
歳　出	歳出合計	292.0億円	146.6億円	218.4億円	38.5億円	695.5億円
財政指標	財政力指数※	0.720	0.650	0.579	0.509	0.649

※財政力指数は、地方公共団体の財政力を示す指数として用いられているもので、数字が大きければ大きいほど財政的に豊かであるといえます。財政力指数が「1」に近いほど自前の財源が大きいといえます。

3 協議会の概要

協議会の組織

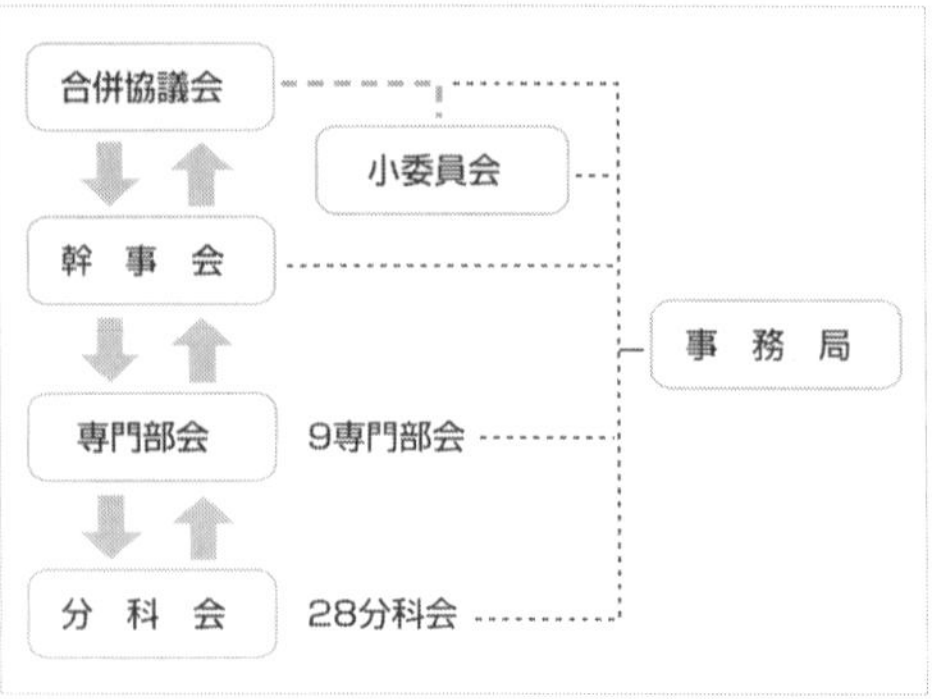

【合併協議会】

各市町の長、助役、議長、議会ごとに選出された議員及び市民代表等学識経験者42名で構成されています。協議内容を公開しながら、新市建設計画の作成や合併の方式、合併の期日、新市の名称、新市の事務所の位置をはじめ、各種行政サービスなど、住民福祉の向上や新市の運営に影響のある事項について具体的に話し合いを行い、合併した場合の将来像や行政サービスの内容を示していきます。

【小委員会】

協議会から付託された事項につき調査審議を行う場です。現在4つの小委員会が設置されています。

○新市建設計画作成小委員会
○新市名称候補選定小委員会
○新市事務所の位置選定小委員会
○広報広聴小委員会

協議会設置後の主な活動

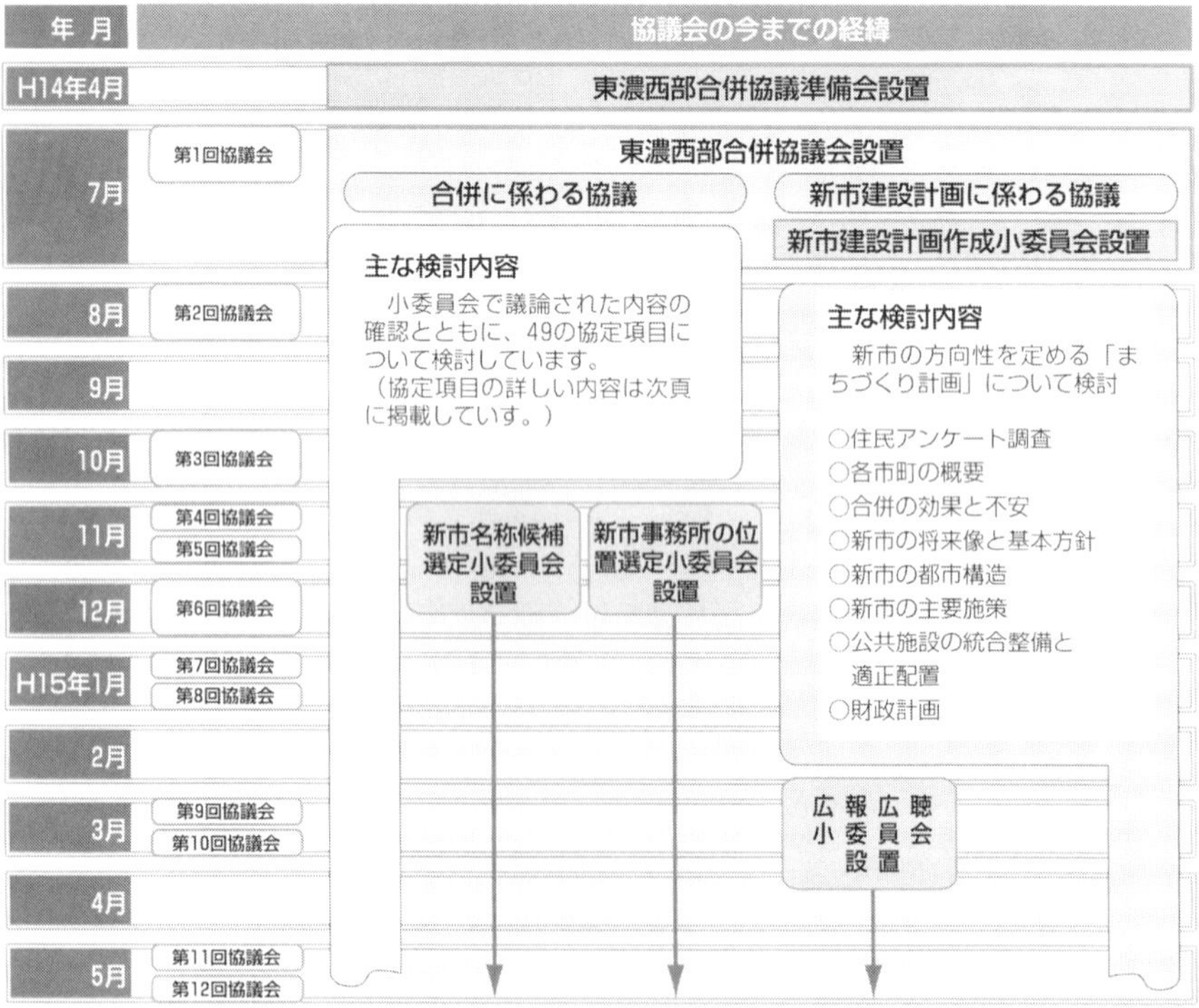

4 合併協定項目

協定項目は、新しいまちにおいて住民の生活や行政サービス、行政の仕組みがどのように変わっていくのかを具体的に調整するためのものです。合併協議会では以下の項目について協議を行い、その結果を合併協定書として取りまとめます。

協議会では次の6つの原則に基づいて、協定項目の協議を進めています。

一体性確保の原則
新市に移行する際、住民生活に支障のないよう速やかな一体性の確保に努める。

住民福祉向上の原則
住民サービス及び住民福祉の向上に努める。

負担公平の原則
負担公平の原則に立ち、行政格差を生じないように努める。

健全な財政運営の原則
新市において健全な財政運営に努める。

行政改革推進の原則
行政改革の観点から事務事業の見直しに努める。

適正規模準拠の原則
自治体の規模に見合った事務事業の見直しに努める。

（1）基本的協定項目の協議　（5月30日までの協議状況）

項目	協議及び主な決定内容の概要
1．合併の方式	新設合併とします。
2．合併の期日	目標として平成17年1月を合併の期日とします。
3．新市の名称	(継続協議中)　＊最終候補を、織部市、桔梗市、陶都市、東濃市、土岐川市の5候補に絞り込んでいます。
4．新市の事務所の位置	1．当面の事務所(代表となる市役所)は、現在の多治見市役所とします。 2．新しい市役所は、合併特例債の期間内（合併後10年の間）に、土岐市土岐津町土岐口南山地内に建設します。

（2）合併特例法による協定項目の協議

項目	協議及び主な決定内容の概要
5．議会議員の定数及び任期の取扱い	平成18年4月30日までの間、合併時の各市町議員が新市の議員として在任します。
6．農業委員会の委員の定数及び任期の取扱い	新市に1つの農業委員会を置き、合併時に各市町の選挙による委員であった者は、平成17年7月31日まで引き続き新市の農業委員会委員として在任します。
7．地方税の取扱い	(継続協議中)　＊各市町の地方税の賦課に大きな差があり、合併後直ちに均一の課税をすることが、住民の負担にとって著しく衡平を欠く場合は、合併が行われた日の属する年度と、それに続く5年度内に限って、課税しないこと又は不均一の課税をすることができます。（個人・法人市町民税、都市計画税）
8．一般職の職員の身分の取扱い	1．3市1町の一般職の職員は、すべて新市の職員として引き継ぎます。 2．新市において定員適正化計画を策定し、定員管理の適正化に努めます。 3．職名及び任用要件については、調整し統一を図ります。 4．職員の給与は調整し統一を図ります。なお、現在の給料は保証します。

3

項目	協議及び決定内容の概要
9．地域審議会の取扱い	特例法に基づく地域審議会を3市1町それぞれに設置することができることとします。 また、新市では、各地域の振興と均衡ある発展を図るため、新たな組織の設置を検討します。

（3）すり合わせが必要な協定項目の協議

項目	協議及び決定内容の概要
10．財産の取扱い	(継続協議中) ＊合併前の市町が持っていた財産（土地、建物、債権及び債務）の引き継ぎについて協議します。
11．特別職の身分の取扱い	3市1町の特別職の身分については、3市1町の長が別に協議して定めます。
12．条例、規則等の取扱い	条例、規則等は、次の区分により整備します。 （1）合併と同時に、専決処分により、即時制定し、施行させるもの。 （2）合併後、一定の地域に暫定的に施行させるもの。 （3）合併後、逐次制定し、施行させるもの。
13．事務組織及び機構の取扱い	「新市における事務組織・機構の整備方針」に基づき整備します。 （1）市民が利用しやすく、わかりやすい組織・機構 （2）市民の声を適正に反映できる組織・機構 （3）簡素で効率的な組織・機構 （4）指揮命令系統及び責任の所在が明確な組織・機構 （5）緊急・非常時に即応できる組織・機構 （6）地方分権時代における新たな行政課題に迅速かつ的確に対応できる組織・機構
14．一部事務組合等の取扱い	(継続協議中) ＊新市における加入方針についての協議を行います。
15．使用料・手数料等の取扱い	1．使用料は、原則として現行のとおりとしますが、同一又は類似する施設の使用料は、合併時に統一するよう調整します。また、適正な料金のあり方等について、新市において引き続き検討します。 2．手数料については、合併時に統一するよう調整します。
16．公共的団体等の取扱い	3市1町共通している団体については、それぞれの実情を尊重しながら、速やかに統合できるよう調整に努めます。
17．補助金、交付金等の取扱い	新市の速やかな一体性を確保するため、それぞれの実情、公益性、有効性、公平性に配慮しながら、新市においても引き続きそのあり方の検討を行います。 ただし、当面は、 1．同一あるいは同種の団体に対する補助金等については、統合等の推進を考慮し調整を図ります。 2．同一あるいは同種の事業に対する補助金等については、制度の統一化に向けて調整を図ります。 3．3市1町独自の補助金等については、従来の実績を尊重し、新市全体の均衡を保つよう調整を図ります。
18．町名・字名の取扱い	3市1町の区域内の町・字の区域及び名称は、原則として現行のとおりとします。ただし、同一の町・字名については、住民の皆さんの意向を尊重し、3市1町が協議して定めます。
19．慣行の取扱い	市章、市民憲章、市の花・木・歌などの慣行は、原則、新市において調整します。

項　目	協議及び決定内容の概要
20．国民健康保険事業の取扱い	1．平成16年度の保険料は現行のとおりとします。 2．所得割、資産割などの賦課割合は、平成17年度から多治見市の例により、統一します。 3．平成17年度から5年度以内の期間は、不均一の保険料を賦課し、その期間の保険料は、旧市町ごとに段階的に調整します。 4．国民健康保険（財政調整）基金は新市に引き継ぎます。 5．保健事業は、現行のとおり引き継ぎ、平成17年度から統一します。 6．国民健康保険運営協議会は、新市において新たに設置します。
21．介護保険事業の取扱い	1．第1号被保険者の保険料は、平成18年度から新市の保険料を設定します。なお、16年度、17年度の保険料及び単独減免は、旧市町の例によります。 2．介護認定審査会は新市において新たに設置します。 3．介護給付準備基金は、新市に引き継ぎます。
22．消防団の取扱い	消防団は当面現行のとおりとし、統合及び分団の組織等については、新市において調整します。団員の身分、報酬、手当等については、合併時に統一します。
23．電算システム事業の取扱い	合併時に新たなシステムを構築することを基本に、電子自治体として対応できる環境整備を行うことを目指します。
24．都市計画に関する取扱い	都市計画については、一体的なまちづくりをすすめるため、新市において速やかに整備します。ただし、当面は、都市計画区域及び用途地域、市街化区域及び市街化調整区域については、現行のとおり引き継ぎます。
25．各種事務事業の取扱い	各種事務事業項目を24項目とします。
25-1．男女共同参画事業	新市において男女共同参画基本計画を策定し、事業の推進に努めます。
-2．国際·広域交流事業	国際・広域交流を促進するため、新市においても引き続き事業を推進します。姉妹都市・友好都市事業については、従来からの経緯を尊重するとともに提携先の意向を確認し、当面は現行のとおり引き継ぎます。
-3．広報広聴関係事業	広報事業は合併時に統合し、引き続き積極的に情報の提供に努めます。新市の広報紙発行は月2回とします。 広聴事業については、市民参画の観点から合併後速やかにその充実を図ります。
-4．研究学園都市推進事業	地域住民の理解と協力を得るよう努めながら、豊かで住みよい地域社会をめざし、推進します。
-5．情報公開制度	情報公開条例、個人情報保護条例については、3市1町の課題等を整理し、合併時に統一するよう調整します。
-6．住民活動支援事業	(継続協議中)　＊市民活動の高揚に資するため、活動支援施策をどう進めるのかについて方針を協議します。
-7．消防防災関係事業	(未　協　議)　＊新市における防災計画等について、また、消防体制等の整備・再編について方針を協議します。

5

項目	協議及び決定内容の概要
-8. 交通関係事業	【自主運行バス事業】 自主運行バスの運行路線、料金体系については、当面現行のとおり新市に引き継ぎます。また、新市において地域バス運行計画を策定し、自主運行バス等のあり方について検討します。 【駐車場事業】 駐車場・駐輪場施設及び、放置自転車対策等については、現行のとおり新市に引き継ぎます。 【交通安全対策事業】 新市の交通安全計画を策定し、市民生活の安全確保の観点から引き続き事業を推進します。また、交通災害共済制度については、当面、現行のとおり新市に引き継ぎ、新市において速やかに調整します。
-9. 窓口業務	(継続協議中) ＊住民サービスの観点から、申請手続きの簡素化及び総合窓口・休日窓口等について、また、各支所・出張所の窓口体制について方針を協議します。
-10. 人権関係事業	引き続き人権思想の啓発に努めます。
-11. 福祉関係事業	【福祉関係事業】 1．国又は県の制度に基づいて実施している福祉関係事業は、引き続き推進します。 2．児童・障害児、障害者、高齢者及びその他社会福祉事業は、統合又は再編し充実に努めます。 3．児童育成計画、障害者計画及び老人保健福祉計画は、新市において速やかに策定します。 4．手当・医療給付事業は、統合又は再編し充実に努めます。 5．3市1町がそれぞれ設置している福祉施設は、現行のとおり新市に引き継ぎます。 (継続協議中) 【保育料】保育事業における保育料について方針を協議します。
-12. 保健関係事業	(未協議) ＊成人・母子保健事業及び予防対策事業、健康づくり事業等について方針を協議します。
-13. 病院(診療所)事業	市町立の病院、診療所、老人保健施設は、現行のとおり新市に引き継ぎます。 診療に係る使用料、手数料などは現行のとおりとしますが、同一又は類似する使用料、手数料等については、合併時に統一できるよう調整します。
-14. 廃棄物処理事業	【ごみ処理事業】 1．ごみの収集区域、収集回数、収集方法、分別方法については、当面は現行のとおりとし、新市において速やかに調整します。 2．ごみ処理施設については、現行のとおり新市に引き継ぎます。 3．指定ごみ袋料金及びごみ処理手数料等については、当面は現行のとおりとし、新市において速やかに調整します。 4．一般廃棄物収集運搬業の許可申請手数料等については、土岐市及び笠原町の例により、合併時に調整します。 【し尿処理事業】 1．し尿の収集区域、収集方法については、当面は現行のとおりとし、新市において速やかに調整します。 2．し尿処理施設については、現行のとおり新市に引き継ぎます。 3．し尿処理手数料及び浄化槽汚泥処理手数料については、当面は現行のとおりとし、新市において速やかに調整します。
-15. 環境対策事業	1．新市において速やかに環境基本計画を策定します。 2．墓地・埋火葬業務については新市に引き継ぎます。 3．狂犬病予防事業については、東濃西部広域行政事務組合から引き継ぎ、新市において実施します。
-16. 農林水産関係事業	(継続協議中) ＊農林水産振興事業、基盤整備事業、農林水産団体の育成事業等の方針を協議します。

項　目	協議及び決定内容の概要	
-17．商工観光関係事業	1．新市において新たに、産業振興計画を策定します。 2．融資制度については、多治見市の例により合併時に調整します。 3．商工業振興については、引き続き事業を推進するとともに、新たな産業の創出や他産業の導入に努めます。 4．観光振興については、地域特性を活かした観光資源のネットワーク化を図り、産業観光の振興に努めます。また、観光イベントについては当面現行のまま新市に引き継ぎ、同一又は同種のものについては全体の均衡を保つよう調整を図ります。 5．労務対策については、勤労者支援の観点から施策の推進に努めます。 6．試験研究機関については、当面現行のとおりとし、新市においてそのあり方について検討します。	
-18．建設関係事業	1．道路、河川、公園については、現行のとおり新市に引き継ぎます。また、道路、河川、公園事業は引き続き整備を促進し、適切な維持管理に努めます。 2．住宅事業については、引き続き住宅政策の推進や住宅供給の促進及び公営住宅等の適正な維持管理に努めます。また、公営住宅については現行のとおり新市に引き継ぎ、家賃に係る係数については、新市において決定します。	
-19．上·下水道事業	(継続協議中)	＊上水道の給水区域、下水道の処理区域の整備及び各種助成制度、事業会計等の調整について方針を協議します。
-20．市立学校の通学区域	通学区域については、当面は現行のとおりとしますが、旧市（町）境の地域については、弾力的な運用に努めます。また、地域の実情、児童・生徒数等の動向を踏まえ、新市において速やかに見直しを行います。	
-21．学校教育事業	【幼稚園関係】 1．幼稚園対象児及び通園方法、預かり保育については、現行のとおりとします。 2．幼稚園授業料は平成16年度は現行のとおりとし、平成17年度から月額5,700円とします。 【学校教育関係】 1．児童·生徒の健康診断については、内容·対象等を統一します。 2．奨学資金については新たに統一した制度を定め、平成17年度より実施します。 3．外国人英語指導助手制度については現行のとおり新市に引き継ぎ、統一した派遣基準を定めます。 4．中学生の海外派遣研修は引き続き実施します。 5．心の相談事業等については、現行のとおり新市に引き継ぎます。 【学校給食関係】 1．給食調理方式及び配送·回収方法については、現行のとおりとします。ただし、調理方式については、調理場の状況を踏まえ、合併後見直しを行います。 2．給食費については平成17年度の統一に向け調整を行います。	
-22．生涯学習事業	(未　協　議)	＊住民の充実した学習環境を整備するため、学習機会、情報提供等について方針を協議します。
-23．文化振興事業	(未　協　議)	＊住民の文化生活向上のため、文化振興事業について方針を協議します。
-24．その他事業	(未　協　議)	＊その他の各種事務事業について方針を協議します。
26．新市建設計画	(継続協議中)	＊新市建設計画（原案）作成済。

7

5 新市まちづくり計画

5-1 新市まちづくり計画策定の方針

本計画は、多治見市、瑞浪市、土岐市、笠原町の合併後の新市を建設していくための基本方針を定めるもので、この計画を実現することによって、3市1町の速やかな一体化を促進して、住民福祉の向上と新市全体の均衡ある発展を図るものです。また、本計画の計画期間は、合併後、概ね10年程度としています。

なお、新市の進むべき具体的な方向については、新市において策定する総合計画（基本構想、基本計画）などに委ねていきます。

5-2 合併の必要性と効果

合併の必要性

少子高齢化の進行

子育て支援や医療体制の充実、多様な健康・福祉サービスなどを行うことのできる体制と、行政能力の向上が求められています。

地方分権の進展

権限移譲に伴う自己決定権の拡充と、多様化・高度化する行政サービスに対応するための行政能力の質的・量的向上が望まれます。

住民生活の質的変化・生活範囲の拡大

行政区域を越えた広域的な観点に立ったまちづくりと施策展開が望まれます。

財政基盤の悪化

安定した財源の確保と効率的な行財政運営による財政基盤の強化が急務となっています。

合併の効果

住民サービスの充実による利便性向上

- 公共施設の高度化及び相互利用
- 行政サービス窓口の増加
- 住民ニーズに対応する行政組織の再編成
- 福祉・保健・医療等の部門への専門職員の増強
- 多様な教育カリキュラムの提供

行財政運営の効率化による経費削減

- 三役や議員、各種委員等特別職の減少
- 総務、企画など各市町に共通する部門の統合による事務の効率化と職員の削減
- 財政規模の拡大に伴う柔軟な財政運営
- 国からの財政的な支援（合併特例債等）
- 類似施設への重複投資の回避

広域的・重点的な施策の推進

- 広域的な視点に立った重要施策の展開
- 地域間の連携による一体的な事業の推進

地域のイメージアップと総合的な活力強化

- 特例市※としての権限強化による地方分権の推進
- 地域のイメージアップによる企業進出や若者の定着

※特例市制度：平成12年4月の地方分権一括法の施行に伴い、市町村への権限移譲を推進する観点から創設された制度。具体的には、人口20万人以上の市について、市からの申し出に基づき政令で指定することにより、生活環境にかかわりの深い騒音・悪臭・振動の規制に関する権限、消費生活に関連する計量器の定期検査の権限、都市計画関係のまちづくりに関する権限などが移譲される。

5-3 合併の不安と対策

公共料金が高くなるのでは？

制度的な公平性から、一部の地域で税の負担が増えたり、公共サービスを統合した結果で住民負担が増えたり減ったりすることもありますが、全体として合併を理由に、住民負担が大きく増えることはありません。

きめ細かなサービスは受けられるの？

健康・福祉などの行政サービスは、全域で公平に行われるよう施策を進めていきます。また、施設の利用については、統廃合も考えられますが、全体的には利用できる機関や施設が増え、住民の利便性が高まると考えられます。

中心部と周辺部の格差が広がるのでは？

新市全体を画一的に整備するのではなく、各地域の特色・機能・役割を活かしながら、全体的に調和のとれたまちづくりを進めます。また、上下水道など生活基盤の整備を進め、地域間格差の解消に努めます。

役所が遠くなって不便になるのでは？

住民サービスに直結する窓口サービスは、支所等で従来どおり受けられます。また、IT技術の活用により役所までの距離はあまり問題とならなくなります。ただ、入札関係や議会傍聴など主に事業者や特定の住民が関係するサービスは、距離的な面で負担が増す可能性があります。

住民の声が行政に届きにくくなるのでは？

人口規模の大きな市でも、議員数が少なくて問題が生じていることはありません。新市においては、地域住民の意向を行政に反映させる仕組みを設けることで、住民と行政のパートナーシップを確立していきます。

郷土意識や住民の連帯感が薄れるのでは？

旧地名は、町名や字名として、合併後も残されます。また、郷土意識や住民の連帯感については、地域の皆さんにより創られることから、新市においても各地域の歴史・文化・伝統を尊重したまちづくりを進めていきます。

5-4 新市の課題

3市1町の現状、関連計画、3市1町で進められる大規模プロジェクト、平成14年に実施した住民アンケート調査より、次の７つの課題を抽出しました。

産業の活性化
- 厳しい経営下にある陶磁器産業の発展
- 魅力ある商業集積地の必要性

新市内連携強化と広域交流の促進
- 地域の歴史・文化資源等の有効利用
- 新市内の交流・広域圏との交流促進

少子高齢社会への対応
- 若年層・中堅層の定住促進
- 福祉施設の機能充実と福祉メニューの充実

地域間格差に配慮した質の高い生活環境の創造
- 各地域の特色を活かした環境づくり
- 生活基盤の整備と快適性の高い生活環境の創造

自然、歴史、文化等地域資源の保全と活用
- 自然環境との調和を図った計画的な土地利用
- 行政と住民のパートナーシップによる地域資源の保全と活用

新時代を担う人づくり
- 多様な学習ニーズにあった 生涯学習環境づくり
- 家庭、学校、地域の一体化による子育て環境づくり
- 個性と創造力を伸ばす教育の推進

行財政改革の推進
- 行財政運営の効率化
- 行政サービスの維持向上

5-5 主要指標の見通し

主要指標として、合併後概ね10年後の総人口、世帯数、就業人口の見通しを推計しました。
総人口を224,000人、世帯数を78,000世帯、就業人口を108,400人と想定します。

単位:人、世帯、(%)

区分		平成7年	平成12年	合併後概ね5年後見通し	合併後概ね10年後見通し
総人口		220,713	221,321	225,000	224,000
年齢別人口	年少人口 0~14歳	37,886 (17.2)	34,754 (15.7)	32,000 (14.2)	31,000 (13.8)
	生産年齢人口 15~64歳	151,276 (68.5)	147,900 (66.8)	140,500 (62.4)	132,000 (58.9)
	老年人口 65歳以上	31,526 (14.3)	38,475 (17.4)	52,500 (23.3)	61,000 (27.2)
世帯数		65,910	69,492	75,000	78,000
1世帯当り人員		3.35	3.18	2.99	2.88
就業人口		118,222	114,982	111,800	108,400
就業率		(64.7)	(61.7)	(57.9)	(56.2)
産業別就業者	第1次	1,142 (1.0)	1,172 (1.0)	900 (0.8)	800 (0.7)
	第2次	51,163 (43.3)	45,206 (39.3)	36,600 (32.7)	32,100 (29.6)
	第3次	65,917 (55.8)	68,604 (59.7)	74,300 (66.5)	75,500 (69.6)

※平成7年、12年の総人口は年齢不詳も含む人数
※百分率は、小数第2位を四捨五入したため、個々の比率の合計が100%にならない場合がある。

●人口構成比較（昭和60年・平成12年・平成27年人口ピラミッド）

3市1町の将来推計人口は、平成22年をピークに減少傾向になり、高齢化率も平成27年には、約27%程度となることが予想されています。

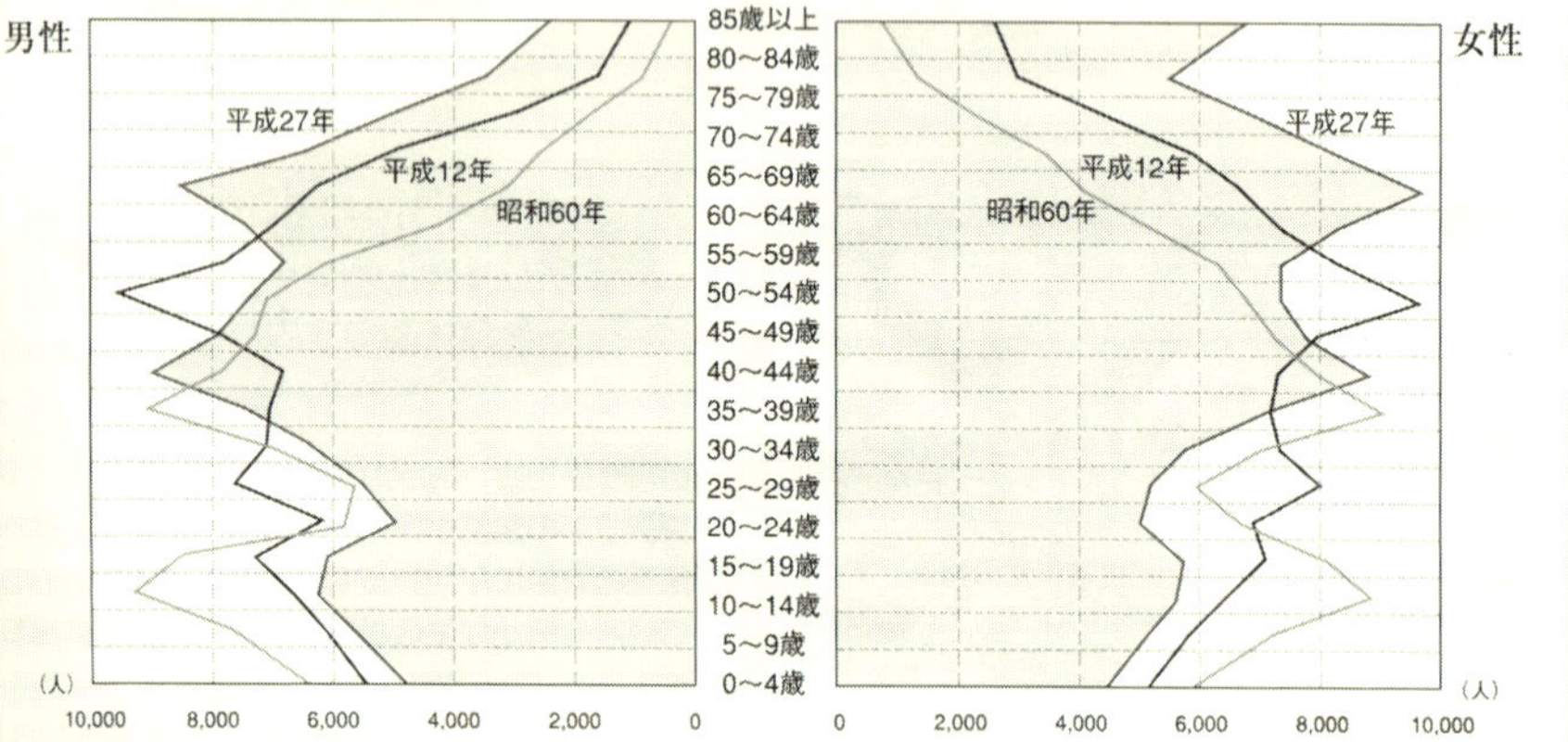

（資料:国勢調査）

5-6 新市まちづくりの基本方針

魅力あふれる活き活きとしたまち

■合併を契機に陶磁器産業の活性化への一体的な取り組みを行うとともに、新産業の創出や他産業の導入を図りながら、新たな雇用の場をつくりだしていきます。

■中心市街地を再生し、既存の商店街・商業施設の活性化や新たな商業集積の誘導を促進し、魅力ある商業地の形成を進めます。

■農林業は、その生産基盤の充実を図る一方で、環境の視点からその役割を再認識し、「農のある風景」を活かしていきます。

■観光業は、「美濃焼」の知名度と歴史・文化・自然等に関する多彩な地域資源を活かしながら、既存観光施設の機能強化や地域資源をめぐる観光ルートの設定を行い、全国に新市の魅力をアピールしていきます。

ふれあい・学びあい・人を育むまち

■学校教育や生涯学習は、地域特有の歴史・文化や自然を活かしながら、市民一人ひとりの豊かな個性や創造力を育成し、学校や公民館などできめ細かな教育・学習が行える環境づくりを進めていきます。

■多彩な地域資源を博物館の展示物ととらえて、市民が主体的に地域で保存し、互いにネットワーク化していく取り組みを実践します。

■既存の文化・スポーツ施設は、施設の高度化及び有効利用を図るとともに、多様化する市民ニーズに対応した新たな施設整備も進めていきます。また、今後各施設を地域コミュニティの拠点にするためにも、スポーツや文化活動によるコミュニティ組織づくりを推進していきます。

快適に暮らせる生活基盤が充実したまち

■JR多治見駅、土岐市駅、瑞浪駅周辺では、新市の玄関口としてふさわしい、にぎわいの空間を創出していきます。

■3市1町の市街地間を連携する環状道路の整備を促進するとともに、公共交通の充実を図り、市民にとって利便性の高い交通体系をつくります。

■緑豊かな居住環境の整備、生活基盤の整備促進、防災施設・体制の整備等、すべての人にとって安全・安心・快適な生活環境の充実によって、新市への定住促進を図っていきます。

社会潮流が大きく変化していく中で、新市が
歴史・文化・自然の地域資源を活かした上で
を進めていく必要があります。新市では、こ
な役割を担う都市として成長することを期待し
をキーワードとした郷土づくりを目指します。

都市の

～活力、安心 、
みんなでつくる、緑

地域が一丸となって、
興に努め、若年層が定
づくりを進めます。ま
・文化・産業を活かし
交流・連携を進めます

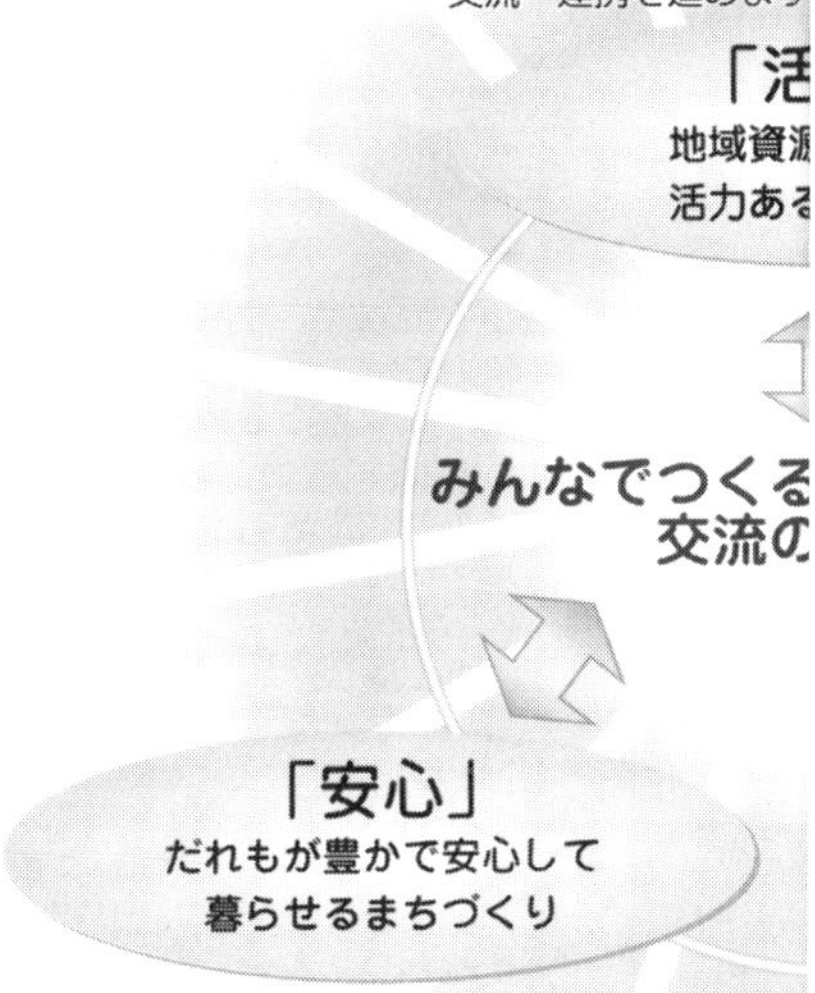

都市基盤施設、医療・福祉施設、文化・社会教育施設等の整備水準の向上を図り、年齢、性別、障害の有無にかかわらず、すべての人が安心して健康で豊かな生活ができる都市環境を創出します。

11

発展していくためには、当地域の地理的条件、
幅広い交流のもと、活力に満ちた郷土づくり
ことを踏まえながら、中部圏における中核的
「活力」と「安心」、そして市民との「協働」

将来像

創造を求めて～
あふれる、交流のまち

産業の高度化などの振
住できる活力あるまち
た、地域の自然・歴史
て、広域圏との活発な

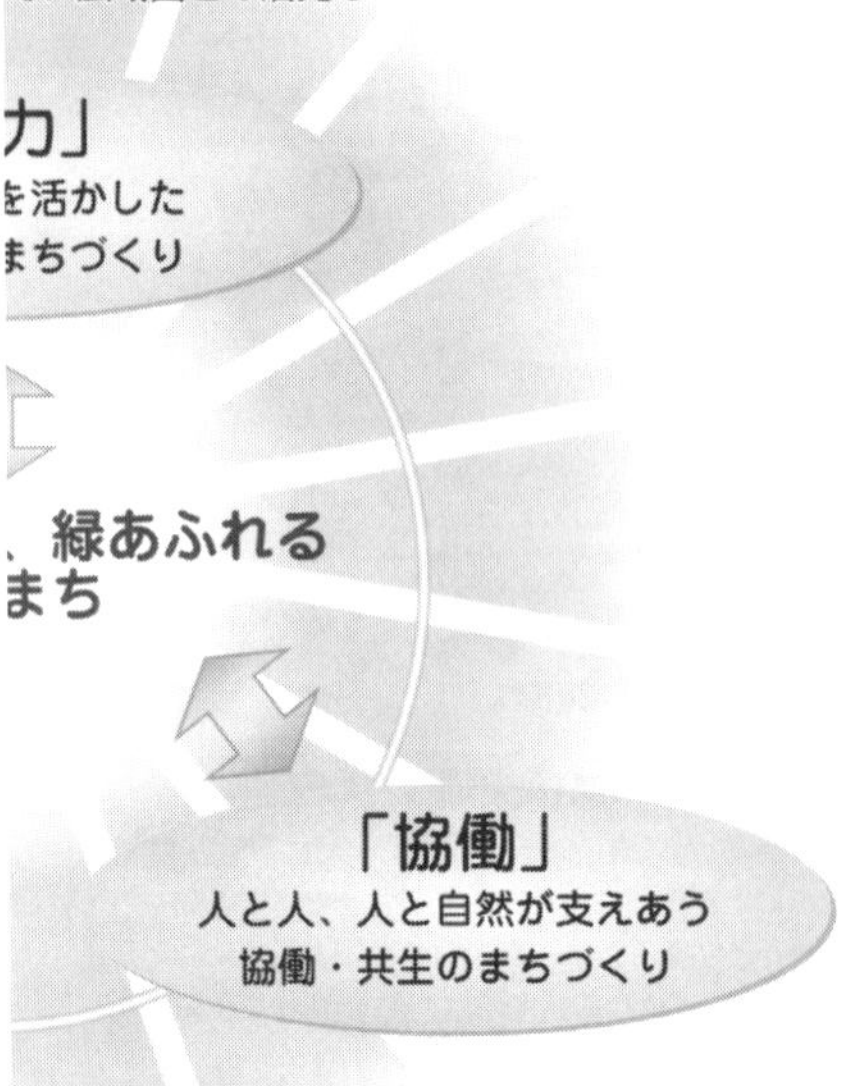

豊かな自然環境との調和を図りつつ、地域固有の歴史・文化を活かした、市民と行政の協働のまちづくりを目指します。そのため、市民と行政の役割分担を明確にしながら、地域内外の人・情報の交流を図り、次世代を担っていく人づくり、知恵づくりを促進します。

人と自然が共生する環境保全のまち

■貴重な自然環境や景観の保全を図るとともに、各地域の自然資源を活かしつつ、市民の憩いの場として、多様な市民ニーズに応じたレクリエーション・創作・交流の場づくりや、自然とふれあう環境学習の場づくりを進めます。

■将来を担う子どもたちや市民への環境教育を積極的に行い、環境と調和した地域づくりを推進していきます。また、資源循環型社会の構築を目指し、省エネルギーやリサイクルの推進、環境保全体制の構築に向けたさまざまな支援を行います。

人と人が支えあう健康で心豊かなまち

■健康の維持・増進につながる総合的な医療施設や地域医療サービスの充実を図るとともに、福祉関連施設の効率的整備・運用、専門スタッフの充実と効果的な配置によって、高度なサービス提供を行っていきます。

■子どもたちが健全に成長していくため、子どもの遊び場や親との交流、学びあいの場を提供するとともに、地域ぐるみで子育て・子育ちを支援する環境づくりを進めていきます。

ともにつくる連携・交流・市民参加のまち

■行政と市民が一体となって、地域で受け継がれてきた歴史・文化・スポーツ等の各種活動の継続的な推進を図るとともに、新市としての新たなイベントや多彩な交流活動を支援する環境づくりをめざします。

■積極的な情報公開や男女共同参画に取り組みながら、自治会、NPO・ボランティア等の組織が行政と連携し、積極的にまちづくりに係わっていく仕組みづくりを進めます。

行財政効率の高いまち

■行政改革を着実に進めながら、職員の政策形成能力やコスト意識を高め、少子高齢化に柔軟に対応でき、市民にとって分かりやすい、行政組織づくりに努めます。

■限られた財源で最大の効果をあげるため、財政の中長期的な見通しを立て、事業の重点化を図りながら、行政サービスを提供していきます。そして、積極的な行財政情報の提供を進め、行政全般の説明責任（アカウンタビリティ）の遂行に努めます。

5-7 新市の都市構造

新市が均衡ある発展を成し、地方中核都市にふさわしい都市機能を持つために、地域の地形的および文化・産業的な要因を重視しながら、新市全体が調和のとれたまちとなるよう整備を進めていきます。

にぎわいと地域情報の発信ゾーン

JR多治見駅、土岐市駅、瑞浪駅周辺の中心市街地の都市基盤整備を進めるとともに、行政・商業・産業・住居・文化を含めた多様な都市機能の集積を図り、高速道路や鉄道を含めた交通ネットワークの拠点とします。

生活文化交流ゾーン

自然景観のなかに調和した環境にやさしい居住環境の整備を図るとともに、道路整備や産業の振興をはじめ、商工業・教育・文化・福祉などの各種施設を整備し、人に優しく利用しやすい生活ゾーンの形成を図ります。

先端技術と学術研究の知的創造ゾーン

最先端の研究開発機能の集積を推進し、関連産業の育成、新産業の創出による産学官の交流を促進します。そして、地域に開かれた科学技術にふれあうことのできる交流拠点としての整備促進を図ります。

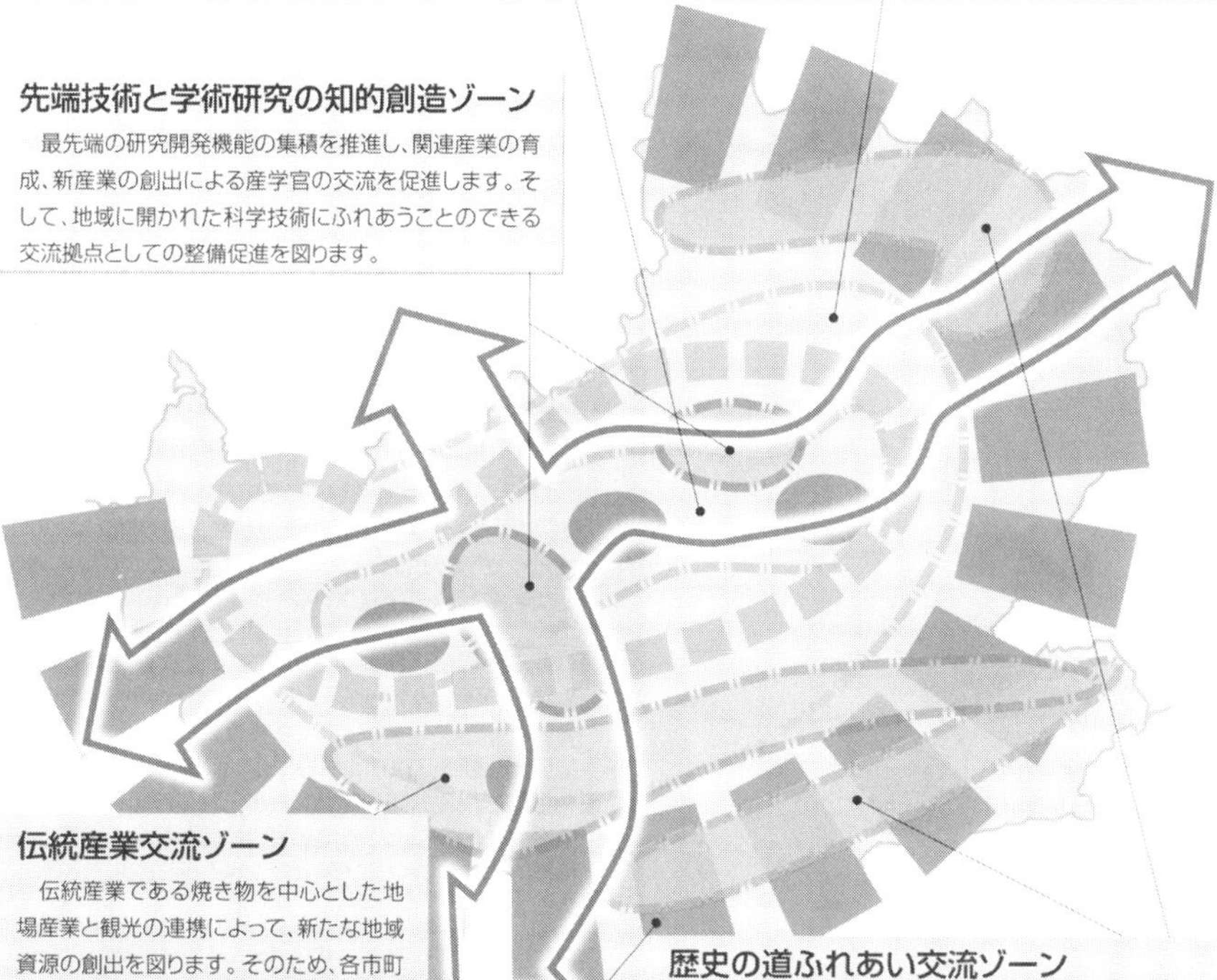

伝統産業交流ゾーン

伝統産業である焼き物を中心とした地場産業と観光の連携によって、新たな地域資源の創出を図ります。そのため、各市町に点在する産業観光拠点となる施設を、広域交流軸、地域連携軸を通じて結び、新市全体を産業観光の基礎ゾーンとして位置づけます。

歴史の道ふれあい交流ゾーン

旧中山道や旧中馬街道を中心とした地域を、「歴史の道」「農のある風景」「あふれる自然」が融合するふれあい交流ゾーンと位置づけ、来訪者及び住民が地域の歴史に学び、自然にふれあうための機能充実や、ネットワーク化による交流の促進を図ります。

緑の回廊ゾーン

市街地の周囲をグリーンベルトとして保全し、自然とのふれあいや安らぎの場の創出、生態系の保全、ヒートアイランド※の抑制等、人と自然の調和・共生を図ります。また、自然を活用した農林業を振興し、地域に密着した自然環境の創出を図ります。

広域交流軸　ＪＲ中央線、国道19号、中央自動車道、東海環状自動車道による地域外との広域的な連携・交流に資する軸の形成強化を図ります。

地域連携軸　新市の各ゾーンを結ぶ連携軸として、市民生活の利便性の向上を図るとともに、広域交流軸の玄関口とのネットワーク化を進め、機能の充実を図ります。

※ヒートアイランド：都市における人間のさまざまな活動に伴う影響、特に車や空調による集中的な排熱によって都市の気温が上昇する現象をいう。

5-8 新市の施策

【産業振興】魅力あふれる活き活きとしたまち

施策の柱	
(1)地場産業の振興	(4)農林業の振興
(2)新産業の創出	(5)勤労者福祉の充実
(3)商業の振興	(6)観光の振興

事業名	事業概要	事業期間		実施予定場所
		前期	後期	
(1)地場産業の振興				
研究施設の機能強化	研究施設の連携強化及び新分野開拓、試験研究機関の機能分担・統合及び人材育成機関(大学院大学等)の設置検討	○	○	—
地場産業販路開拓事業	市内各産地の特色あるブランドの確立、国内外の主要見本市等への出展支援	○	○	—
(仮)日本タイルむら整備事業	タイル産業の振興と活性化を図る拠点施設(道の駅併設)	○		笠原
産業振興プランの策定	新たな産業振興プランの策定	○		—
(2)新産業の創出				
東濃研究学園都市の推進	プラズマリサーチパーク・コスモガーデンを中心とした研究エリアの整備	○	○	—
起業支援の推進	新分野における起業支援	○	○	—
工業団地整備事業	第2期瑞浪クリエーションパーク造成事業		○	瑞浪
他産業の誘致	他産業の誘致に向けた、誘致エリアや推進体制の整備	○	○	—
(3)商業の振興				
中心市街地活性化事業	都市構造の再生を図り、商業集積をふまえた多様な都市機能拠点を有する公共施設整備 地域交流センター等の整備	○	○	多治見 瑞浪 土岐
駅周辺駐車場整備事業	駅周辺の駐車場整備	○	○	多治見 瑞浪
道の駅整備事業	観光情報提供施設、地域特産物販売施設、レストラン、親水公園等併設	○	○	瑞浪 笠原
(4)農林業の振興				
畜産環境整備事業	家畜排泄物処理施設整備	○		瑞浪
中山間地総合整備事業(県負担金)	農道整備、かんがい排水路整備、水質浄化等	○	○	瑞浪
県営ため池整備事業(県負担金)	入ヶ洞ため池、甘草ため池	○		瑞浪 土岐
体験型農林業の推進	市民農園、体験型農園等の整備	○	○	—
林道整備事業	森林の適切な維持管理のための林道整備 釜糠支線他	○	○	瑞浪
(5)勤労者福祉の充実				
各種融資制度の充実	生活資金融資制度、住宅資金融資制度等の充実	○	○	—
中小企業勤労者総合福祉事業	中小企業勤労者福祉サービスセンターの設置	○	○	—

事　業　名	事　業　概　要	事業期間		実施予定場　所
		前期	後期	
（6）観光の振興				
市内観光テーマルートの整備	観光地のネットワーク化、美濃焼、中山道等	○	○	—
セラミックパークMINOの積極的活用	情報発信拠点として施設の積極的な活用	○	○	—
小里川発電機展示館建設事業	発電機展示施設、周辺公園化整備、駐車場整備		○	瑞浪
公共サイン計画策定事業	公共サイン計画の策定と一体的な整備	○	○	—
歴史の道周辺整備事業	中山道石畳等保全整備、中馬街道周辺整備	○		瑞浪 土岐

セラミックパークMINO

陶器まつり

中山道琵琶峠

織部の里公園

【教育文化】ふれあい・学びあい・人を育むまち

施策の柱

(1)学校教育の充実	(3)文化・スポーツの振興
(2)生涯学習の充実	(4)歴史・文化資源の継承、活用

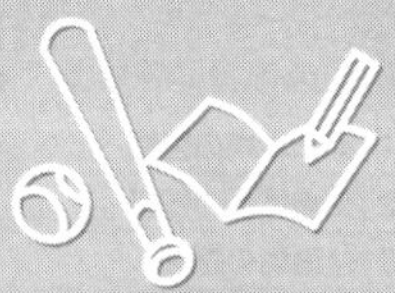

事業名	事業概要	事業期間 前期	事業期間 後期	実施予定場所
(1) 学校教育の充実				
学校施設新築・改築事業	滝呂小学校移転新築、日吉中学校改築、泉小学校改築	○		多治見 瑞浪・土岐
小中学校施設改善事業	校舎・体育館等修繕、プール・グラウンド改修、バリアフリー工事、学校施設情報化（パソコン・インターネット・校内LAN整備等）	○	○	—
学校給食施設整備計画の策定	給食調理方式の検討（単独調理、共同調理）	○		—
学校給食施設整備事業	既設調理場の統廃合を含めた調理場施設の整備	○	○	多治見 土岐
大学等高等教育機関の誘致	大学等高等教育機関の誘致	○	○	—
魅力ある学校づくりの支援	体験学習・総合学習の推進、地域クラブの活用、学校評議員制度の充実	○	○	—
(2) 生涯学習の充実				
コミュニティセンター・地区公民館整備事業	多治見（コミュニティセンター）整備、笠原町（東・西）コミュニティセンター、土岐津地区公民館、泉地区公民館等整備	○	○	多治見 土岐 笠原
西部地区複合拠点施設整備事業	老朽化した体育館の建替、福祉・教育・支所機能を有する複合施設の整備	○	○	土岐
学校施設開放事業	スポーツ施設、特別教室等の開放	○	○	—
生涯学習支援事業	生涯学習プログラムの策定、各種講座の開設	○	○	—
化石博物館等施設整備事業	化石博物館と地球回廊の一体化、その他文化施設の集約、管理運営の一元化	○		瑞浪
(3) 文化・スポーツの振興				
市民プール整備事業	競技用プール及び通年利用可能な健康増進施設の整備		○	—
弓道場整備事業	弓道場の整備	○		土岐
運動公園整備事業	土岐総合公園整備（駐車場）	○		土岐
文化・芸術イベント開催事業	日本現代陶彫展、織部の日記念事業等	○	○	—
総合型地域クラブ※支援事業	地域単位の住民の自主的運営に対する支援	○	○	—
文化・スポーツ活動の支援	各種文化・スポーツ講座の開設、団体の支援	○	○	—
(4) 歴史・文化資源の継承、活用				
織部の里公園整備事業	国指定史跡「元屋敷陶器窯跡」を中心とした史跡公園整備	○	○	土岐
中山道自然博物館等整備事業	大湫宿まち並み保全、ウォーキング歩道整備、歴史民俗資料館整備等	○		瑞浪
埋蔵文化財センター整備事業	文化財の保存、展示施設の整備	○		土岐
「地域まるごと博物館」整備事業	市内にある各種歴史・文化系資産・施設のネットワーク化	○	○	—

※総合型地域クラブ：地域住民が自主的に運営し、様々な年齢層の人々が、それぞれの関心や興味に応じてスポーツや文化活動に気軽に参加できるとともに指導者の育成も行う、地域社会に根づいた組織。地域の中に新たな機能を作ることから、コミュニティづくりに結びつくという点からも期待されている。

【生活環境、都市基盤】快適に暮らせる生活基盤が充実したまち

施策の柱

(1)都市環境の整備
(2)交通体系の整備
(3)住環境の整備
(4)上下水道の整備
(5)ユニバーサルデザインのまちづくり
(6)情報通信基盤の整備
(7)防災体制の整備

事業名	事業概要	事業期間		実施予定場所
		前期	後期	
(1)都市環境の整備				
多治見駅周辺整備事業	多治見駅北土地区画整理、多治見駅橋上化、JR多治見駅舎改築、多治見駅南北通路整備、電線地中化・電線共同溝整備、駅北多目的広場整備、(仮)地域交流センター(再掲)、(仮)立体駐車場・駐輪場整備(再掲)、(都)音羽・小田線整備(再掲)、(都)白山・豊岡線整備(再掲)	○	○	多治見
瑞浪駅周辺整備事業	自由歩道橋設置、駐車場整備(再掲)	○	○	瑞浪
土岐市駅周辺整備事業	生活・交流拠点施設整備(再掲)、(都)新土岐津線整備(再掲)、(都)久尻河合線整備(再掲)、(都)土岐市停車場線整備(再掲)	○	○	土岐
景観形成推進事業	景観形成プランの作成、サイン計画(再掲)	○	○	—
(2)交通体系の整備				
広域交通ネットワーク事業	都市間連絡道路整備(負担金) 北部環状線整備(負担金) (都)国道248号線多治見バイパス道路改良 市道414100・513600号線改良(外環状道路) (都)音羽・明和線道路改良(音羽工区) (都)上山・平和線整備 (仮)瑞浪都市連絡線整備 土岐パークウェイ(市道第72340号線)整備 都市計画道路整備(笠原環状線、新規路線)	○	○	—
多治見地区道路整備事業	(都)音羽・小田線整備、(都)白山・豊岡線整備 (都)音羽・明和線道路改良(太平工区) (都)平和・滝呂線整備 その他市道整備 (市道512300線(小泉駅北側線)改良他)	○	○	多治見
瑞浪地区道路整備事業	(都)益見明徳線整備 (都)中原益見線整備 その他市道整備(市道戸狩半原線整備他)	○	○	瑞浪
土岐地区道路整備事業	(都)新土岐津線整備 (都)土岐市停車場線整備 (都)久尻河合線整備 その他市道整備(市道鷲が巣線整備他)	○	○	土岐
笠原地区道路整備事業	(都)笠原南北線整備 その他町道整備(町道潮見公園線整備他)	○	○	笠原
自主運行バス支援事業	地域バス運行計画の策定と運行支援	○	○	—
(3)住環境の整備				
土地区画整理事業	大原地区、赤坂地区、小泉地区、根本地区、下益見地区、瑞浪インター周辺地区、市原地区、一日市場地区、河合地区、妻木南部地区、神戸・栄地区　(組合施行、設立支援)	○	○	—
市営住宅整備事業	公営住宅ストック計画策定、計画に基づく整備	○	○	—
火葬場整備事業	老朽施設の更新(統合検討)	○	○	—
地籍調査事業	土地所有に関する権利保全・明確化	○	○	—

事　業　名	事　業　概　要	事業期間		実施予定場　所
		前期	後期	
（4）上下水道の整備				
上水道拡張事業（簡易水道を含む）	北部無水源整備、平山地区簡易水道整備、日吉月吉簡水統合、その他未給水地区整備	○	○	瑞浪
上水道整備事業	配水管改良、耐震化整備	○	○	—
下水道整備事業	管渠敷設、処理場・ポンプ場・汚泥乾燥施設等整備更新、汚水混合雨水の改善	○	○	—
農業集落排水整備事業	大湫、柿野、曽木、細野地区の水洗化	○		瑞浪 土岐
合併処理浄化槽設置補助事業	公共下水道区域及び農業集落排水処理区域以外での、合併処理浄化槽の設置	○	○	—
（5）ユニバーサルデザインのまちづくり				
ユニバーサルデザイン※整備指針の策定	事業推進のための全体的な整備指針の策定	○		—
道路バリアフリー化事業	道路のバリアフリー化	○	○	—
公共交通機関バリアフリー化事業	JR駅舎（瑞浪・釜戸）内エレベーター等の設置	○	○	瑞浪
公共サイン計画整備事業（再掲）	公共サインの体系的・一体的な整備	○	○	—
（6）情報通信基盤の整備				
電子自治体の構築	電算システムの統合、イントラネットの整備等	○	○	—
地域情報化推進事業	生活情報、防災情報、産業情報等提供システム整備	○	○	—
（7）防災体制の整備				
公共建築物耐震補強事業	耐震診断に基づく公共建築物や橋梁等の改善	○	○	—
防災無線更新事業	親局・中継局・マストの更新	○	○	—
消防庁舎整備事業	消防庁舎統合、防災センター整備、消防救急無線デジタル化	○	○	—
消防機器整備事業	梯子車、高規格救急車等整備	○	○	—
消防団拠点施設整備事業	消防分団（班）新設等	○	○	多治見 土岐
雨水排水対策事業	災害対策のため笠原川右岸ポンプ場・土岐川右岸ポンプ場設置、調整池整備等	○	○	多治見 土岐
急傾斜地崩壊対策事業	急傾斜地崩壊危険区域の整備	○	○	多治見 瑞浪・土岐
防災ダム改修事業（土岐川防災ダム一部事務組合負担金）	日吉防災ダム	○		—
自主防災組織強化育成事業	組織化推進、自主的活動支援	○	○	—

※ユニバーサルデザイン：年齢、性別、障害の有無などにかかわらず、すべての人が利用可能なように、常によいものに改良していこうという考え方。

都市間連絡道路

土岐川整備

【環境共生】人と自然が共生する環境保全のまち

施策の柱

(1)循環型社会の構築
(2)自然環境の保全・活用
(3)環境保全体制の構築

事業名	事業概要	事業期間 前期	事業期間 後期	実施予定場所
(1) 循環型社会の構築				
循環型社会システムの構築	分別収集の徹底、資源再利用開発研究等	○	○	—
エネルギー展示館整備事業	エネルギーに対する理解と認識を深める施設の整備 (仮)エナジーパーク整備	○		土岐
処分場建設事業	管理型処分場整備、ごみ破砕選別施設整備	○		多治見 瑞浪
建設残土処分場建設事業	公共事業残土処分場、跡地利用（公園整備）	○	○	瑞浪 土岐
環境学習プログラムの構築	市民・事業者の自主的活動支援プログラム作成	○	○	—
新エネルギーの導入促進事業	新エネルギーの導入、雨水利用・生ごみ利用の促進	○	○	—
し尿処理施設整備事業	施設維持改修（沈殿池修理、汚泥濃縮槽機器取替え、オゾン脱色設備更新等）	○		瑞浪
(2) 自然環境の保全・活用				
自然公園整備事業	喜多緑地、滝呂緑地、クリエーションパーク公園、小里川ダム関連公園	○		多治見 瑞浪
ビオトープ型の施設整備	公共施設の整備にあわせた環境教育の推進	○	○	—
市民参加型の緑地等整備の推進	公園・緑地等の維持管理における市民参加の促進	○	○	—
(3) 環境保全体制の構築				
環境マネジメントシステム（IS014001の取得）	公的施設における環境マネジメントシステム取得	○	○	—
環境保全活動の支援促進	環境保全活動への支援	○	○	—

ビオトープ型公園整備

健康づくり事業

19

【健康、福祉】人と人が支えあう健康で心豊かなまち

施策の柱

(1)医療・救急体制の充実	(4)子育て・子育ち支援
(2)高齢者福祉の充実	(5)地域福祉の推進
(3)障害者(児)福祉の充実	(6)健康づくりの推進

事業名	事業概要	事業期間 前期	事業期間 後期	実施予定場所
(1)医療・救急体制の充実				
市民病院整備事業	病院施設の整備、救急病棟(ICU室含む)・高度医療機器の整備	○	○	多治見 土岐
(2)高齢者福祉の充実				
在宅福祉サービス事業	マンパワーの確保や専門家育成に対する支援	○	○	—
老人福祉施設整備事業(助成)	特別養護老人ホーム、ケアハウス等の整備に対する施設設置補助	○	○	—
陶生苑整備事業	老朽施設の改築(とき陶生苑)	○		土岐
ケアハウス整備事業	高齢者向け福祉住宅の整備	○	○	瑞浪 土岐
養護老人ホーム整備事業	養護老人ホームの整備		○	瑞浪
高齢者保養施設整備計画策定	三国山荘整備事業	○		—
高齢者生きがい創出事業	老人クラブ活動・健康づくり・各種交流事業支援	○	○	—
介護サービスの提供体制の支援	介護サービスの啓発活動及びサービス提供体制の支援	○	○	—
(3)障害者(児)福祉の充実				
養護訓練センター改築事業	障害を持つ幼児の機能訓練施設	○		瑞浪
身体・心身障害者授産施設支援事業	知的障害者及び心身障害者授産施設への支援	○	○	—
(4)子育て・子育ち支援				
児童センター整備事業	泉西児童センター、泉児童センター	○		土岐
放課後児童健全育成事業	放課後児童クラブへの支援	○	○	—
子育て支援推進事業	子育て支援センターを中心とした子育てに対する不安等の解消、幼児の健全な成長の支援	○	○	—
保育所改築・修繕事業	老朽化施設の改築修繕(滝呂保育園、桔梗保育園、泉地区保育園、下石地区保育園他)	○	○	多治見 瑞浪 土岐
(5)地域福祉の推進				
地域福祉整備計画の策定	地域福祉整備計画の策定	○		—
地域総合福祉施設整備事業	宅老所機能・子育て支援機能を併せ持つ地域福祉拠点整備	○		瑞浪
(6)健康づくりの推進				
活き生き加齢研究所整備事業	加齢に関わる様々な事柄についての検証・実証研究施設の整備	○		笠原
地域医療体制整備事業	検診、予防接種の充実、保健・医療・福祉のネットワーク化	○	○	—

【市民参加】ともにつくる連携・交流・市民参加のまち

施策の柱

（1）地域内外の交流促進　（3）男女共同参画社会の構築
（2）市民との協働によるまちづくりの推進　（4）積極的な情報公開

事業名	事業概要	事業期間		実施予定場所
		前期	後期	
（1）地域内外の交流促進				
地域交流センター整備事業(再掲)	市民の交流拠点整備	○	○	—
地域交流・活性化イベント事業	市民の祭典（陶器まつり、多治見まつり、美濃源氏七夕まつり、陶土フェスタ、織部まつり、いこまい祭等）	○	○	—
国際陶磁器フェスティバル開催事業	国際陶磁器フェスティバルの開催	○	○	—
国際交流事業	姉妹都市・友好都市との交流促進	○	○	—
（2）市民との協働によるまちづくりの推進				
自治会・ボランティア・NPOへの支援	自治会・ボランティア・ＮＰＯへの情報提供等の支援	○	○	—
コミュニティ活動支援事業	地域コミュニティ組織の活動支援	○	○	—
市民参加の推進	情報公開の徹底と政策形成過程への市民参加の推進	○	○	—
人材バンクの創設	市民人材バンクの創設	○		—
（3）男女共同参画社会の構築				
男女共同参画プランの策定	男女共同参画プランの策定、男女共同参画社会の実現	○	○	—
（4）積極的な情報公開				
情報公開制度の定着	透明性の高い行政運営の実現	○	○	—
IT活用を含めた広報広聴活動の充実	的確な行政情報の発信と市民ニーズの速やかな把握	○	○	—

【行財政改革】行財政効率の高いまち

施策の柱

（1）行政の効率化　（2）財政の効率化

事業名	事業概要	事業期間		実施予定場所
		前期	後期	
（1）行政の効率化				
行政改革大綱の策定	行政改革大綱の策定	○		—
定員適正化計画の策定	定員適正化計画の策定	○		—
行政評価システムの導入検討	行政評価システムの導入検討	○		—
新庁舎整備事業	老朽化した既存庁舎の統合整備		○	—
（2）財政の効率化				
中・長期財政計画の策定	中・長期財政計画の策定	○	○	—
財政情報の公開	財政情報の公開	○	○	—

5-9 県事業の推進

岐阜県は、東海環状自動車道、リニア中央新幹線、東濃研究学園都市などの大規模プロジェクトをはじめ、少子・高齢化に対応した福祉の充実、東海地震等に備えた防災対策、低迷する地域経済の再生など多くの課題を抱える新市を支援するため、新市と連携しながら各種の施策を積極的に展開していくこととしています。

また、新市の建設に必要な緊急かつ特別な財政需要について、財政支援を行うこととしています。

交通・情報基盤の整備

東海環状自動車道やリニア中央新幹線の整備促進、国道・県道の整備、地域の情報化等を推進します。

■ 国道・県道の整備　■ 地域情報化の推進

東濃研究学園都市構想の推進

研究開発機能の集積、そこで培われた成果の地域産業等への活用、学園都市に集う人・情報・文化の交流を進めるなど、地域の次代を担う若者に魅力のある知性と創造性に満ちたまちづくりを推進します。

■ 研究開発機能の集積　■ 先端科学技術体験施設の整備

首都機能移転の推進

首都機能移転先として、「岐阜・愛知地域」が最終候補地に選定された場合は、国の各種事業と連携して県として必要な事業を実施します。

地域経済活性化の支援

基幹産業である陶磁器産業をはじめとする商工業や農林業の振興、新産業の創出等を推進します。

■ 陶磁器産業の振興　■ 交流産業の充実
■ 農林業の振興　■ 新産業の創出

総合福祉の推進

福祉に健康・まちづくりを総合的・有機的に関連づけた総合福祉を推進します。

■ 福祉施設の整備　■ 県立多治見病院の整備

防災対策の推進

災害に強い基盤づくり、防災体制の強化を推進します。

■ 防災基盤整備　■ 防災体制の強化

岐阜県に要望する事業

岐阜県がとりまとめた新市における主な県事業については上記のとおりですが、新市においては、北部環状線整備事業、県道改良事業、障害者（児）福祉施設整備事業、大学等整備事業、射撃場整備事業などの生活環境・都市基盤、健康・福祉、教育文化等の各分野について、岐阜県に今後とも要望していきます。

5-10 公共施設の統合整備と適正配置

公共施設の統合整備と適正配置については、市民生活に急激な変化を及ぼさないよう利便性などにも十分配慮しつつ、地域の特性やバランス、さらには財政事情を考慮しながら計画的に進めていくことを基本とします。なお、合併に伴い支所となる庁舎等は、市民サービスの低下を招かないよう、必要な機能の整備に努めます。

5-11 財政計画

平成17年度から10年間の財政計画（合計）

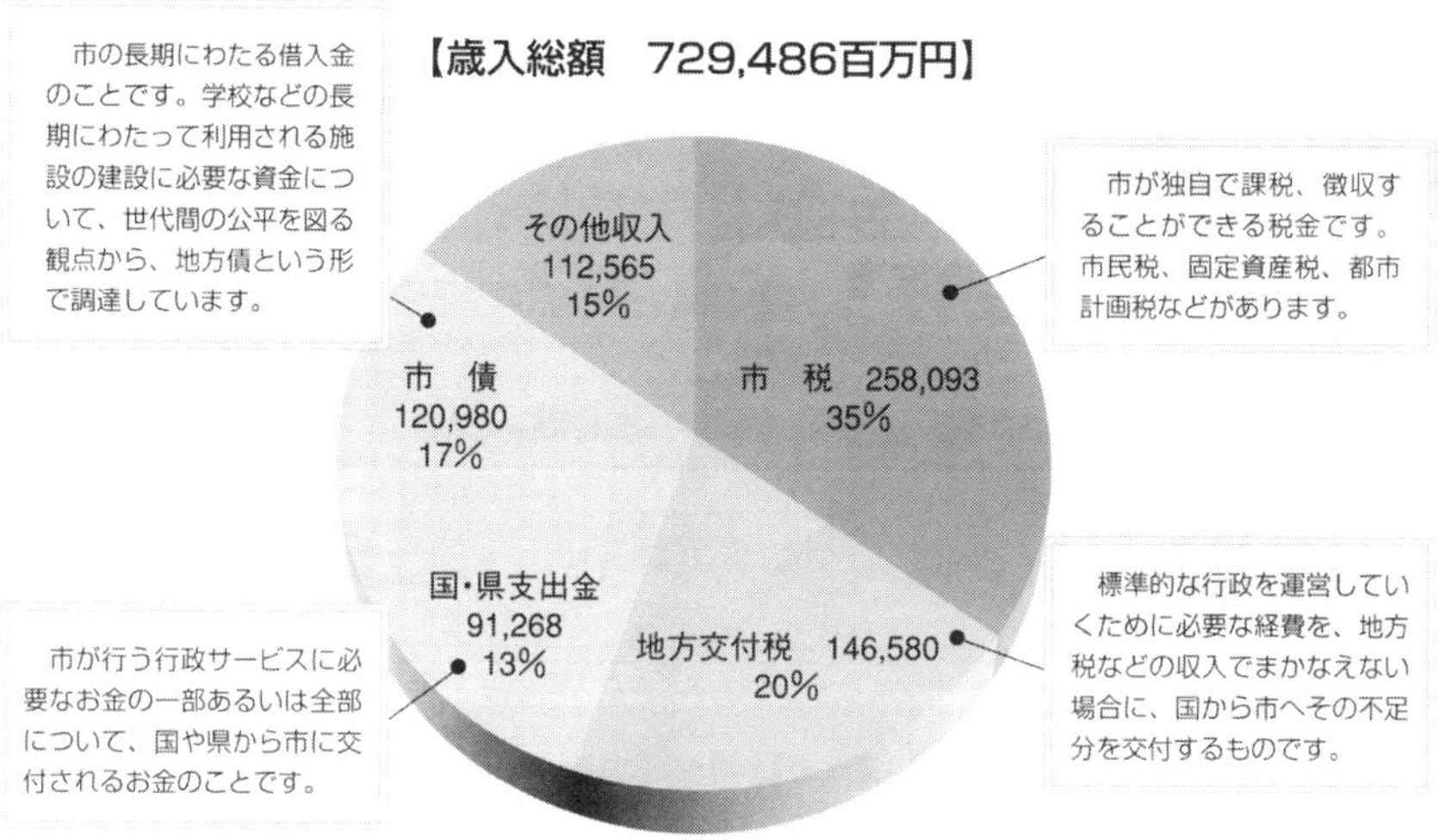
【歳入総額　729,486百万円】
市の長期にわたる借入金のことです。学校などの長期にわたって利用される施設の建設に必要な資金について、世代間の公平を図る観点から、地方債という形で調達しています。
その他収入 112,565 15%
市が独自で課税、徴収することができる税金です。市民税、固定資産税、都市計画税などがあります。
市債 120,980 17%
市税 258,093 35%
国・県支出金 91,268 13%
標準的な行政を運営していくために必要な経費を、地方税などの収入でまかなえない場合に、国から市へその不足分を交付するものです。
地方交付税 146,580 20%
市が行う行政サービスに必要なお金の一部あるいは全部について、国や県から市に交付されるお金のことです。

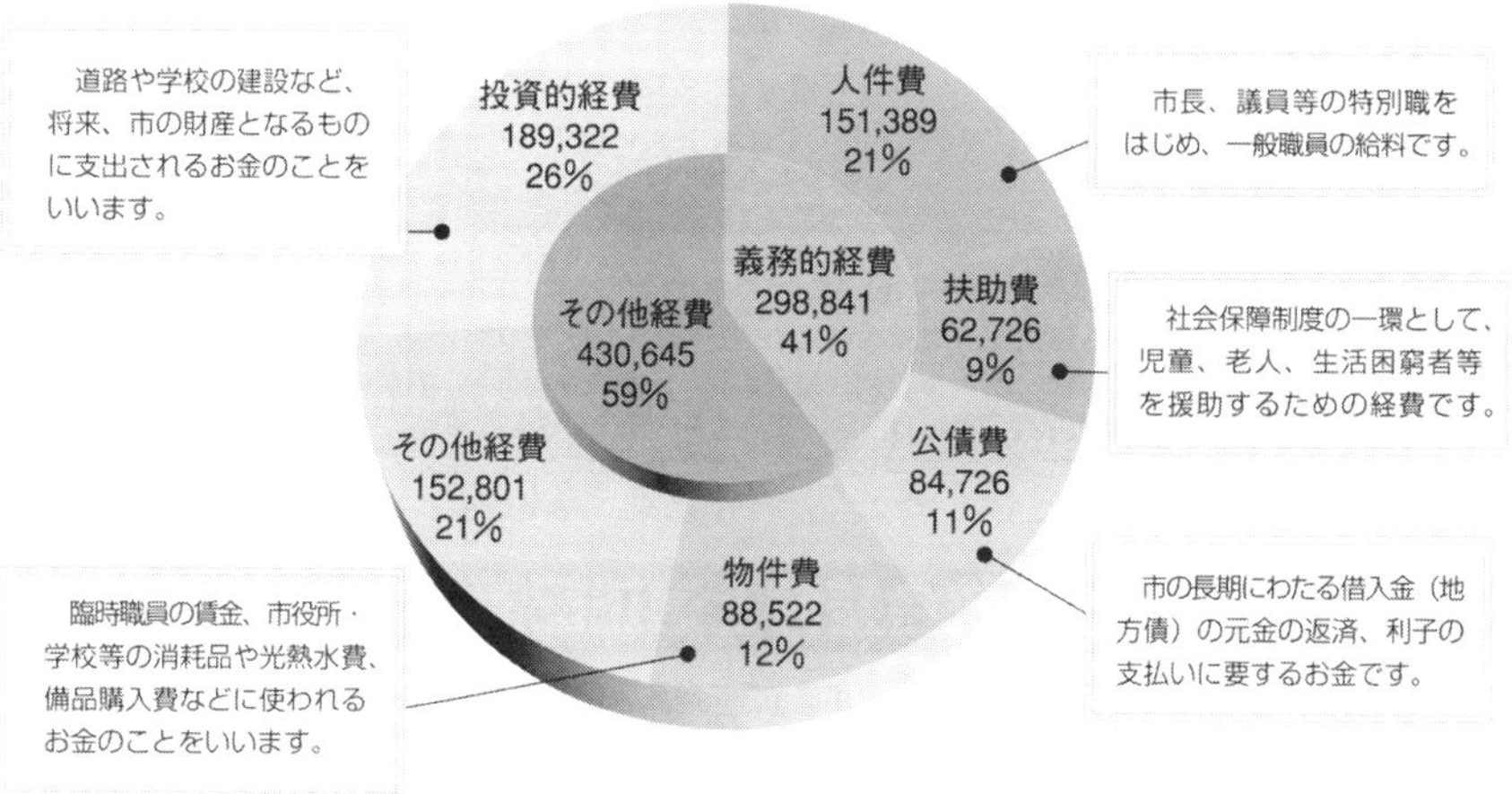
【歳出総額　729,486百万円】
道路や学校の建設など、将来、市の財産となるものに支出されるお金のことをいいます。
投資的経費 189,322 26%
人件費 151,389 21%
市長、議員等の特別職をはじめ、一般職員の給料です。
義務的経費 298,841 41%
その他経費 430,645 59%
扶助費 62,726 9%
社会保障制度の一環として、児童、老人、生活困窮者等を援助するための経費です。
その他経費 152,801 21%
公債費 84,726 11%
物件費 88,522 12%
臨時職員の賃金、市役所・学校等の消耗品や光熱水費、備品購入費などに使われるお金のことをいいます。
市の長期にわたる借入金（地方債）の元金の返済、利子の支払いに要するお金です。

※上記推計については、普通会計ベースで推計しています。（普通会計とは、公営企業会計、事業会計、公営企業法の全部または一部を適用している会計に含まれない特別会計と一般会計を合算したものをいいます。）

23

歳入・歳出の見通し

新市において健全な財政運営が行われるよう十分留意し、合併後の平成17年度から平成26年度までの10年間についての歳入・歳出の見通しを示します。

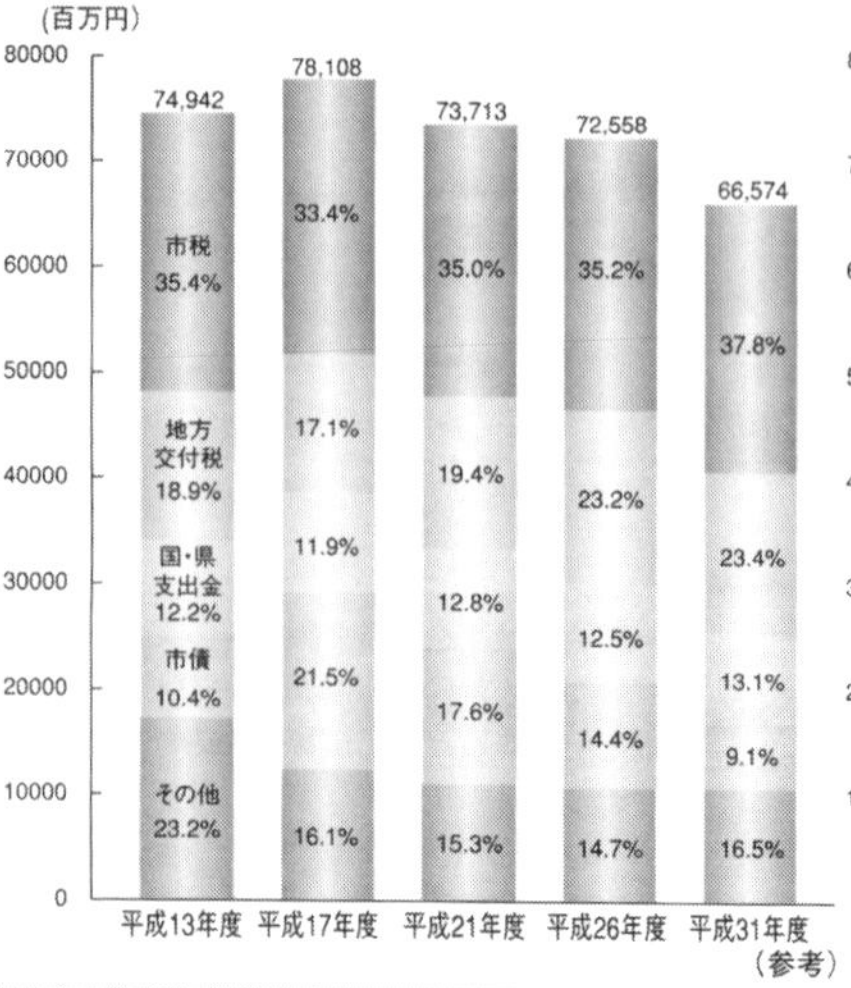

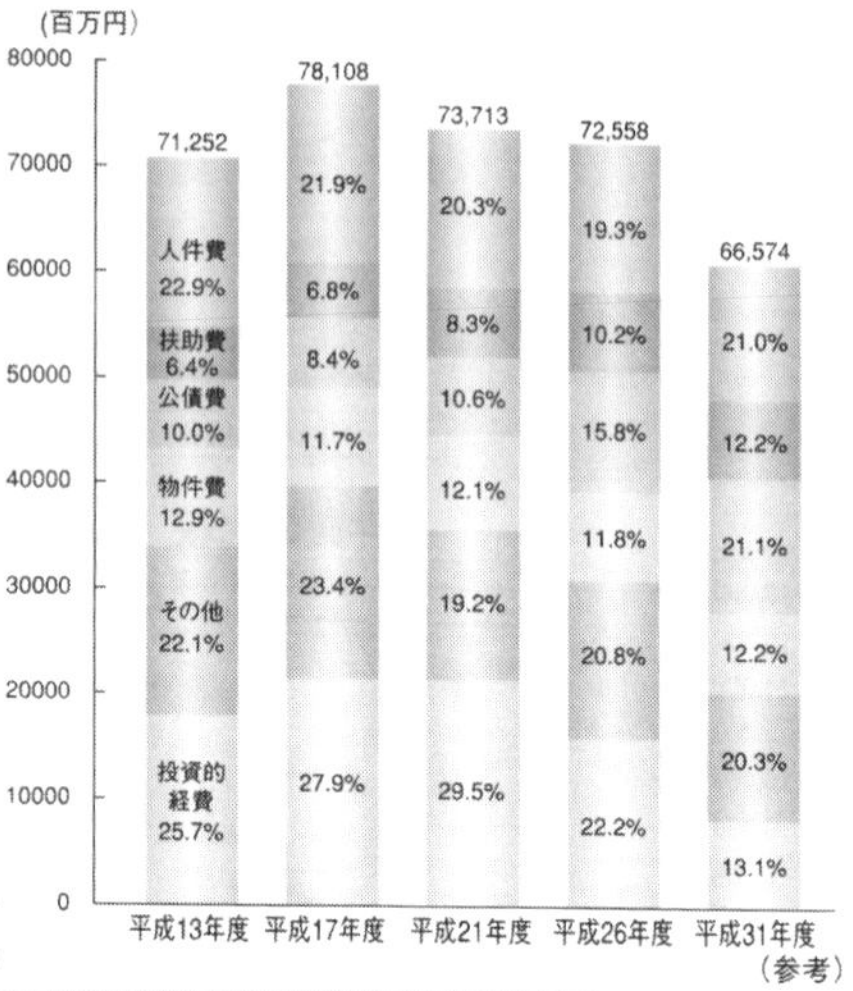

合併した場合の10年間の歳入・歳出面での効果・影響について

合併後10年間の歳入面での増加額と歳出面での削減額を想定してみると、歳入面は約632億円の増加、歳出面では約164億円の削減となりました。なお、歳入の詳しい効果・影響の説明は27頁に載せていますので、併せてご覧下さい。

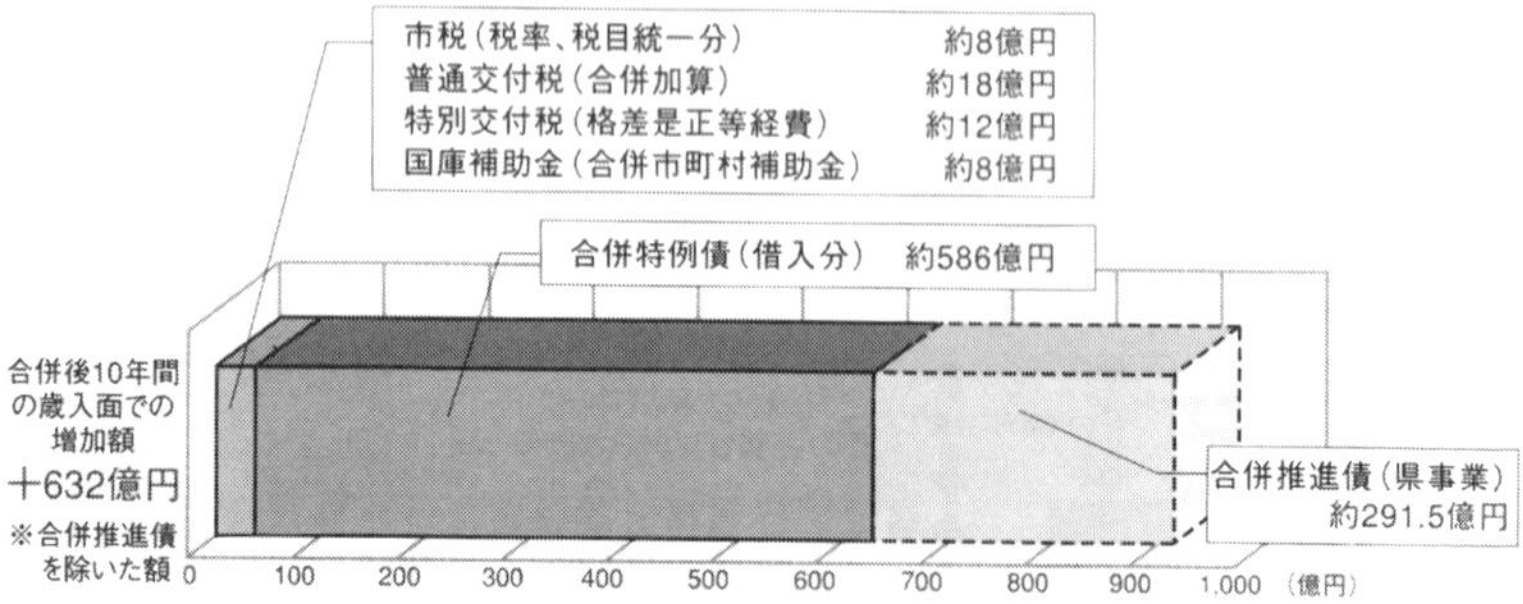

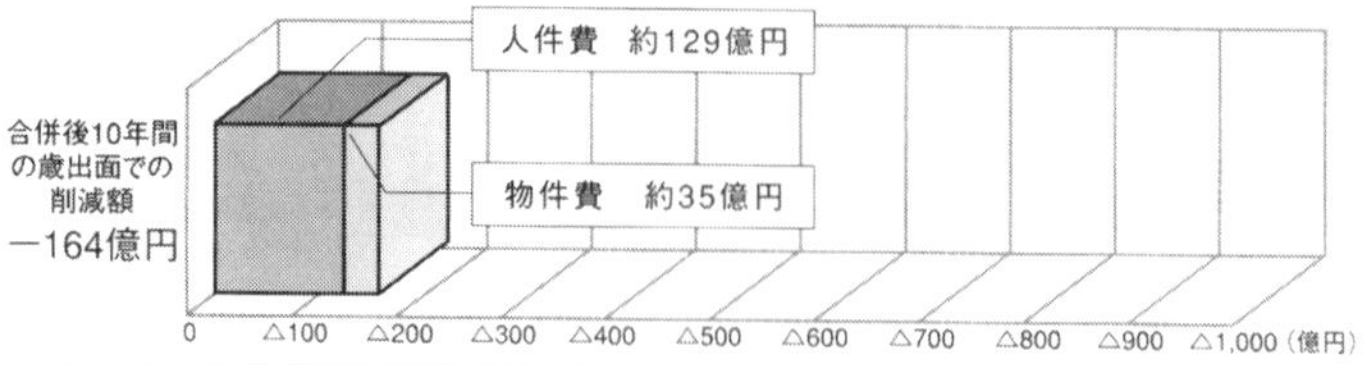

合併したらどの程度の効果が図れるの？

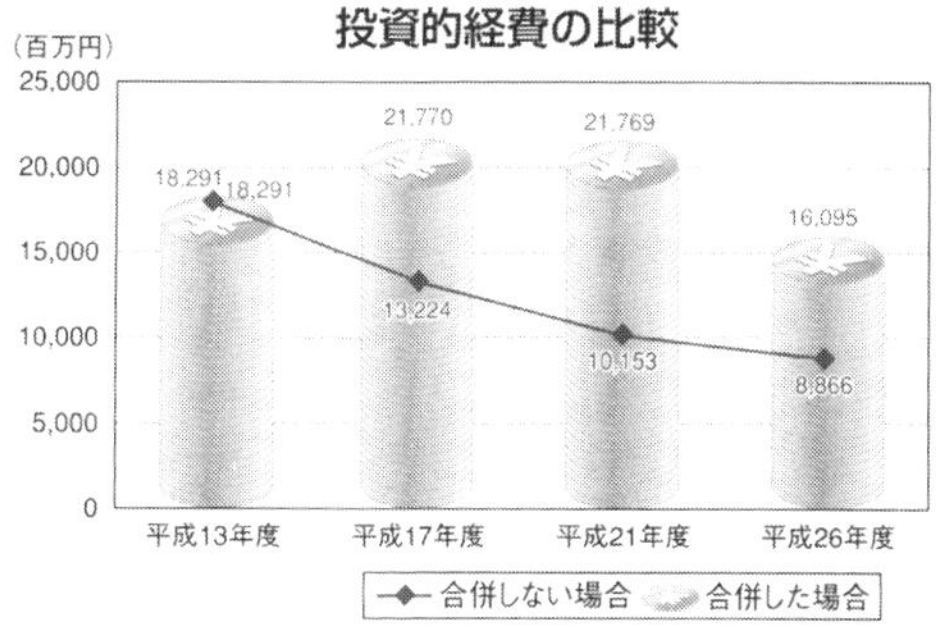

特例期間内（平成26年度まで）の新しいまちづくりに係る事業の投資的経費は、合併特例債の発行や経費削減に伴う効果、合併算定替効果により、合併した場合に大きなメリットがえられると考えられます。

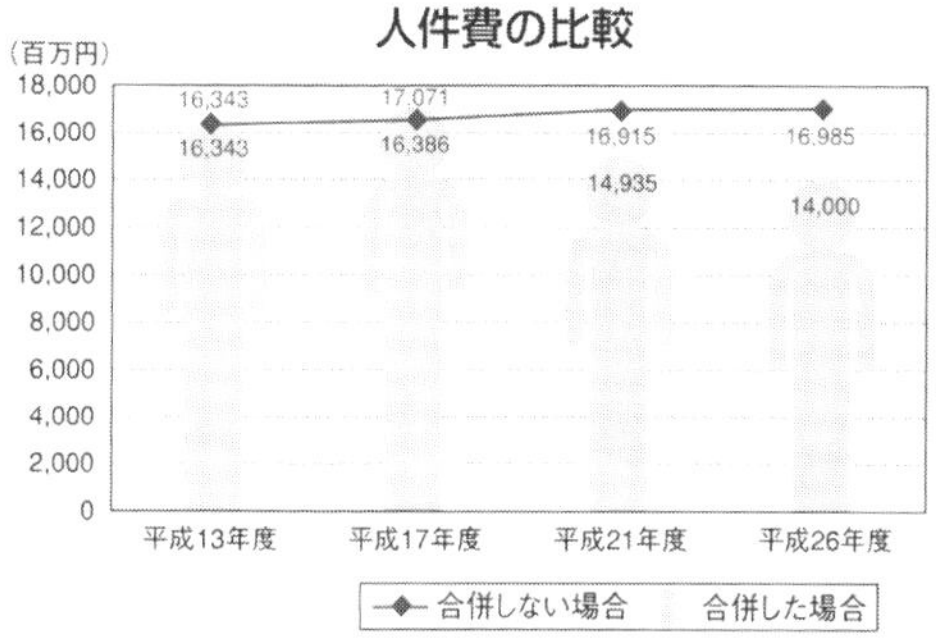

特別職（４役、議会議員等）の減員と、類似団体を参考に10年間で260人程度の職員を削減するとして試算したのが左のグラフです。

その結果、合併5年後では14.1億円、10年後では23.4億円、現在より人件費が削減できると試算されました。

合併した場合に、国からの交付税はどうなるの？

合併を行った場合は、今まで各市町で算出していた普通交付税が、一本化されます（一本算定）。3市１町の場合、一本算定した結果、普通交付税額合計額の約76%程度になることが分りました。ただし、合併しても経費の節減が直ちにできるものばかりではありません。そこで、合併後10カ年度は、約24%の差額分についても全額保障し、その後5カ年度で段階的に差額の上乗せ分を縮減する「合併算定替」という特例があります。よって、この期間内に、期待される経費削減効果を生かし、将来に備えた行財政基盤の強化等を図ることが求められます。

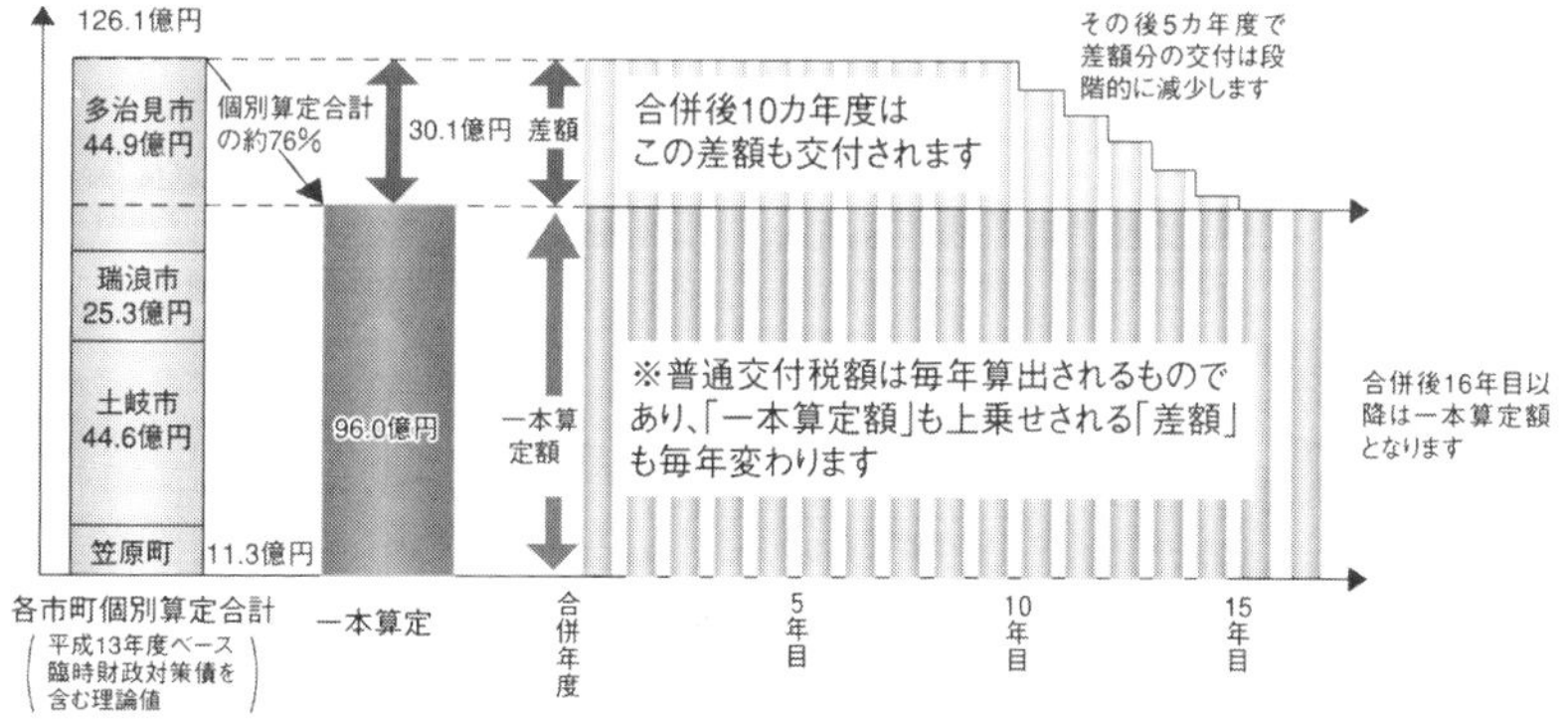

合併した場合としない場合の比較

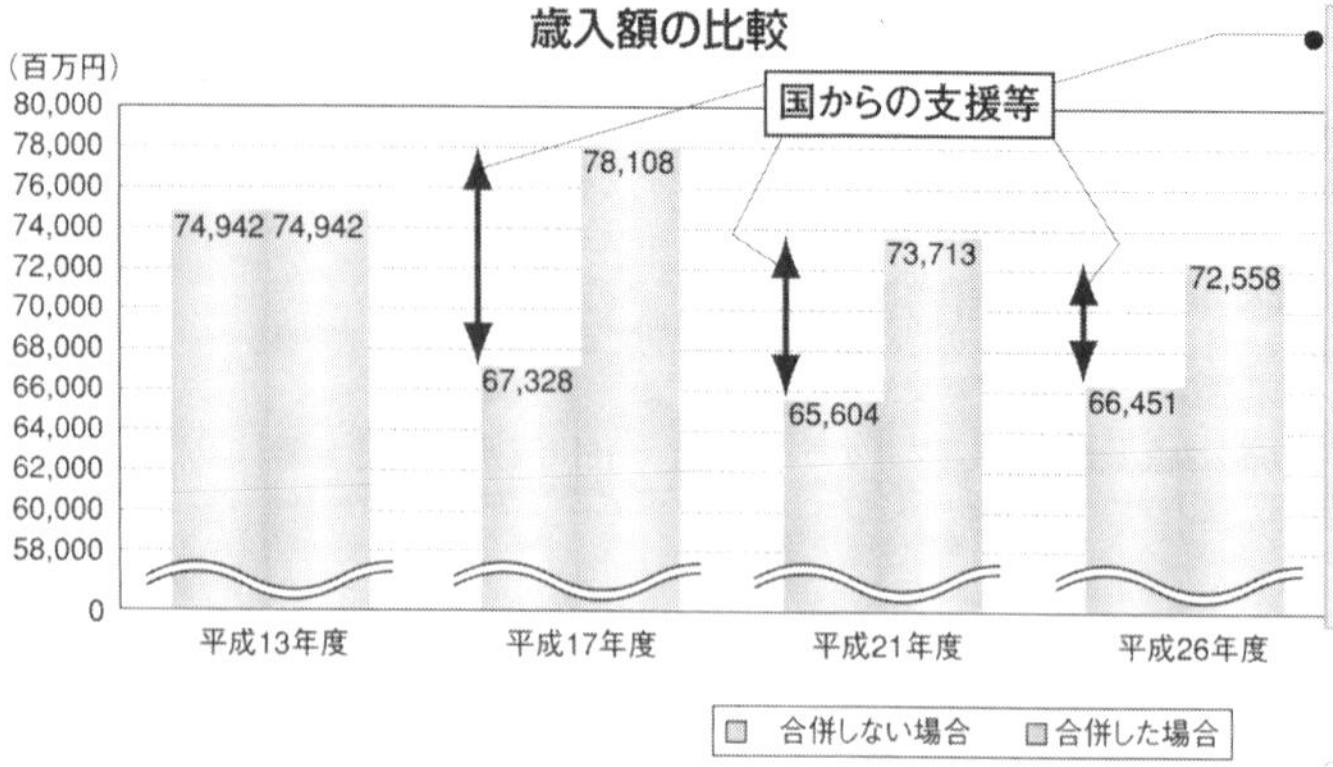

合併した自治体には国からの支援があり、有利な借金（合併特例債）等で、新しいまちづくりのための事業を行うことができます。

ただし、たくさん事業をすることは将来の借金が増えることにつながるため、計画的に運用する必要があります。

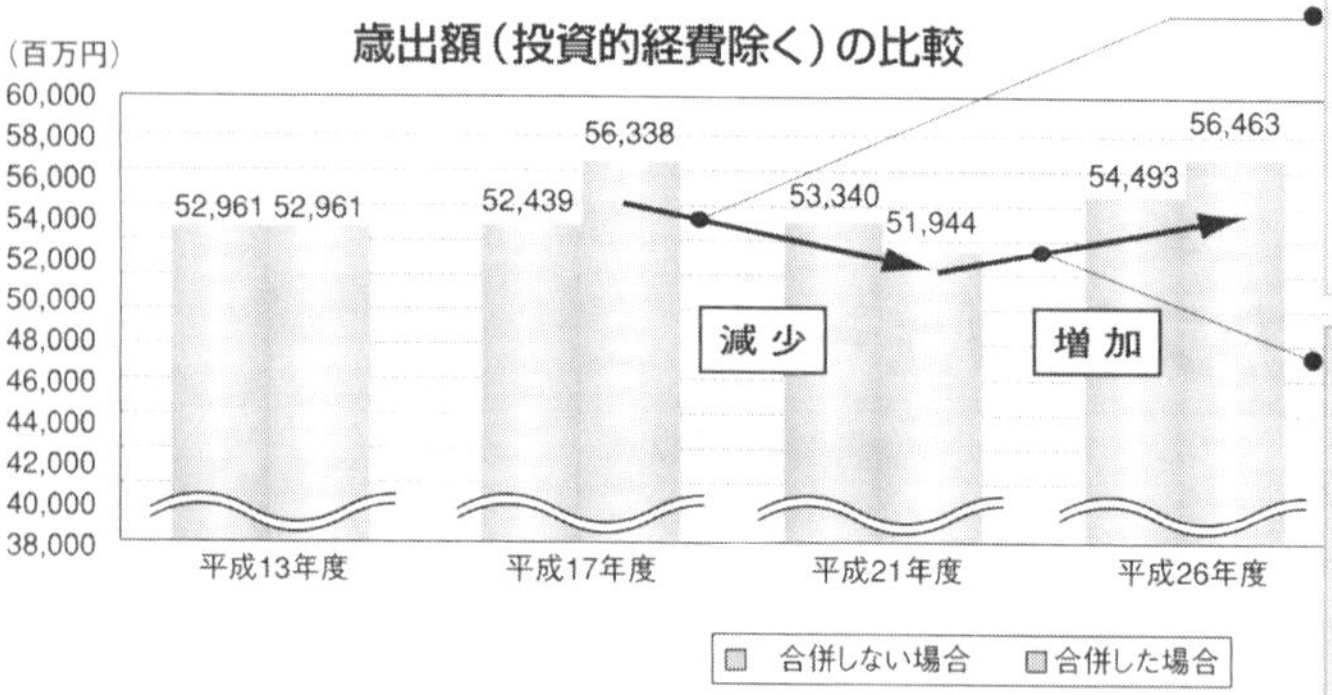

総務、企画など各市町に共通する部門の統合による事務の効率化と職員の削減等により、出て行くお金をできるかぎり少なくすることができます。

事業に伴う借金の返済によって、歳出が増加します。

ただし、借金の返済にむけた積立などを事前に行うことで、合併後10年以降の財政負担をおさえる計画としています。

合併特例債とは？

合併特例債は、合併後10カ年度は新市建設計画に基づくハード事業、合併市町村振興のためのソフト事業のうち、特に必要な事業の経費に充当できます。

合併特例債の充当率は、合併市町村の規模などにより算出された標準全体事業費の概ね95%で、その元利償還金の70%は普通交付税に算入されます。

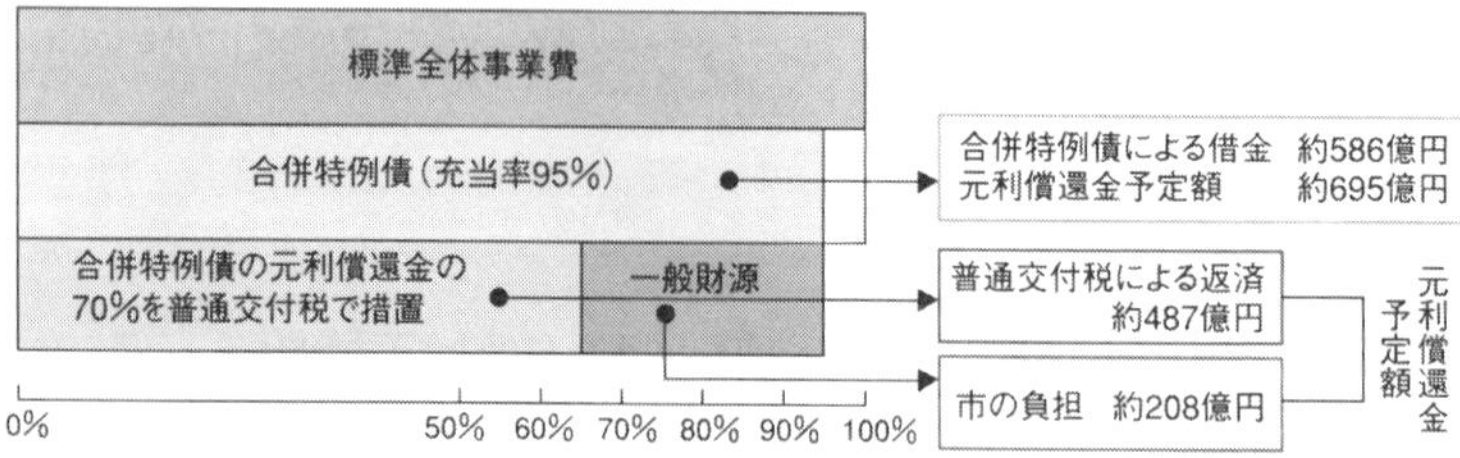

国の財政支援措置にはどのようなものがあるの？

新しいまちづくりのための事業や、合併に際し、必然的に必要な資金に対して、国から下記のような支援がなされます。

- **合併市町村まちづくりのための建設事業（合併特例債対象）**　約583億円
  合併後10カ年度、新市建設計画に基づく特に必要な事業の経費に充てることができる地方債。
  （全体の95％が該当、元利償還金の70％を普通交付税措置）
- **合併後の市町村振興のための基金造成（合併特例債対象）**　約40億円
  旧市町村単位の地域振興、住民の一体感醸成のための基金造成に充てることができる地方債。
  （全体の95％が該当、元利償還金の70％を普通交付税措置）
- **合併重点支援地域における公共施設整備事業等に対する財政措置（合併推進債対象）**　約291.5億円
  合併重点支援地域において、県が行う交通基盤施設の整備に充てることができる地方債。
  （全体の90％が該当、元利償還金の50％を普通交付税措置）
- **普通交付税額の算定特例**
  合併後10カ年度は合併しなかった場合の普通交付税を全額保障。その後５カ年度は激減緩和措置。
- **合併直後の臨時的経費にかかる財政措置**　約18億円
  合併後の行政の一体化等に要する経費に対する措置。
- **合併市町村に対する財政措置**　約12億円
  合併を機に行われる新しいまちづくり、合併関係市町間の公共料金格差調整などに対応するための措置。

※この他にも、●**合併市町村補助金（国）**、●**合併市町村支援交付金（県）**などがあります。

6 今後のスケジュール

平成15年6～7月　住民説明会
原則3市1町の各中学校区において1回ずつ開催します。
＊21の会場で開催予定

9月　シンポジウムの開催
合併の必要性や将来の3市1町のあり方など、新市まちづくり計画を中心とした意見交換の場を設けます。

住民の意見の反映
住民説明会やシンポジウムでの住民意見を新市まちづくり計画に反映していきます。

10～12月　まちづくり計画の最終承認・協定項目の最終承認
・岐阜県との協議
・岐阜県知事の同意
・総務大臣及び岐阜県知事への報告

平成16年3月　合併協定書の調印
合併協議会において、新市まちづくり計画を含む49の協定項目のすべてが確認された後、合併協定書を作成し調印を行います。

合併の議決
3市１町の議会それぞれが合併についての議決を行います。

知事への申請
3市1町ともに合併が可決されると、岐阜県知事に対して合併の申請を行います。

県議会の議決　知事の決定
合併の申請を受けた知事は、総務大臣との協議を経て総務大臣の同意を得る。

平成17年1月　総務大臣への届出　総務大臣の告示
総務大臣の告示によって、合併の効力が発生します。東濃西部合併協議会では、平成17年1月の合併を目指しています。

※６月～７月に開催する住民説明会では、この冊子のほか合併協議の状況報告の資料を配付する予定です。
くわしくは、合併協議会事務局、または各市役所・町役場（合併担当）までお問い合わせください。

編集発行　東濃西部合併協議会事務局
〒509-5121　岐阜県土岐市土岐津町高山4番地（セラトピア土岐内）
TEL：0572-53-4300　FAX：0572-53-4301
●URL：http//www.tono-seibu.jp　●E-mail：gappei@ob.aitai.ne.jp

東濃西部3市1町
合併協議の状況報告書

多治見市・瑞浪市・土岐市・笠原町

～活力、安心、創造を求めて～

みんなでつくる、緑あふれる、交流のまち

新市まちづくり計画の概要
合併協定項目の協議状況

東濃西部合併協議会

資料　1

第１版

８月22日現在

多治見市合併説明会

～多治見市にとっての
東濃西部３市１町合併～

あなたと考えたい
まちの未来のことだから

多治見市

1

多治見市合併説明会日程

1 開　会
2 あいさつ
3 なぜ合併を検討するのか
4 これまでの取組みと合併しない場合の財政推計
5 合併の効果と合併の不安
6 住民投票
7 質疑応答
8 閉　会

2

少子高齢社会の到来

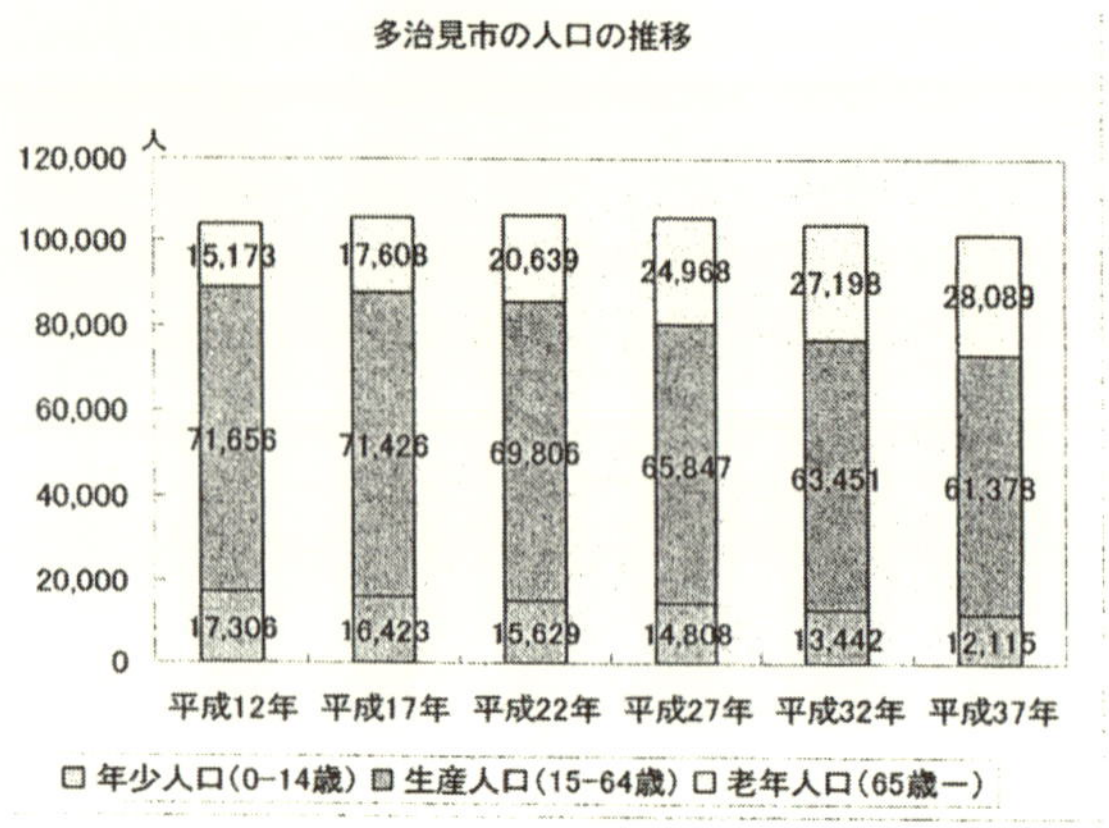

■平成12年の国勢調査人口を基準に、多治見市の将来人口構造を推計

■総人口

平成12年　104, 135人

平成17年　105, 457人

平成22年　106, 075人(最高。以後減少に転ずる)

平成27年　105, 624人

平成32年　104、091人

平成37年　101, 582人になると想定

■年齢別

生産人口(15－64歳)　平成12年以降減少し続ける。

老年人口(65歳－)　逆に増加し続ける。

■働く世代の人口が減っていくため、市税収入は減少。一方、老年者の人口が増えていくため、医療費など福祉経費が増大。

■多治見市の人口推計の数値については、資料２のＰ１参照

高齢化率の推移(全国との比較)

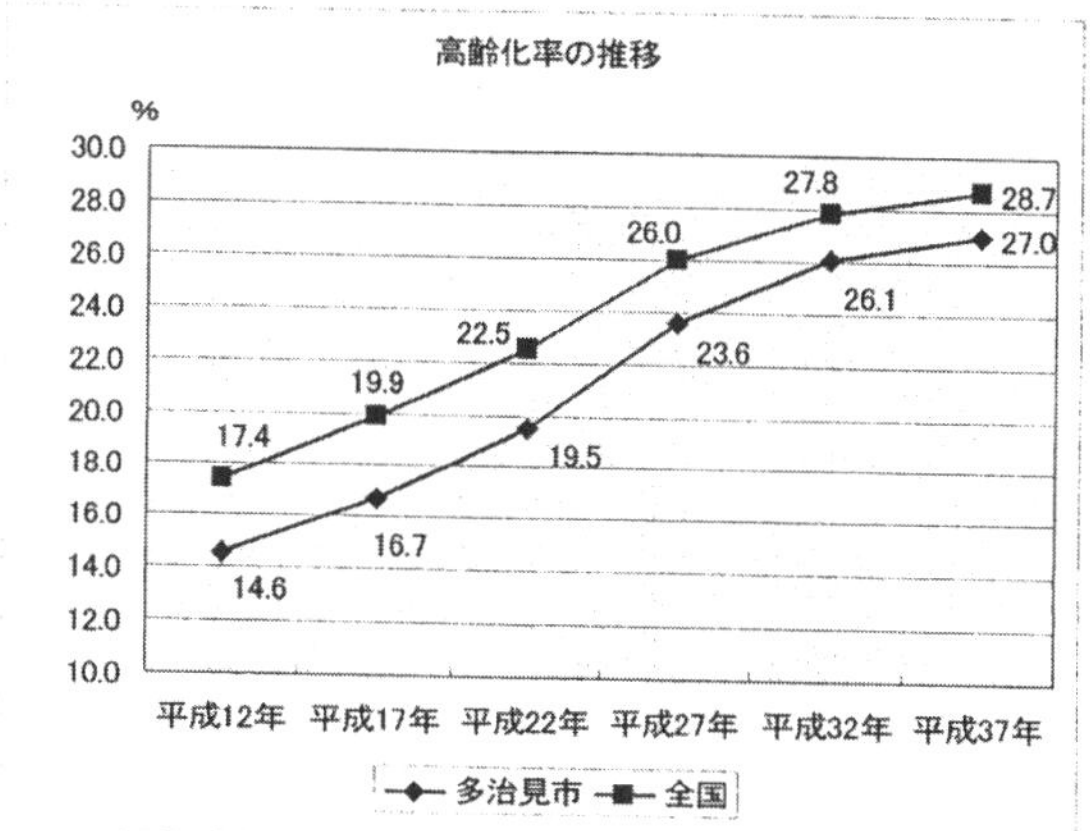

■多治見市の高齢化率は、全国より低く、平成12年において多治見市は14．6%に対し、全国は17．4%

■多治見市の高齢化の進み方は全国と比べて急激である。

■多治見市は平成23年に20%を超え超高齢社会に突入し、平成37年には27．0%となり、市民の4人に1人が高齢者となる。

※全国の数値は、国立社会保障・人口問題研究所による「日本の将来推計人口(平成14年1月推計)」の中位の数値による。

4

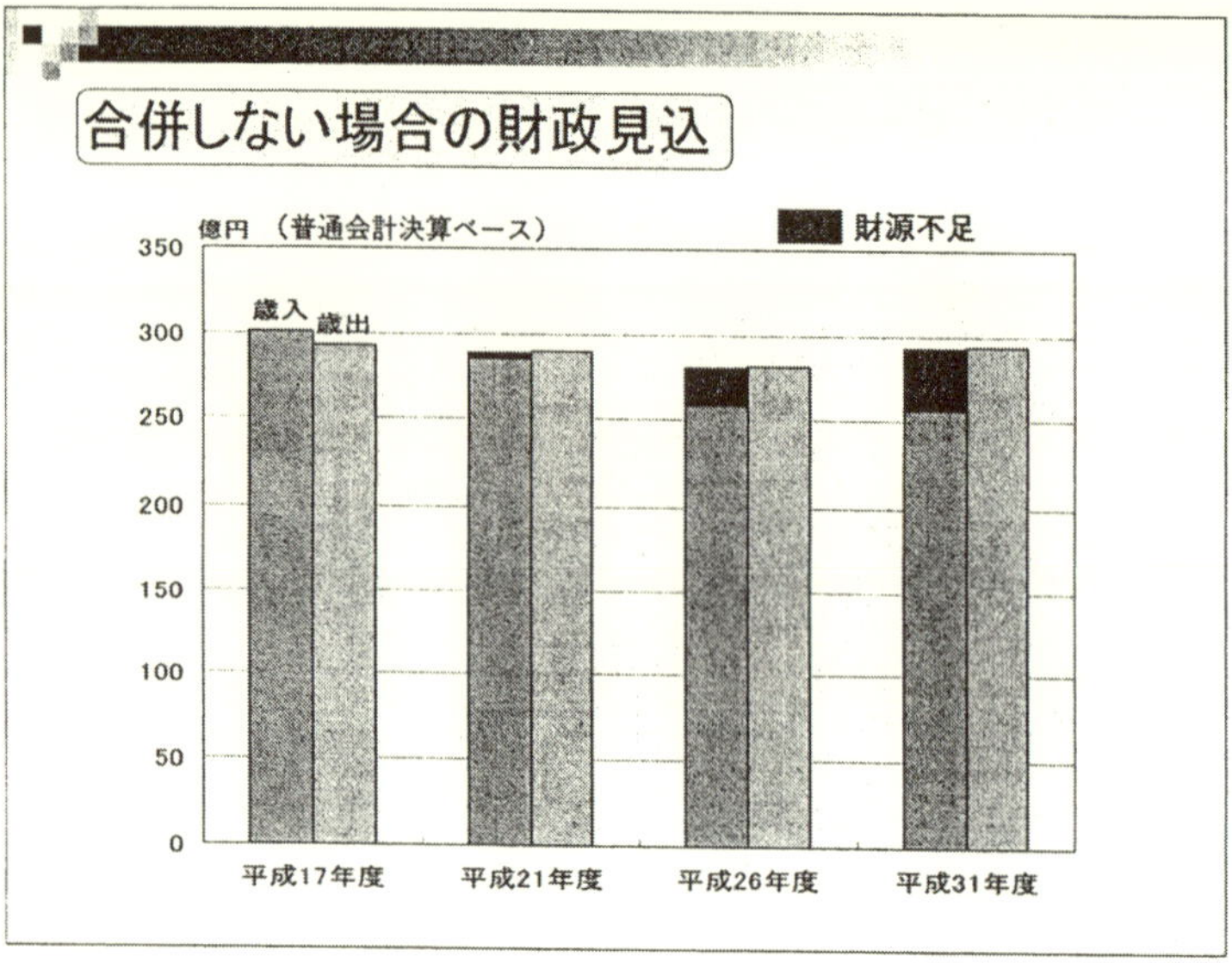

■合併しない場合の多治見市の将来の財政を、平成13年度決算を基に現行制度に基づいて推計

■平成21年度から歳入を歳出が上回る財源不足となり、以後その額が大きくなり、平成31年度には38億円の赤字が見込まれる。

■財政推計は、P13以降で説明

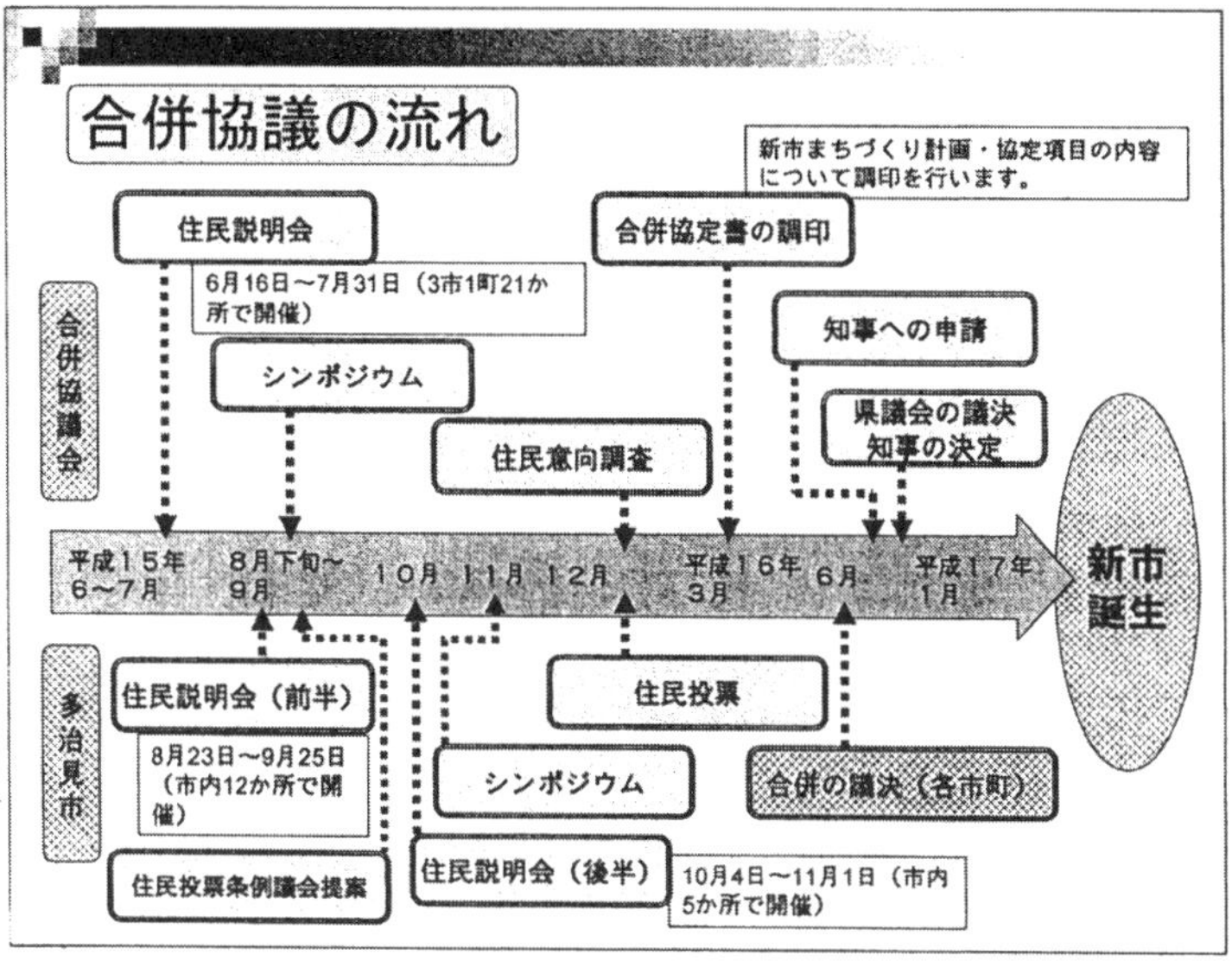

■多治見市の説明会は、8月23日から11月1日まで市内17か所で開催

■その後多治見市では、11月中に合併についてのシンポジウムを開催する予定

■住民投票については、合併協議会での合併協定書の調印の前に行う必要があるため、合併協議内容が確定する12月以降を予定

■住民投票の結果、反対が賛成を上回れば、結果を尊重する。

■賛成が反対を上回れば、来年の3月に合併協議会において合併協定書の調印が行われ、6月議会を目途に各市町の議会において合併の議決が行われる。この議決により合併が確定。その後、県や国への手続きを経て、平成17年1月に新市が誕生

■住民投票（多治見市実施）と住民意向調査（合併協議会実施）は、同日に実施予定

6

なぜ合併を検討するのか

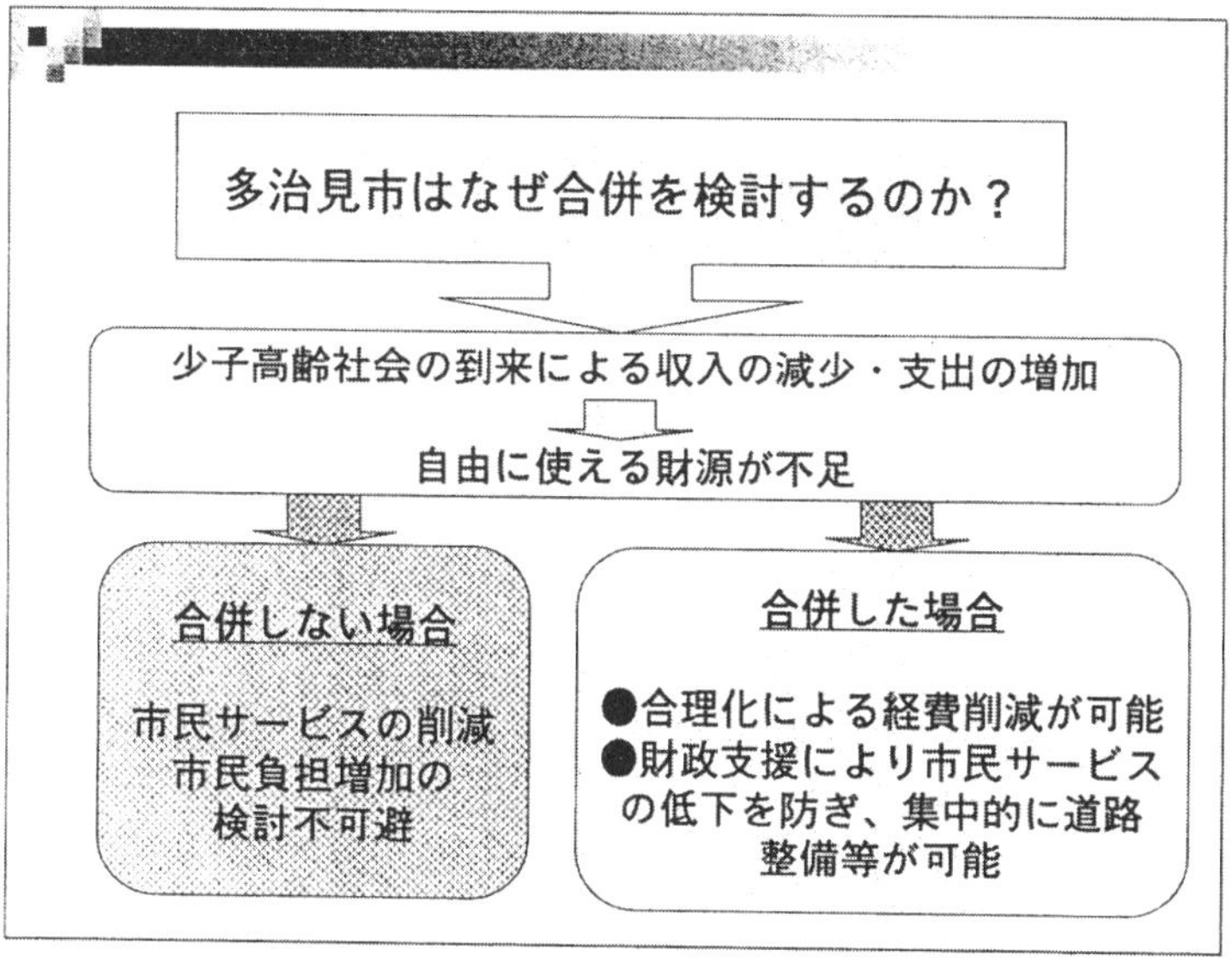
多治見市はなぜ合併を検討するのか？
少子高齢社会の到来による収入の減少・支出の増加
自由に使える財源が不足
合併しない場合
市民サービスの削減
市民負担増加の
検討不可避
合併した場合
●合理化による経費削減が可能
●財政支援により市民サービス
の低下を防ぎ、集中的に道路
整備等が可能

■少子高齢社会となると、労働人口が減少するため市税収入が減少・老年人口が増加するため福祉や医療の費用が増加

■市が自由に使える財源が減少していき、これまでの市民サービスの提供が困難となってくる。

■合併しない場合

減少していく財源に見合った市民サービスの提供に限る必要があり、市民サービス水準の低下となる。

市民サービス水準を低下させないためには、歳入の増加が必要となり、市税の引上げや公共料金の値上げなどの市民負担の増加を検討するとともに、さらなる経費の削減が必要

■合併した場合

・合併の財政メリットである合併特例債の活用や、合併による人件費や物件費の削減により、財源の確保が可能

・市民負担の増加なしで、市民サービス水準の維持が可能

特に合併後10年間で、合併特例債を活用し、道路整備などの社会基盤整備を集中して行う。

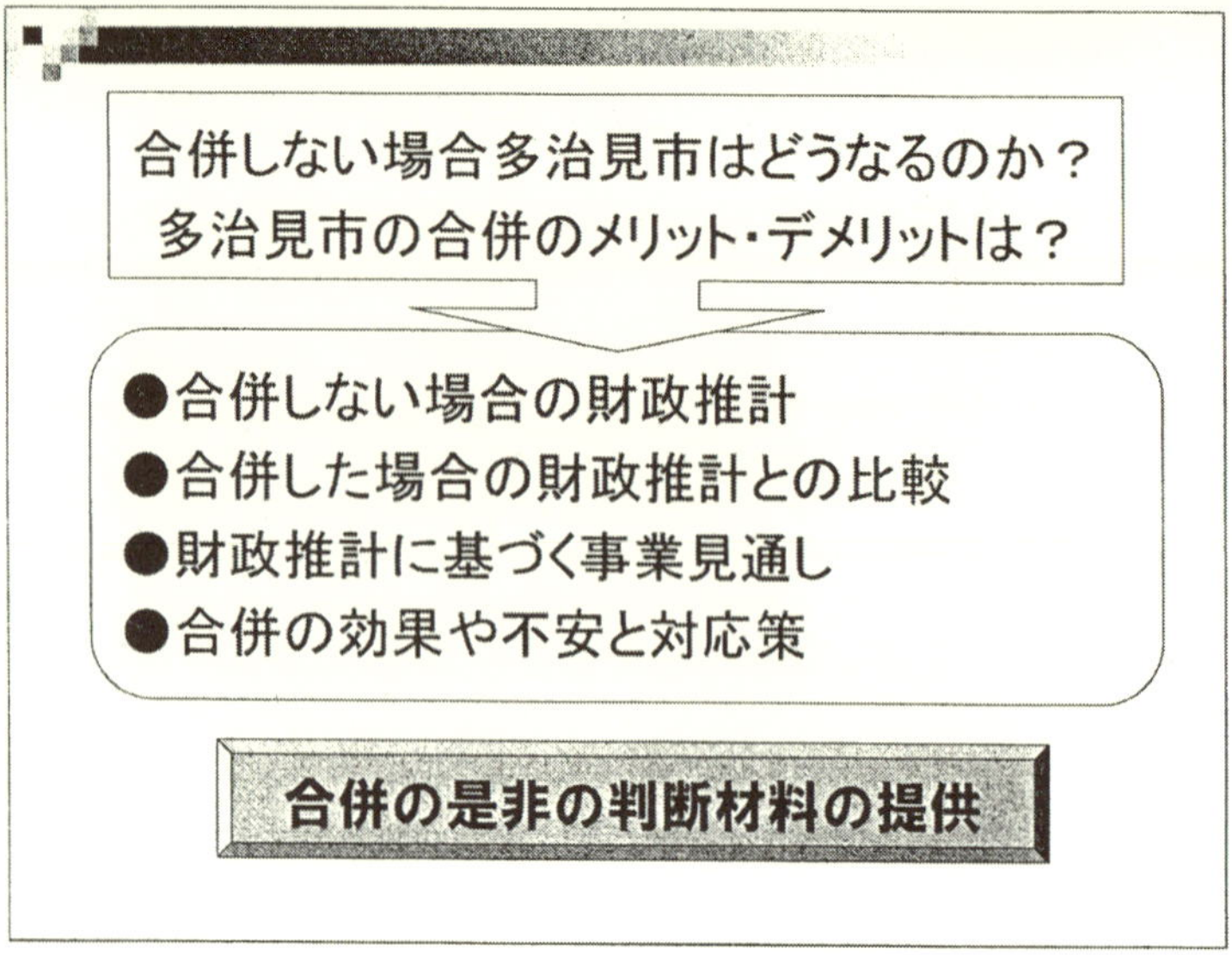
合併しない場合多治見市はどうなるのか？
多治見市の合併のメリット・デメリットは？
●合併しない場合の財政推計
●合併した場合の財政推計との比較
●財政推計に基づく事業見通し
●合併の効果や不安と対応策
合併の是非の判断材料の提供

■合併協議会主催の合併説明会において出された主な意見

・合併しない場合に多治見市がどうなるのか示してほしい。

・合併の多治見市としてのメリット・デメリットを示してほしい。

■今回の多治見市の説明会の目的

・合併しない場合の多治見市の姿を示す。

・多治見市としての合併の影響を示す。

・合併の是非を判断するための情報を提供するために説明会を実施

これまでの取組みと
合併しない場合の財政推計

10

これまでの取組み

財政緊急事態宣言の発令（平成9～13年度）

↓

行政改革への取り組み

- ●予算編成における経常経費の削減
- ●人件費の削減
- ●公債費の縮減
- ●事務事業の見直し
- ●歳入増加
- ●財政調整措置（基金積立等）

↓

財政改革指針（平成14～18年度）の策定

■平成8年度決算において、経常収支比率が89．8%となる。

（経常収支比率：毎年入る税金などの自由に使える財源のうち、毎年必ず必要となる経費の割合）

■施設の整備や新しい政策のために使える分が10%程度しかない危機的な状況に陥ったことから、財政緊急事態宣言を発令して具体的な数値目標を掲げて行財政改革に取り組んだ。

■取組みの主な内容

①予算編成における経常的な経費（毎年必要となる経費）の削減・・・旅費の削減、補助金・負担金の見直しなど

②人件費の削減・・・管理職や職員の削減、手当の見直しなど

③公債費の縮減・・・民間金融機関からの借入金の金利引下げや繰上げ償還など（公債費：市の借金の返済に要する費用）

④事務事業の見直し・・・歳出（市の支出）削減策

⑤歳入増加・・・収納率（税金など市へ納めてもらった額の割合）の向上、使用料・手数料の見直しなど

⑥財政調整措置・・・病院等の公営事業会計への繰出金の削減や、後年度の財政需要に備えて基金（市の貯金）への積立てなど

その結果、平成13年度には目標数値を達成し、財政緊急事態宣言は解除

■財政緊急事態宣言時の多治見市の取組の詳細は、資料２のＰ２～Ｐ４参照

■今後も厳しい財政状況が予測されることから平成14年度から平成18年度までの5年間を対象として財政改革指針を定め、引き続き財政の健全運営に向けて取組中

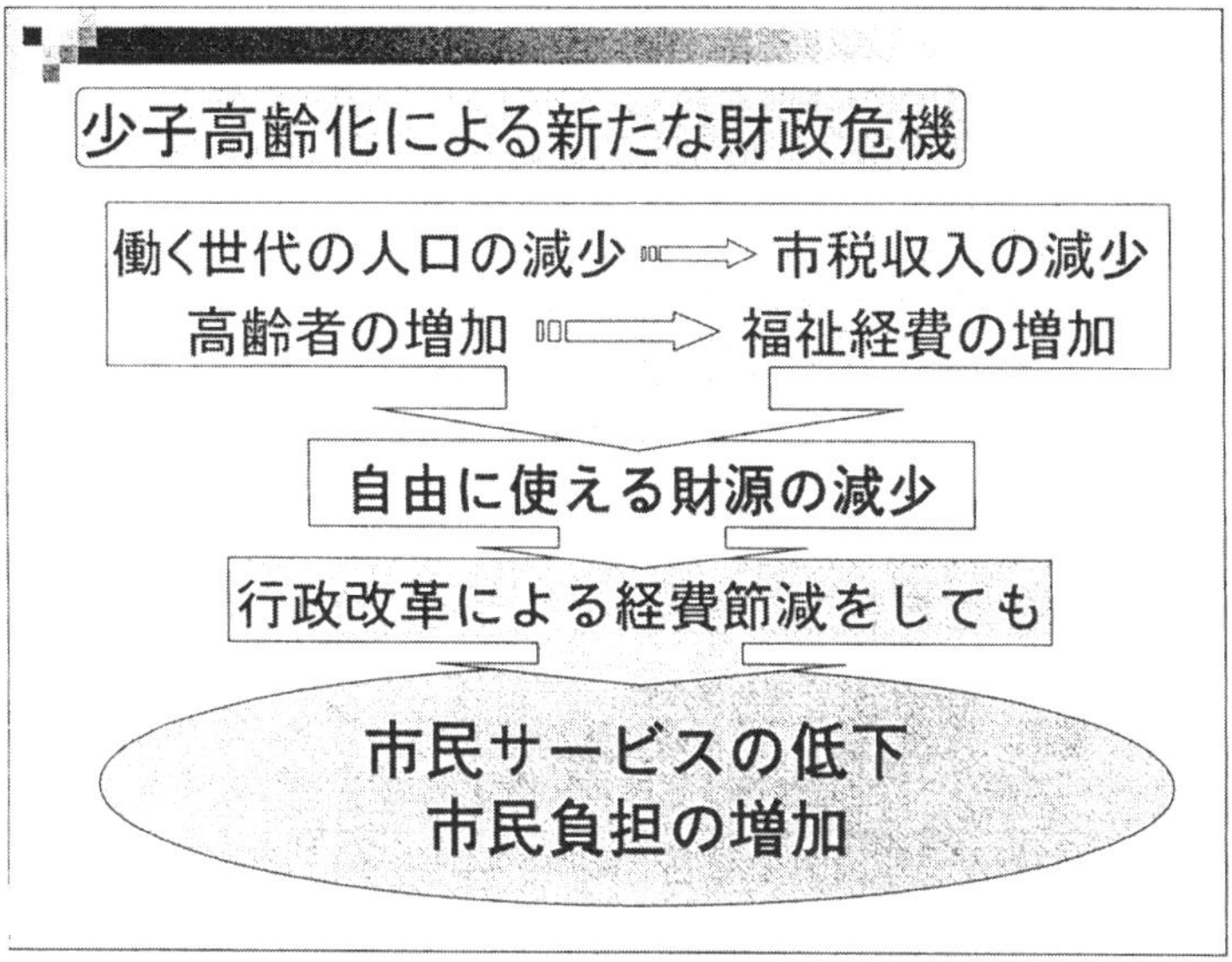
少子高齢化による新たな財政危機
働く世代の人口の減少
市税収入の減少
高齢者の増加
福祉経費の増加
自由に使える財源の減少
行政改革による経費節減をしても
市民サービスの低下
市民負担の増加

■平成8年の財政危機は、人件費や公債費の削減など行政の内部努力で改善することができた。

■平成18年をピークに日本の人口が減少し、少子高齢化が進む中で、これから迎えようとしている新たな財政危機は、働く世代の人口の減少により市税収入は減少していく一方、高齢者の増加により毎年決まって必要となる福祉経費は増加していくといった構造的なもの。

■この結果、自由に使える財源が減少し、財政赤字を回避するためには、行財政改革による経費の削減に最大限努めたとしても、市民サービスを低下させたり市民の負担を増加させたりするといった厳しい選択が必要。

12

合併しない場合の財政見込（グラフ①）

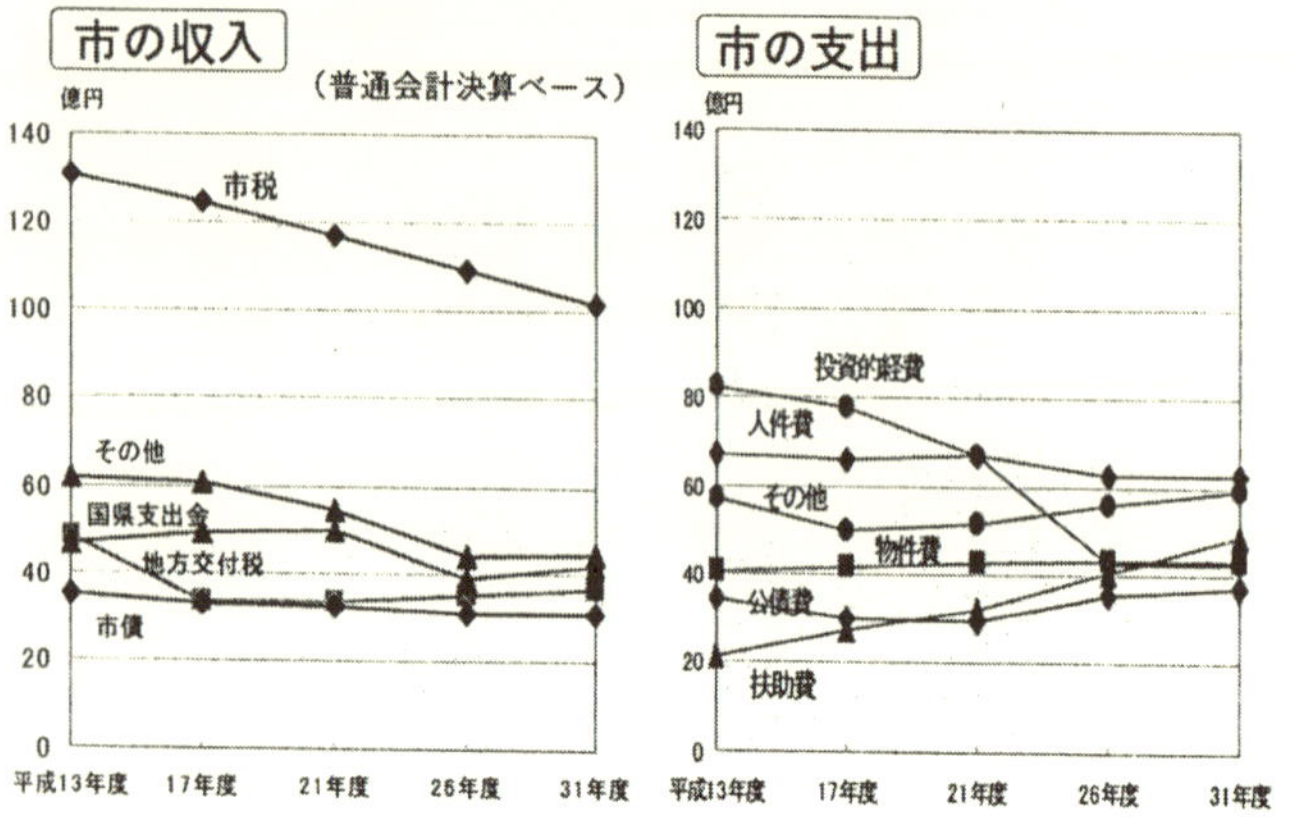

■合併しない場合の多治見市の将来の財政を、平成13年度決算を基に現行制度に基づいて推計

■合併しない場合の財政推計の前提条件は、資料2のP6参照

■支出は、収入の額にかかわらず、最低限必要と見込まれる額を計上している。その結果、支出が収入を上回ることがある。

■市の収入

・市　　税　　・生産人口の減少や土地家屋などの資産価値の低下により減少していく。
・地方交付税　・赤字地方債の元利償還金の算入により平成17年度から少しずつ増加。
・そ　の　他　・基金からの繰入金が減少。

■市の支出

・扶　助　費　・高齢化の進展に伴い急激に増加する。
・公　債　費　・赤字地方債の元利償還により増加していく。
・投資的経費　・平成22年度までは総合計画の事業分を計上し、その後は現状維持に必要な水準を見込む。
・そ　の　他　・老人保健や介護保険等への繰出金が増加していく。

※減税補てん債と臨時財政対策債

減税補てん債は、代わりの財源を確保しないまま、先行的に減税が行なわれて市税が減収となる分を補てんするため、臨時財政対策債は地方財源の不足に対処するために、交付税の代わりに借り入れる赤字地方債で、いずれも元利金の返済時に地方交付税に算入される。

※地方交付税の財源保障機能の縮小

国民が、国内のどこに住んでも最低限必要なサービスが受けられるようにするため、国は地方交付税でその財源を保障してきましたが、このサービス水準を見直して地方交付税の総額を引き下げることが検討されている。

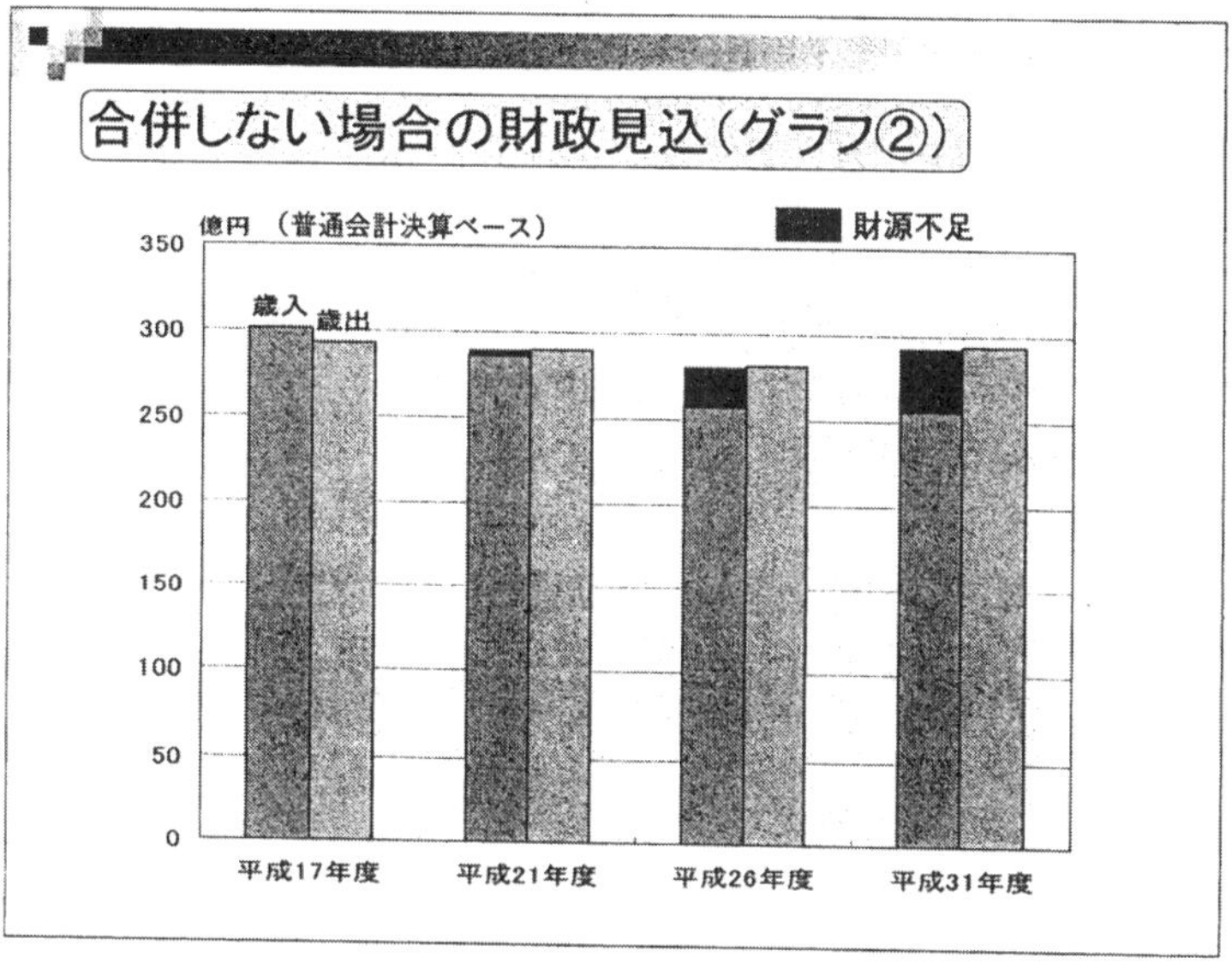

■前ページの各項目を収入・支出で合計して比較したグラフ

■平成21年度から収入を支出が上回る財源不足となり、以後その額が大きくなり、平成31年度には38億円の赤字が見込まれる。

■合併しない場合の多治見市の財政推計の詳細は、資料2のP5参照

14

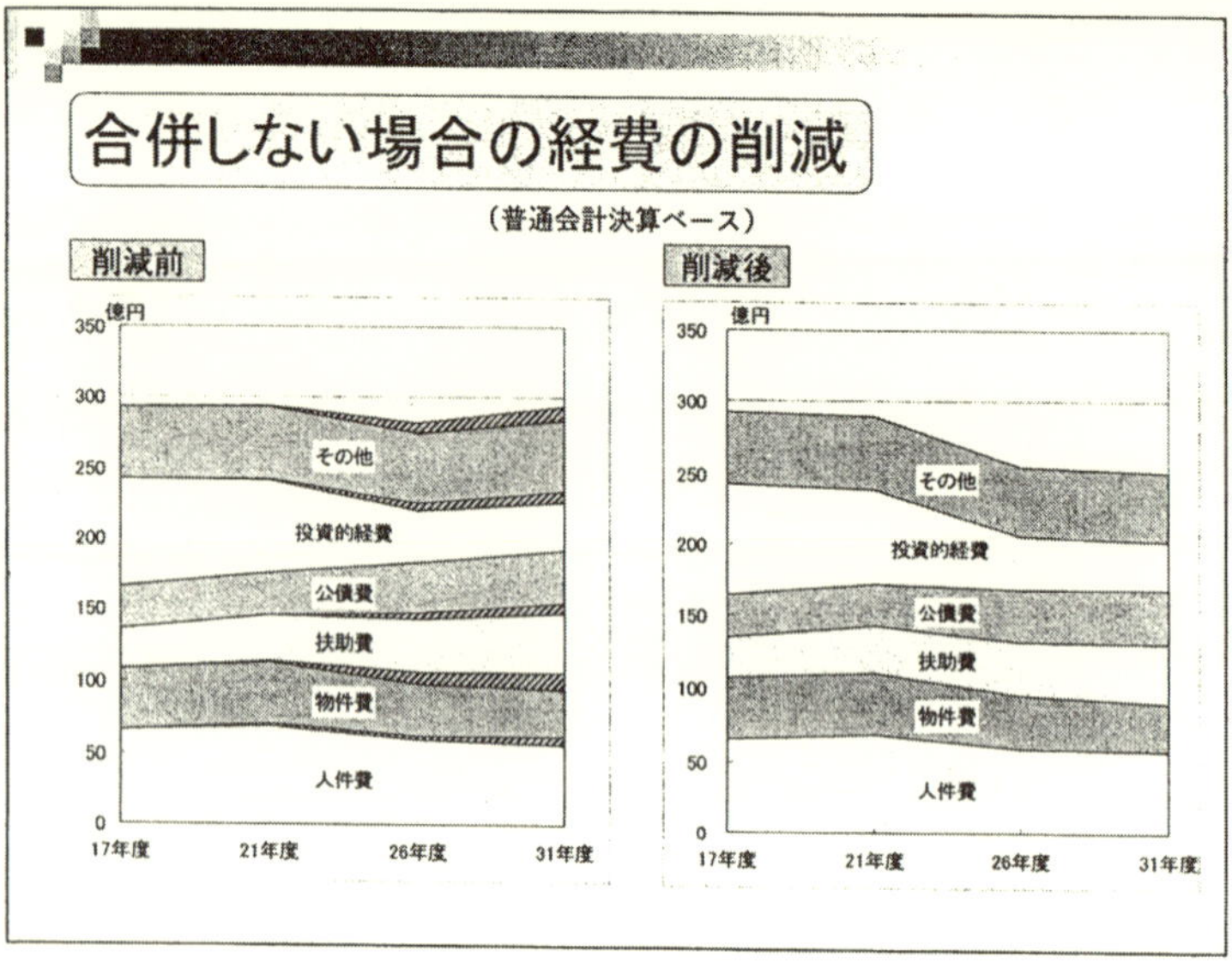

■財源不足を解消するために、借金の返済に使う公債費などの減らすことができない費用を除いて、財源不足が発生する平成21年度から一律に削減したと仮定すると、左側の経費を右のように削減しなければならない。

15

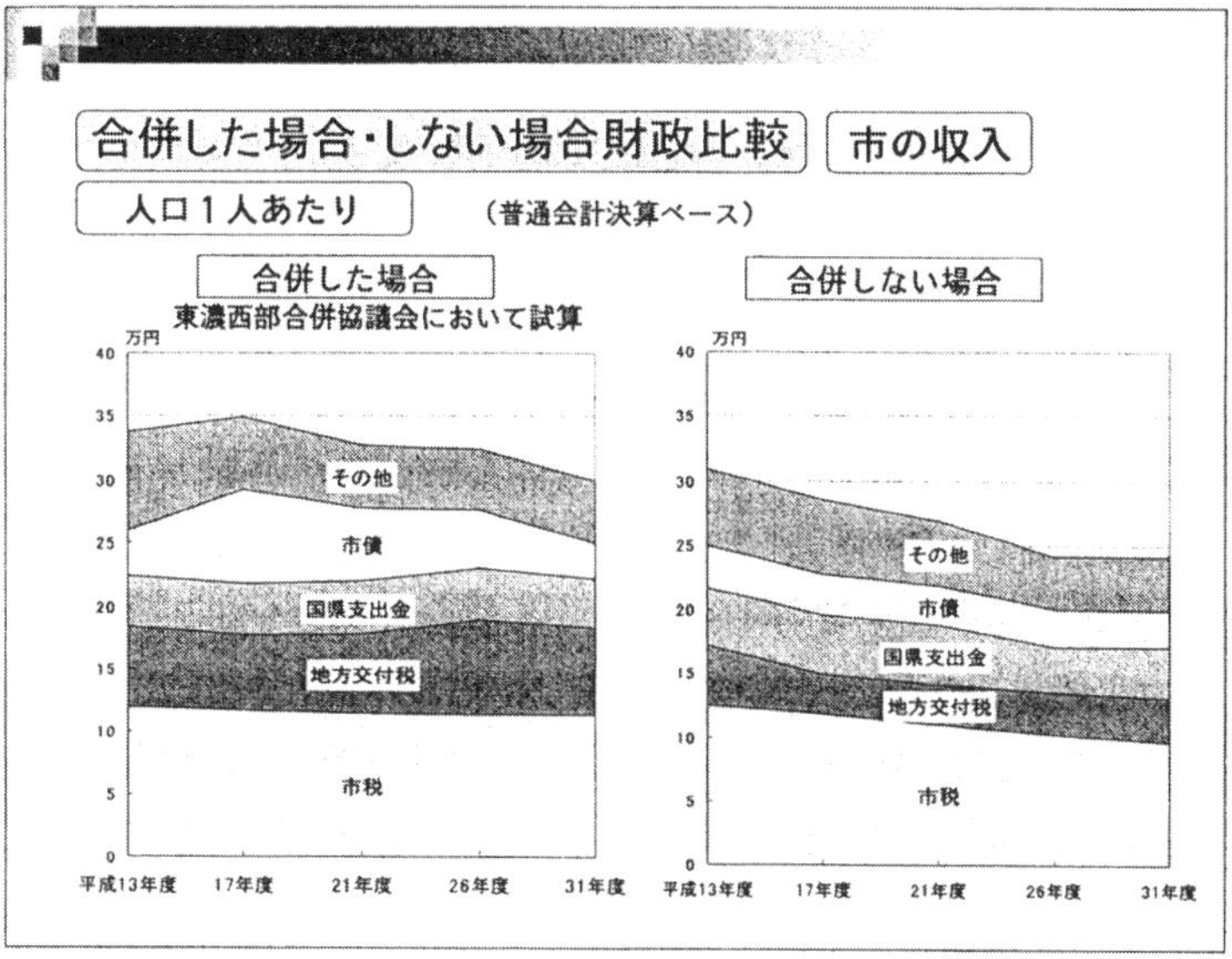

■合併した場合（合併協議会の財政計画数値）と合併しない場合を、人口一人あたりで比較したグラフ

■合併した場合は、税では、20万都市としてのイメージアップなどで、地域全体の開発余力が税収増に結びつくことから、合併しない場合と比べてその減少は緩やかになっている。

■合併した場合は、市町村合併特例法による交付税の特例や、有利な起債を活用して施設整備を行うことができる「合併特例債」などの手厚い財政支援を受けることができ、その結果、合併しない場合と比べて1人あたり6万円から8万円のメリットが見込まれる。

■合併した場合・しない場合の財政比較の数値は、資料２のＰ７参照

①市　　税　・個人市民税、固定資産税、法人市民税等で、生産人口の減少や資産価値の低下により減少していく。

②地方交付税　**・国民が国内のどこに住んでも最低限必要なサービスを受けられるようにするために設けられたもので、一定の基準により国から交付されるもの。**

③国県支出金　・国県が特定の事業に対し、国や県の見地から公益性があると認めて交付するもの。

④市　　債　・市が資金調達のために行なう借金。

⑤そ　の　他　・基金（貯蓄）を取崩して財源とする繰入金や保育料等の本人負担金等。

※市町村合併特例法：正確には「市町村の合併の特例に関する法律」といい、通常「合併特例法」と呼ぶ。内容は、合併協議会の設置、議会議員の定数・在任特例、地方税の不均一課税、地方交付税の算定の特例、地方債の特例などについて定められている。

「交付税の特例」とは、合併後10年間は合併関係市町村が合併しなかった場合と同様に算定し、その後5年間で段階的に減少させるというもの。

「有利な起債」とは、地方債の特例として認められている、いわゆる「合併特例債」のことで、合併特例法により、合併後10年間に限り認められている

16

財政上の優遇措置

東濃西部合併協議会において試算

- 合併特例債　586億円
- 合併推進債（県事業）　291億円
- その他の支援　38億円

金額は、すべて合併後10年間の累計額です。

■財政上の優遇措置は、合併特例債、合併推進債、その他の支援などで総額900億円以上が見込まれる。

■その他の支援

・合併後の行政の一体化等に要する経費に対する普通交付税措置

・合併を機に行われる新しいまちづくり、合併関係市町間の公共料金格差調整などに対応するための特別交付税措置

・合併市町村に対する国の補助金　など

■合併特例債について、資料２のＰ８参照

※合併推進債：合併特例債が合併した市に対するものであるのに対し、合併推進債は、合併した市の属する都道府県に対する特例措置。合併した市に対し、県が行う交通基盤施設の整備に充てることができる地方債で、事業費の90％（合併特例債は95％）を充てることができ、元利償還金（借金の返済額）の50％（合併特例債は70％）が県において普通交付税措置される。）

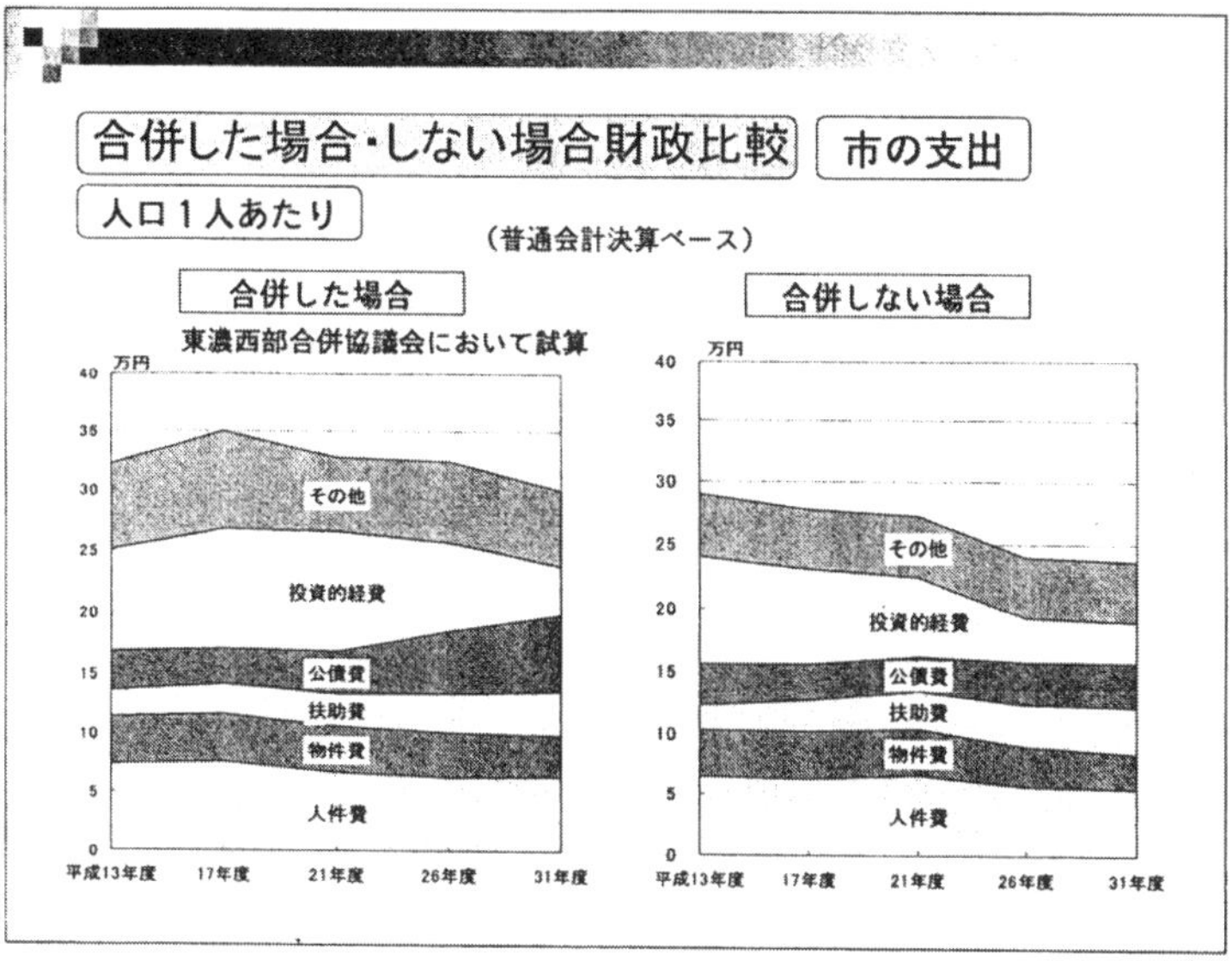

■合併した場合と合併しない場合の、歳出の人口一人あたりの額を比較したグラフ

■投資的経費では、合併後のまちづくりのための建設事業や、地域振興のための基金積立に充てるために借り入れる合併特例債により、道路の整備、公共施設の耐震化、学校建設など、必要な事業を計画的に進めていく。

•合併特例債は借金であり、返済のための公債費も合併しない場合を上回っているが、返済額のうち70%は交付税に算入されて、国から交付されるため、残りの30%が市の負担となる。この分については、新市において経費の削減や国の財政支援を得るなかで、合併後10年間で貯金していく計画（合併協議会の財政計画による）

■合併した場合・しない場合の財政比較の数値は、資料２のＰ７参照

①人　件　費　・特別職給与、職員の給与、議員報酬等。

②物　件　費　・主に消耗品や備品の購入、光熱水費、賃金、委託料等。

③扶　助　費　・主に福祉事業において生活扶助、医療扶助などに支給する費用。

④公　債　費　・市債の元金・利子返済のための費用。

⑤投資的経費　・道路や施設などの建設にかかる費用。

⑥そ　の　他　・下水道整備や国民健康保険のための繰出金や、基金への積立金等。

行財政運営の効率化

東濃西部合併協議会において試算

■人件費削減　　129億円（10年間累計額）
市長・助役・収入役、議員などが減少
一般職員の削減　10年間で260人
5年後　年間14.1億円削減
10年後　年間23.4億円削減

■物件費削減　　35億円（10年間累計額）
通常の事務の執行にかかる事務費を削減

■合併によって、規模が大きくなって事務の効率化が進み、サービスを維持しながら経費を削減することが可能

① 人件費

- 市長、助役、収入役の3役、議員、各種行政委員会委員（教育委員会、選挙管理委員会、監査委員、公平委員会）などの減少や、3市1町で同様な事務を行う管理部門（総務部門、企画部門など）を統合し、一般職員が減少
- 合併による職員の削減は、多治見市が進める民間委託などによる職員の削減と異なり、10年間で純粋に260人の削減を見込むことが可能
- 合併後行財政改革を進めることで更に人件費を削減することも可能

②物件費

- 合併による規模のメリットを活かした事務の効率化により、10年間で通常の事務の執行にかかる事務費を3市1町（新市）で35億円削減

■多治見市の人口が3市1町の人口の約半分であることから単純に人口で配分すると、多治見市民はメリットの約半分を受けることができる

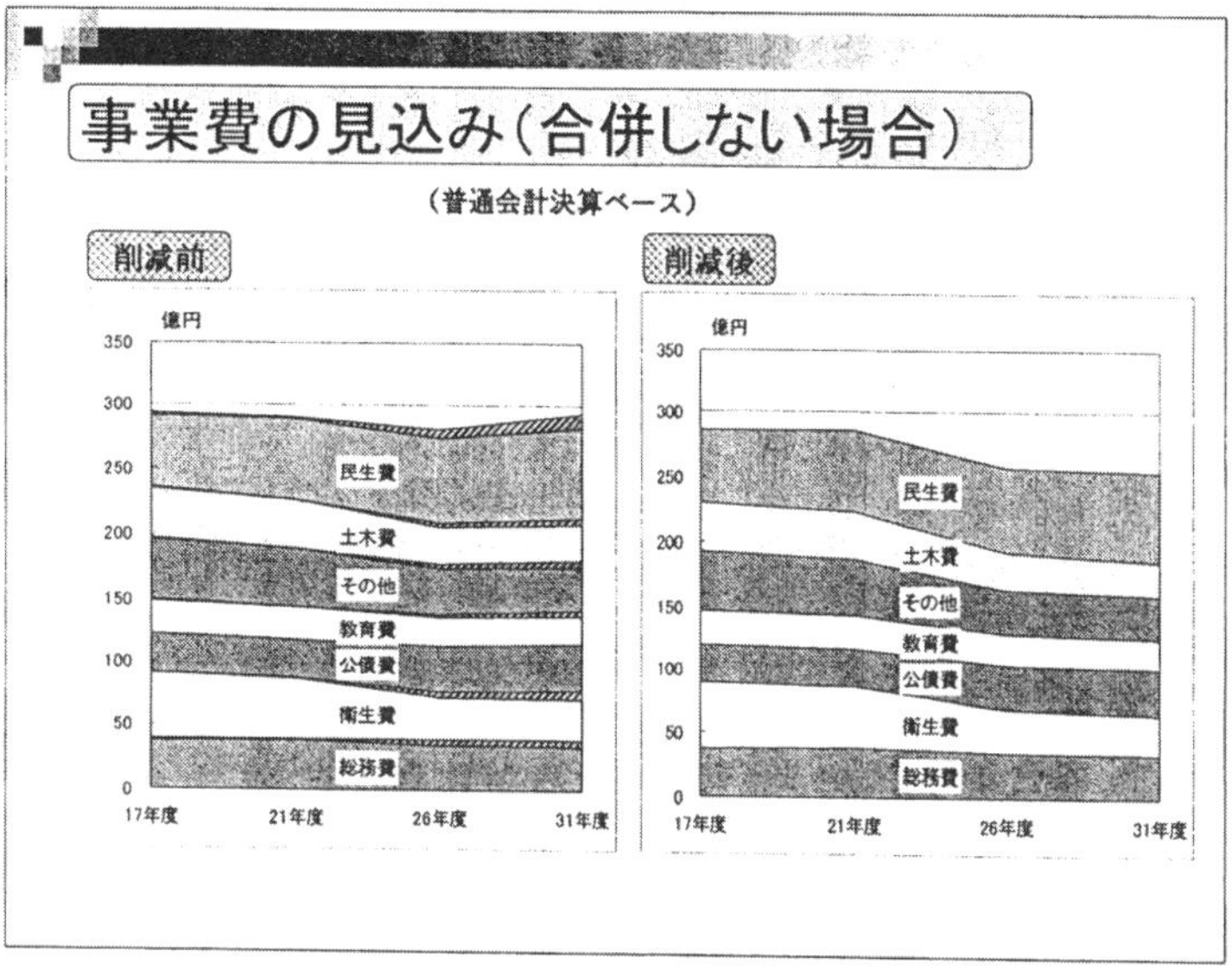

■このグラフは、平成21年度から平成31年度までの11年間の赤字累積額約248億円を、借金の返済に充てる公債費を除いて各経費均等に削減することとして推計したグラフ

■削減の時期を赤字の発生する平成21年度以降として算定すると、平成31年度には平成14年度比で約30%の削減が必要。

民生費（福祉や保育などにかかる費用）
土木費（道路を作ったり補修する費用）
その他（消防費、議会費、農林水産費、商工費、諸支出金）
教育費（学校や生涯学習などにかかる費用）
公債費（市の借金を返済する費用）
衛生費（ごみを処理する費用）
総務費（市施設を管理する費用）

20

主な事業の見込（合併しない場合）

例1・福祉関係　30％削減しようとすると

保育料や検診費用などの受益者負担増

福祉医療や各種支給型福祉サービスの見直し

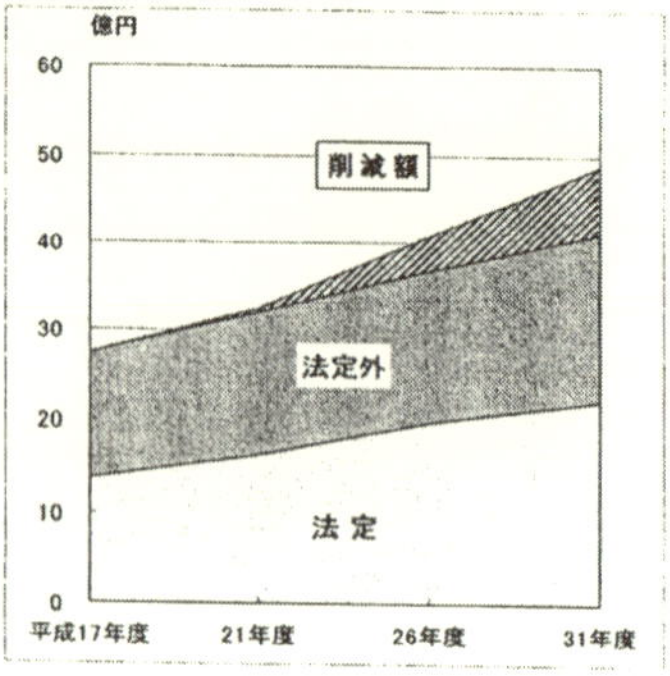

■保育料を値上げし、税金で負担している部分をなくしたり、税金で負担している健診費用を受診者に負担してもらうなどの受益者負担増の検討が必要

■扶助費（福祉に関する給付的経費）は、自然増で平成31年度には現在の約2倍になり、このうち約半分は法律などで義務付けられたもの

■扶助費を30％削減しようとすると法定外の福祉医療費や各種支給型福祉サービスの3分の1は廃止を含めた見直しの対象となる

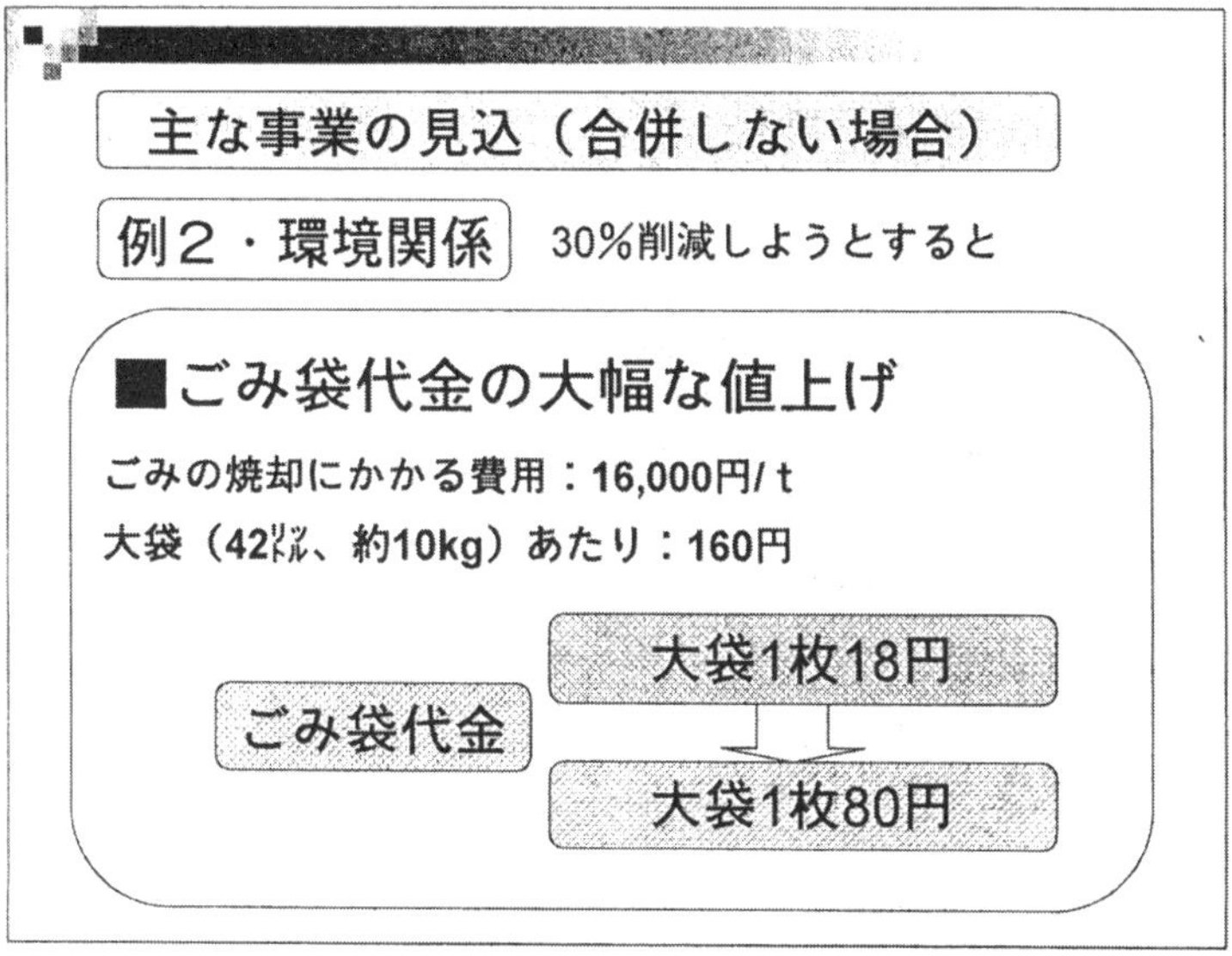
主な事業の見込（合併しない場合）
例２・環境関係
30%削減しようとすると
■ごみ袋代金の大幅な値上げ
ごみの焼却にかかる費用：16,000円/ t
大袋（42ﾘｯﾄﾙ、約10kg）あたり：160円
ごみ袋代金
大袋1枚18円
大袋1枚80円

■環境にかかる経費の大部分は、ごみやし尿などの廃棄物を処理するための経費

■環境に悪影響を及ぼさないよう安全に処理しようとすれば多額の費用が必要

■廃棄物の処理は、必ずやらなければならない仕事

■財源不足を解消しようとすれば、ごみ処理に係る費用を受益者である市民に負担していただかなければならない

■ごみの収集や施設の建設費を除く、焼却場でごみを処理するために必要な経費はトン当り16,000円

■ごみ袋は、大袋1枚に42リットル、10kg程度が入るとすると、大袋1枚分のごみを処理するのに必要な費用は160円

■ごみ処理にかかる経費のうち30%削減分をごみ袋の値上げで補おうとすると、大袋1枚現在18円が、80円程度になることが想定される

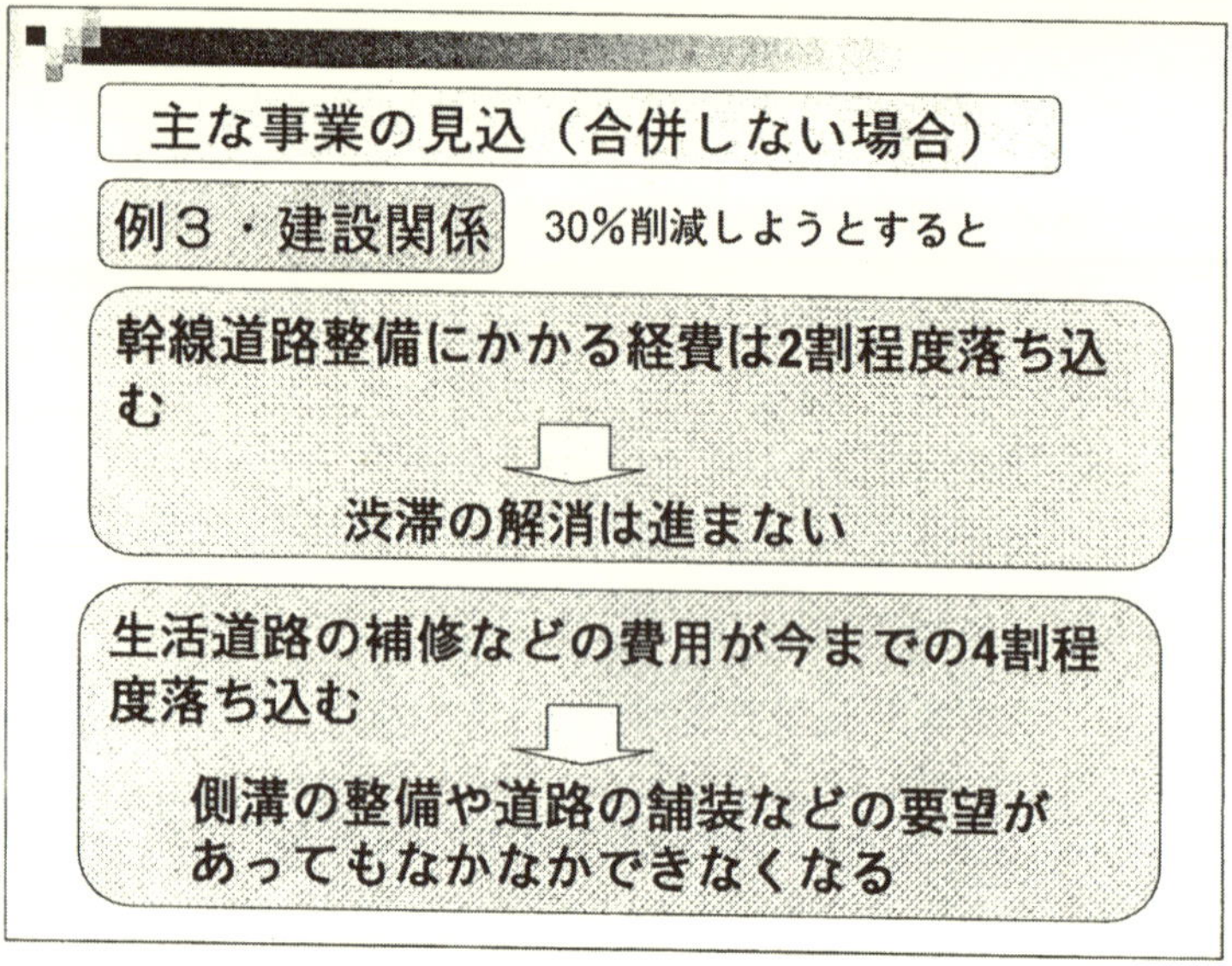
主な事業の見込（合併しない場合）
例３・建設関係
30%削減しようとすると
幹線道路整備にかかる経費は2割程度落ち込む
渋滞の解消は進まない
生活道路の補修などの費用が今までの4割程度落ち込む
側溝の整備や道路の舗装などの要望があってもなかなかできなくなる

道路に関する経費を30%削減しようとすると

■幹線道路の整備

•渋滞解消のための幹線道路の整備は、市・県・国がそれぞれ役割を分担して整備している

•幹線道路整備に使える費用は、2割程度削減

•県では、合併推進債が借りられないため、集中的な整備はできない

•その結果、市民の要望が強い渋滞解消は進まない

■生活道路の整備

•生活道路の補修などに使う費用は、そのほとんどを一般財源（税金等）で賄っている

•限られた財源の中で、補助金を受けたり借金ができたりする事業を優先

•生活道路の整備に使える一般財源は、4割程度削減する必要が生じる

•市民から側溝の整備や道路の舗装などの要望を受けても、なかなかできない

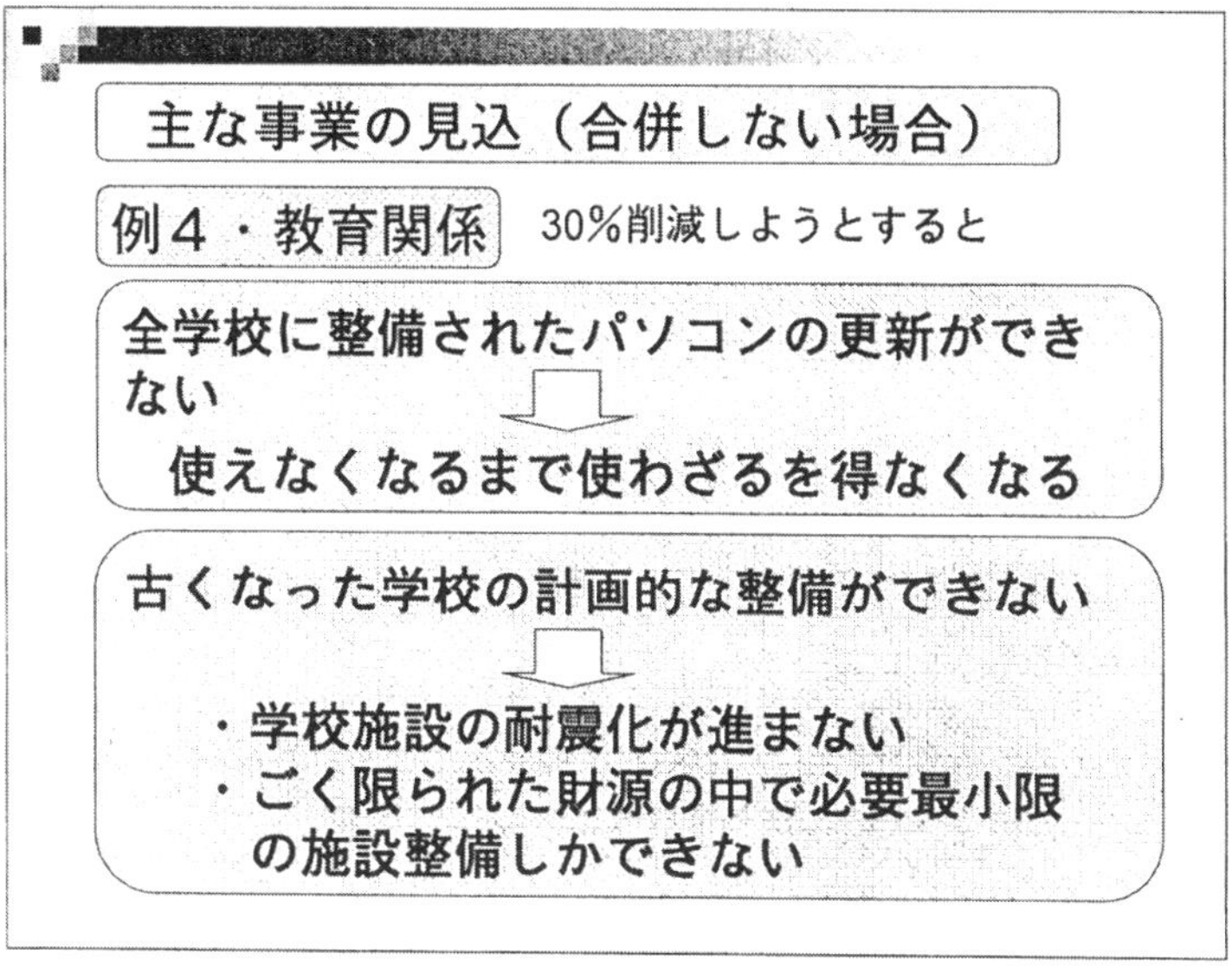
主な事業の見込（合併しない場合）
例４・教育関係
30%削減しようとすると
全学校に整備されたパソコンの更新ができない
使えなくなるまで使わざるを得なくなる
古くなった学校の計画的な整備ができない
・学校施設の耐震化が進まない
・ごく限られた財源の中で必要最小限の施設整備しかできない

教育に要する経費を30%削減しようとすると

■子どもたちの教育用備品の整備では

•教育用パソコンは、今年度まででパソコン教室に1人1台と全ての普通教室に配備を完了した

•パソコンの耐用年数を考えると5年で更新していくことが望ましい

•使えなくなるまで、使わざるを得なくなる

■学校施設の整備では

•古くなった学校の建替えや大規模修繕を計画的に進めていくことができない

•学校施設の耐震化も進まない

•限られた財源の中で、必要最小限の施設整備しかできない

（多治見中学校のような先進的な機能やデザインを取り入れた施設整備は不可能になる）

■これらのほか、主な事業の見通しは、資料２のＰ９～Ｐ２３参照

24

合併の効果と合併の不安

25

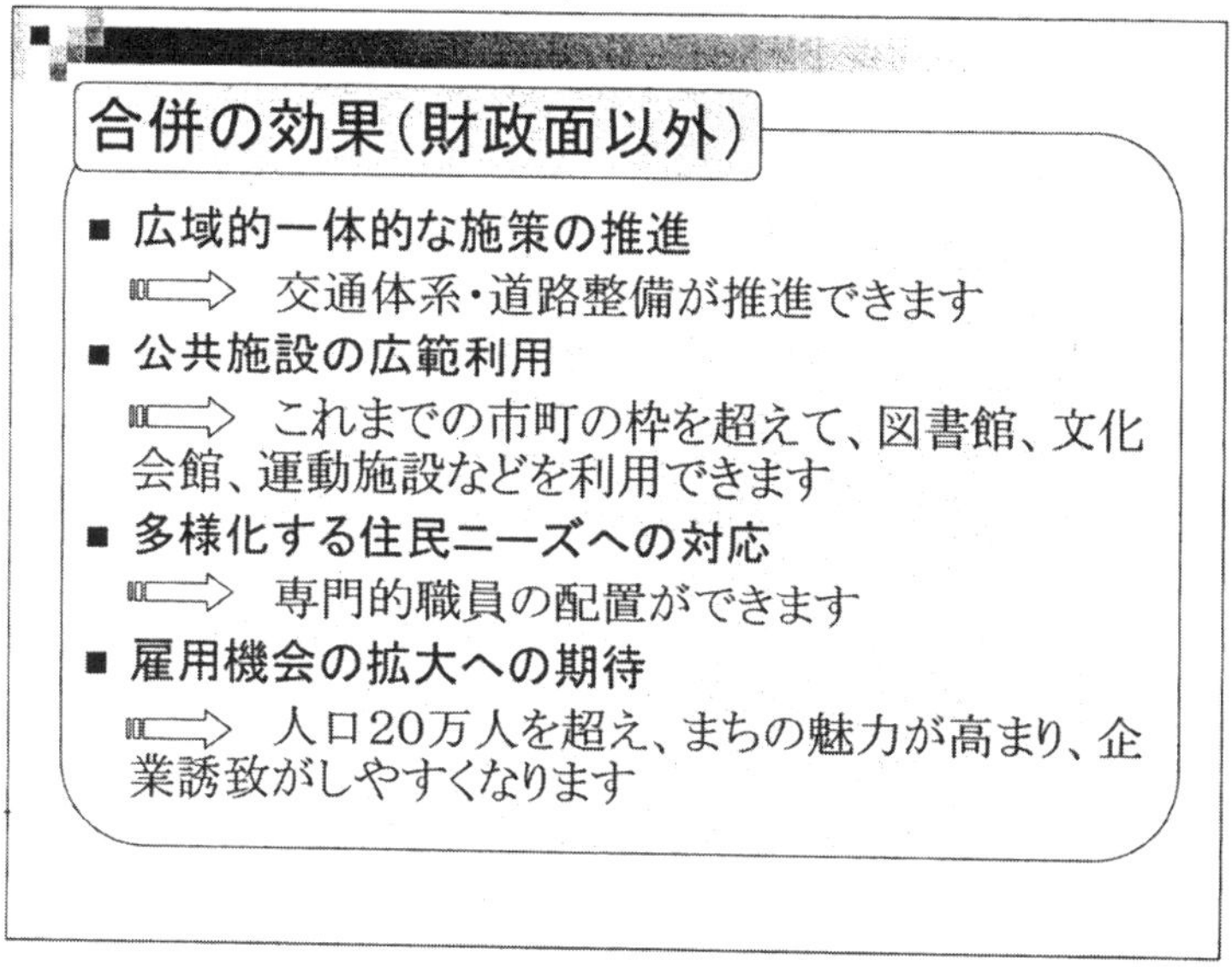
合併の効果（財政面以外）
■ 広域的一体的な施策の推進
交通体系・道路整備が推進できます
■ 公共施設の広範利用
これまでの市町の枠を超えて、図書館、文化会館、運動施設などを利用できます
■ 多様化する住民ニーズへの対応
専門的職員の配置ができます
■ 雇用機会の拡大への期待
人口20万人を超え、まちの魅力が高まり、企業誘致がしやすくなります

■広域的一体的な施策の推進

同一の産業を広域的に支えている地域であり、現在の市町の枠を超えた強いつながりが求められる中で、広域的にバランスの取れた一体的なまちづくりが可能となる。

特に、現在の市町を超えた交通体系や道路整備ができ、交通渋滞の緩和などが図られる。

■公共施設の広範利用

3市1町の公共施設がすべて新市の施設となり、利用機会が増加

■多様化する住民ニーズへの対応

合併の規模のメリットを活かし、福祉や建築、土木、情報技術などの専門的な職員を充実することが可能となり、今以上に市民ニーズに応えやすくなる。

■雇用機会の拡大への期待

合併し、人口が22万人となると、まちとしての魅力が高まる。

東海環状自動車道が完成し、新市内の幹線道路も整備され、交通アクセスがよくなることも魅力が高まる要因

※東海環状自動車道：国において建設が進められている自動車専用道路。名古屋市の周辺30～40km圏に位置する豊田、瀬戸、土岐、関、岐阜、大垣、四日市などの都市を環状に連結し、東名、名神、中央各自動車道と一体となって広域的ネットワークを形成する。2004年度末までに豊田市から瀬戸市、土岐市、関市間が完成予定

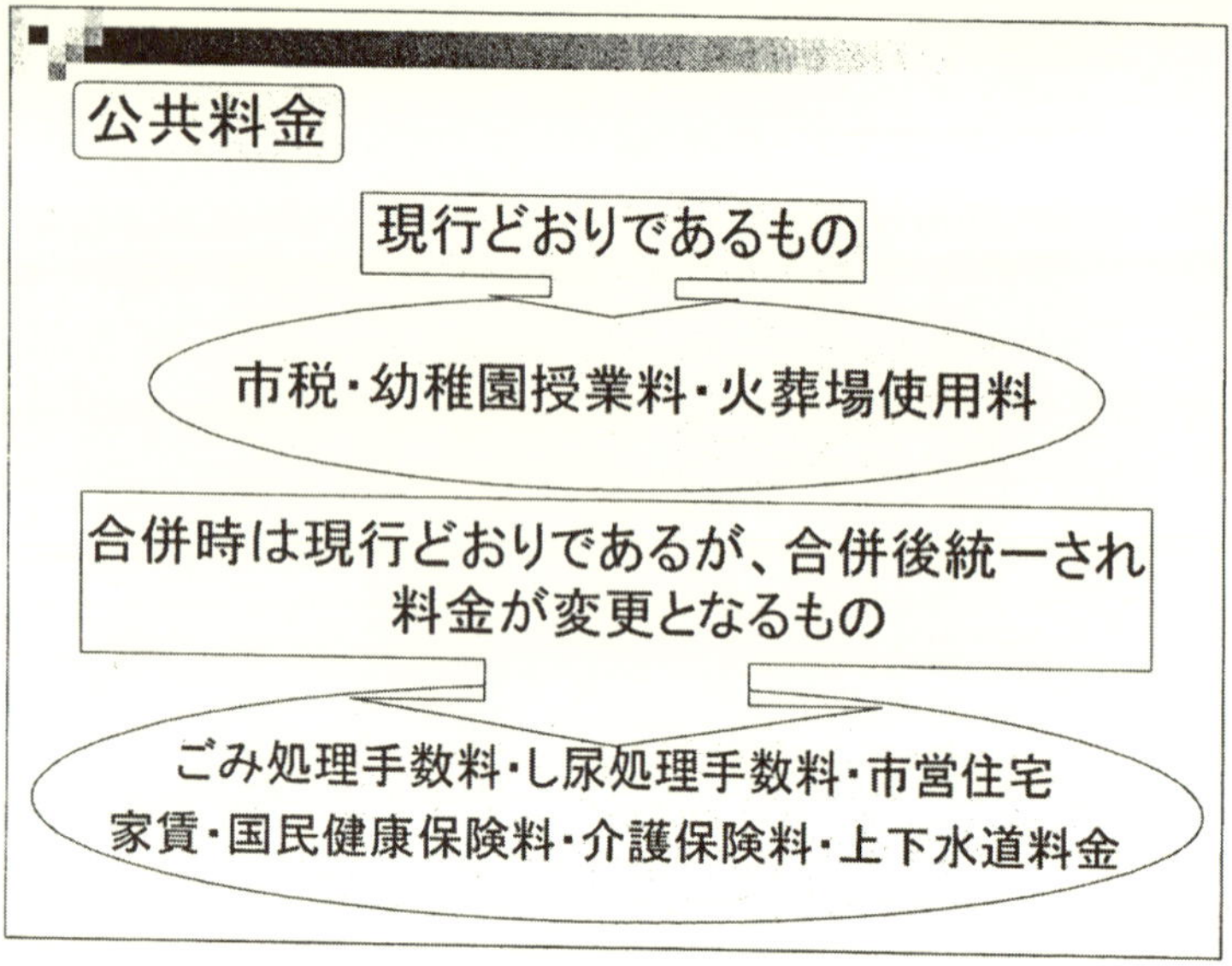
公共料金
現行どおりであるもの
市税・幼稚園授業料・火葬場使用料
合併時は現行どおりであるが、合併後統一され
料金が変更となるもの
ごみ処理手数料・し尿処理手数料・市営住宅
家賃・国民健康保険料・介護保険料・上下水道料金

■合併協議会において、市税や各種使用料・手数料は、3市1町で違いがあるものについて調整を行う。

■市税、幼稚園授業料（月額5，700円）、火葬場使用料（1体4，000円）は、合併後も額の変更はなし。

■合併後に統一されるものは、統一後の金額がいくらになるのかは、現時点では未定。

■このほかに、保育所保育料については、合併協議会で協議中。

■主な公共料金の３市１町の現在の額の比較は、資料２のＰ２７参照

公共料金（上下水道）

3市1町の料金比較　単位：円／月

上水道料金	多治見市	瑞浪市	土岐市	笠原町
20㎥(13mm)	3,024	3,570	3,727	3,528
25㎥(20mm)	4,399	6,300	6,142	5,040
加入分担金(13mm)	42,000	105,000	141,750	85,050
加入分担金(20mm)	113,400	294,000	262,500	85,050
下水道料金	**多治見市**	**瑞浪市**	**土岐市**	**笠原町**
20㎥	2,152	2,730	3,150	2,940
25㎥	2,756	3,386	3,990	3,622
受益者負担金(現施行区域)	270円／㎡	310円／㎡	267円／㎡	30万円／世帯

料金が統一されれば、高くなると想定されます

■上水道料金・下水道料金とも多治見市が一番安い。

■下水道の受益者負担金とは、公共下水道の排水区域として市が公告した区域内の土地の所有者に対して、その土地の面積等に応じて費用の一部を負担するもの

■多治見市が水道料金が安い理由：既に水道管の布設等の施設整備を終えており、施設整備にかかる経費が少額で済んでいるため

■上下水道事業の性格

本来その費用を税金でまかなうのではなく、使用料などでまかなう独立採算性の強い事業。合併後は、独立採算の原則により公営企業として成り立つ料金体系とすべき。その結果として、現在の多治見市の料金より高くなると想定される。

28

公共料金(保育料)

3市1町の料金比較

単位：3歳児月額（円）

保育所保育料	多治見市	瑞浪市	土岐市	笠原町
非課税世帯	4, 500	4, 000	1, 600	4, 000
課税均等割世帯	9, 900	10, 000	6, 200	8, 500
最高額	29, 500	26, 800	25, 600	25, 300

保育料が統一されれば、安くなると想定されます

■保育料は、上下水道料金とは逆に、多治見市の料金が最も高い。

■保育料は、所得に応じて料金が分けられ、その料金は国が基準を設定

各市町は国基準とは異なった料金をそれぞれ定めているため料金に差がある。

保育所の管理運営に必要な費用から保育料収入を差し引いた差額は税金でまかなうこととなる。保育料を安く設定すると、保護者の負担は軽くなるが、税金の負担が増えることとなる。

■多治見市の保育料が高い理由：保育料についてできる限り国基準額に近い額とする受益者負担の原則にのっとっているため

■保育料をいくらに設定するかは、少子高齢社会を迎えるなかで、政策的な課題。今後財政が厳しくなっていくことを考えると、保育料についても受益者負担の原則で考えていく必要がある。

※受益者負担の原則：市民全体に関わるサービスではなく、特定の対象者に対するサービスで、そのサービスに要する費用を、サービスを受け、利益を受ける人に、サービスを受ける対価として負担してもらうという考え方

主な事業の見通し（合併した場合①）

■ 新市まちづくり計画の『主要施策』に掲げる事業

⇒ 合併特例債を活用して推進していきます

●小中学校施設新築・改善事業

●多治見駅周辺整備事業

●広域交通ネットワーク事業

●多治見地区道路整備事業

●雨水排水対策事業

●公共建築物耐震補強事業　　など

■合併した場合・しない場合の主な事業見通しは、資料２のＰ９～２３参照

■合併特例債は、『新市まちづくり計画』に定めた事業にのみ使うことが可能

『新市まちづくり計画』に掲げた事業については、合併特例債を活用することにより、合併しない場合と比べてより推進可能

（『新市まちづくり計画』とは、合併協議会において策定するもので、新市の将来像や主要な施策、財政計画などを規定。**新市まちづくり計画に掲げる主要施策の内容については、資料２のＰ４２～Ｐ４９参照**）

■新市まちづくり計画に掲げた主要施策のうち、多治見市に関係する主な事業が、上記の事業であるが、これ以外にも多数の事業が予定されている。

●小中学校施設新築・改善事業：滝呂小学校新築、小中学校校舎等修繕、バリアフリー工事、学校施設情報化（パソコン整備等）等

●多治見駅周辺整備事業：駅北区画整理、多治見駅橋上化、多治見駅南北通路整備　等

●広域交通ネットワーク事業：都市間連絡道路整備、国道248号線多治見バイパス道路改良　等

●多治見地区道路整備事業：音羽明和線改良（太平工区）、小泉駅北側線改良等

●雨水排水対策事業：笠原川右岸ポンプ場、土岐川右岸ポンプ場設置　等

●公共建築物耐震補強事業：小中学校、橋その他公共施設の耐震補強工事　等

30

主な事業の見通し（合併した場合②）

■ 国道・県道の整備

⇒ 推進されます（県事業）

■ 福祉関係事業

⇒ 国県の制度に基づいて実施している事業は引き続き推進し、その他の事業は統合再編し充実に努めます

■ 環境関係事業

⇒ 新市として行政と住民が一体となってごみの減量化、資源化を促進。ごみの収集区域、収集回数、収集方法、分別方法、収集手数料は、当面現行どおり。

■ 教育関係事業

⇒ 施設整備は、合併特例債を活用し、実施します。小中学校の耐震補強工事も進めていきます。

■合併推進債という県への財政支援もある（P15参照）。県はこの合併推進債を使って新市内の道路整備などの県事業を行うので、合併しない場合に比べて新市内における県事業がより推進可能

■福祉関係事業は、国県の制度に基づいて実施している事業は引き続き推進し、各市町単独で行っている事業は統合再編し、充実に努めます。（協定項目第25－11号）

■環境関係事業は、新市として行政と住民が一体となってごみの減量化、資源化を促進します。現在各市町で異なっているごみの収集区域、収集回数、収集方法、収集手数料（ごみ袋代金）は、各施設の処理施設の違いもあり、当面各市町それぞれ現行のとおりとされます。（協定項目第25－14号）

■教育関係事業は、新市まちづくり計画の主要施策に掲げた小中学校施設改善事業などにより、合併特例債を活用して施設整備を進めます。

■協定項目の協議内容については、資料２のＰ３２～４１参照

合併の不安と対応策（その1）

■ 特色ある政策・まちづくりの継続性がなくなるのではないか

⇒ ・旧市単位でのまちづくりを継続するため、住民の意見を反映する新しい地域自治組織づくりを検討します・これまで以上の行財政改革に努めます

■ 公共料金が高くなるのではないか

⇒ すべて料金を低いところに合わせると新たな財政負担が必要となるため、サービスによっては市民負担が高くなることもあります

■ 市役所が遠くなり、不便となるのではないか

⇒ 合併時は各市町の庁舎をそのまま使い、それぞれの庁舎に窓口を残します。地区事務所も現行どおり残ります

■これまで多治見市で培われてきた文化、風土など、多治見市のよさが合併によりなくなってしまったり、先進的に行ってきたまちづくりや行政改革への取組みが続けられなくなるのではないかとの不安がある。

⇒新市においては、旧市町のよさを残し、地域振興を図るため、旧市町を単位とした住民の意見を汲み上げたり、自らまちづくりを推進する新しい組織づくりを検討

⇒合併の大きな目的のひとつが行政改革であり、新市においてもこれまで以上に行財政改革に努める必要がある。

■公共料金が高くなるのではないかとの不安がある。

⇒公共料金は3市1町で違いがあるものについて、合併後に統一。料金をすべて低いところで統一すると統一時に新たな財政負担が生じる。それぞれの料金ごとに個々に適正な料金となるよう統一。したがって、料金によっては、現在より高くなるものも、安くなるものもある。

■新市の市役所が遠くなり、不便になるのではないかとの不安がある。

⇒新市の市役所は、合併後10年までに多治見市寄りの土岐市内（国道19号線の神明峠の頂上の土岐市に向かって右側の山林）に建設される予定。しかし、合併時は現在の各市町の庁舎や地区事務所をそのまま使い、窓口サービスは、合併前と同様各市町庁舎で取り扱う。新庁舎建設後もサービスの低下とならないよう努めていく。

32

合併の不安と対応策（その2）

■『多治見市』という市名がなくなる

⇒ 合併後は「織部」「桔梗」「陶都」「東濃」「土岐川」のいずれかの市名となり、『多治見市』はなくなります

■ 市名の変更に伴い住所変更にかかる手間、費用がかかる

⇒ 市名変更に伴う住所の変更にかかる費用は自己負担となります

■ 合併特例措置が終了する合併１５年以後の市政運営は大丈夫か

⇒ 合併特例措置が受けられる間に少子高齢社会に対応できる足腰の強い新市となるよう努めます

■合併すればこれまで慣れ親しんできた『多治見市』という市名はなくなる。

■合併協議のなかで現在の市町名「多治見市」「瑞浪市」「土岐市」「笠原町」も候補として議論され、これまでの市名を大切にすべきとの意見もあったが、今回の合併は3市1町対等な立場での新設合併であり、新しい20万人都市としてふさわしい名称として5つの候補が選ばれた。

■市の名称が変わり、住所が変わった場合、住民票などの住所は市が変更措置をするが、例えば事業所で作成している住所の入った封筒や住所のゴム印などの変更にかかる費用は、自己負担となる。

■合併特例債は合併後10年、地方交付税の算定特例措置は合併後15年で終了

■合併による特例措置により合併後15年は予算規模を減少させず市民サービスの維持が可能であるが、その後は予算規模は減っていく見込み

■合併後15年の間に少子高齢社会を想定した足腰の強い新市としていく。

※地方交付税の算定特例措置：地方交付税の算定は、市の人口等を基準として算定され、通常合併すると合併前の各市町の交付税の合計額より少なくなる。これを、合併後10年間は合併前の市町の基準により算定した額の合計額を新市の交付税額とし、その後5年間で段階的に新市の本来の算定額まで減額するという特例で、合併特例法により規定されている。

住民投票

９月議会に条例案を提出予定

骨子（案）

■住民投票の意義

市長が提案し、議会の議決を受けた条例で定めて実施することにより、位置付けを明確にする。

■投票内容

合併の是非についてのみ、二者択一で問う

■対象者

18歳以上の市民（永住外国人含む）

■結果の取扱い

市長・議会は、結果を尊重しなければならない。

■合併は、各市町の議会の議決により最終的に決定されるが、住民の意見を尊重して決定すべき。

■多治見市は、合併の是非についての市民の意向を尊重することを事前に市民に明らかにしたうえで意向を確認する必要があると考え、住民投票を実施するため、条例を9月議会に提出

■住民投票の意義：議会の議決を経て定めた条例により実施することで、住民投票の位置付けを明確にする。

■結果の尊重義務：市長、議会は、投票結果を尊重しなければならない。

■投票日：市長が定める日（平成15年12月以降を予定し、合併協議会が行う意向調査と同日とする予定）

■対象者：18歳以上の日本国籍を有するもの及び永住外国人で引き続き3か月以上多治見市に住所を有するもの

■投票方法：通常の一般選挙の例による

34

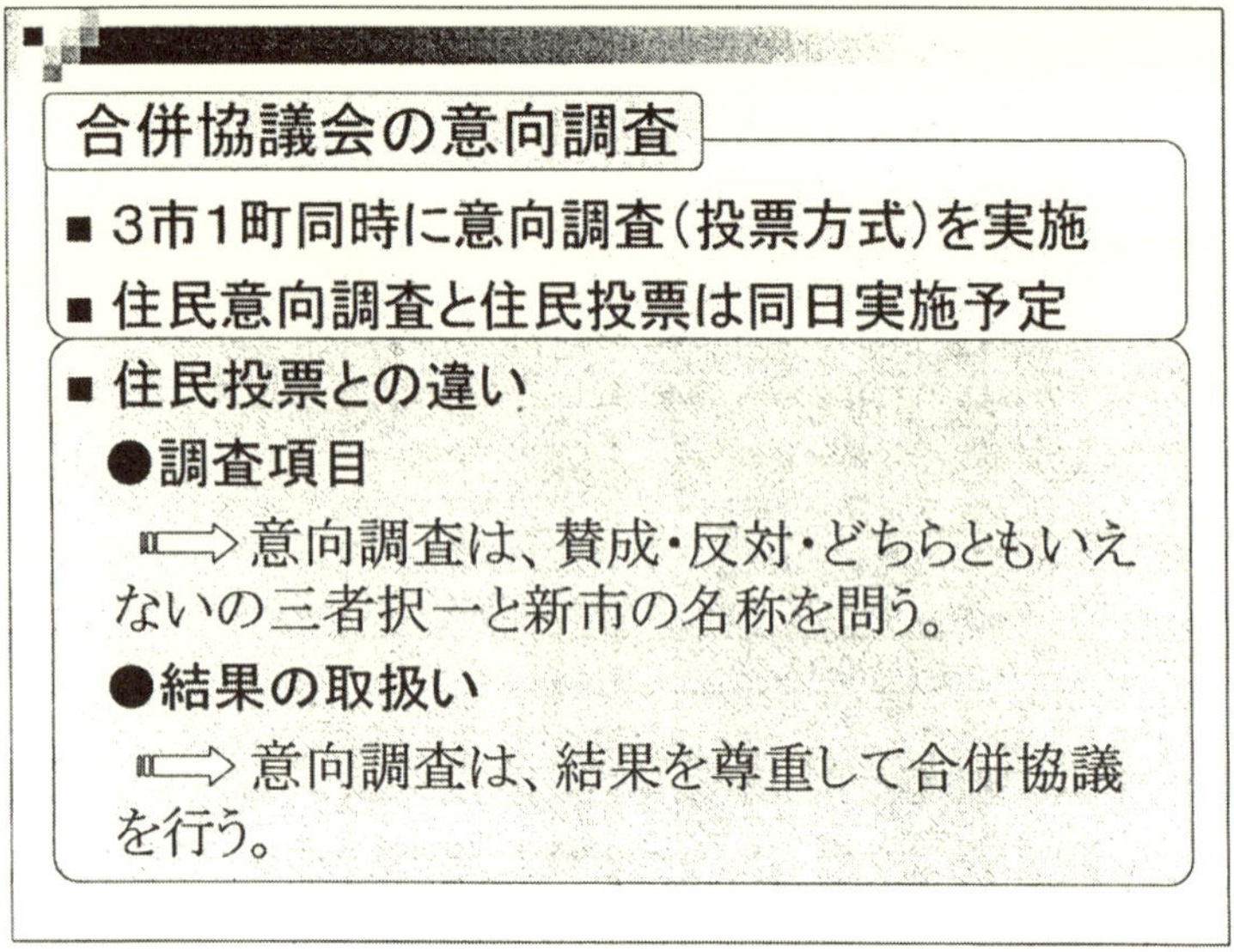
合併協議会の意向調査
■ 3市1町同時に意向調査（投票方式）を実施
■ 住民意向調査と住民投票は同日実施予定
■ 住民投票との違い
●調査項目
意向調査は、賛成・反対・どちらともいえないの三者択一と新市の名称を問う。
●結果の取扱い
意向調査は、結果を尊重して合併協議を行う。

■合併協議会において、3市1町同時に住民意向調査を実施することに決定（8月20日第17回合併協議会）

■実施主体：東濃西部合併協議会

■住民投票との違い

●調査項目：意向調査では、次の2項目を調査

①合併の是非：賛成・反対・どちらともいえない　の三者択一

②新市の名称：5つの最終候補からひとつを選択

●結果の取扱い：結果を尊重し合併協議を行う。

多治見市合併説明会日程

1	8月23日(土)	脇之島公民館	10	9月19日(金)	根本小学校体育館
2	8月26日(火)	養正公民館	11	9月22日(月)	精華公民館
3	8月30日(土)	フレンドリーホール滝呂台	12	9月25日(木)	小名田公会堂
4	9月2日(火)	消防本部3階講堂	13	10月4日(土)	市民プラザ大ホール
5	9月5日(金)	池田町屋公民館	14	10月11日(土)	文化会館大会議室
6	9月8日(月)	小泉公民館	15	10月19日(日)	小泉中学校体育館
7	9月10日(水)	旭ヶ丘公民館	16	10月26日(日)	北陵中学校体育館
8	9月12日(金)	市之倉公民館	17	11月1日(土)	南ヶ丘中学校体育館
9	9月17日(水)	南姫公民館			

時間
1：午前１０時～
2～１２：午後７時～
１３～１７：午前９時３０分～

１０月４日（土）は、手話通訳がつきます。

お届けセミナーをご利用ください。

５人以上のグループに対し、合併についてご説明いたします。ご希望の方は、市役所企画課までお申し込みください。

■お届けセミナーの申し込み先

多治見市役所 市民情報課　電話22－1111 内線153(担当 小林)までご連絡ください。

36

多治見市合併説明会

～多治見市にとっての
東濃西部３市１町合併～

あなたと考えたい
まちの未来のことだから

多治見市

37

あとがき

私は、美濃焼のまちから名古屋のベッドタウンに変貌した、人口一〇万六、〇〇〇人の岐阜県多治見市に住んでいる。多治見市民になって、間もなく三〇年が経つ。このため多治見市で生まれ、育った多治見市民と同様、私も多治見のまちに深い愛着と誇りを持つに至っている。とりわけ西寺市長の下で実現した情報公開や市民参加、環境行政などでの先進的なまちづくりを誇りに思う。

ところが多治見市と、周辺の瑞浪市、土岐市ならびに笠原町の三市一町の首長・議長が、法定の合併協議会を立ち上げることで合意をみたことが、新聞で報じられた。市民にとっては、全く寝耳に水であった。自治体のあるべき姿から一貫して合併に消極的であった多治見市長であるだけに、これを知った時私は大変びっくりするとともに、やるせない気持ちに襲われた。このやるせない気持ちを吹っ切るために、三市一町の合併問題をフォローするに至った。これがそもそもの始まりである。

しかし時間の経過とともに、やがては合併問題を通して日本の地方自治を考えるよい機会だと思う

ように なった。行政や議会、あるいは市民の行動や発言が身近に見聞できる。とりわけ通算二〇回に及ぶ住民説明会への出席は、本当に得がたい体験であった。この意味では、大変恵まれた機会が与えられたと言うべきかもしれない。

そしてまた、『市町村合併を考える』という拙著や講演、シンポジウムなどで安易な合併に警鐘を鳴らしてきた者として、自分の足元での合併協議に人一倍関心を持つのは、当然のことであるとも思った。むしろそれは、なすべき自分の責務であるように思われた。

以上のような思いから、東濃西部三市一町の合併協議を見つめ、記録を整理してきたのであった。住民意向調査の前は、合併が白紙に戻ることは想像さえしていなかったので、合併後の新市の歩みを検証するために、合併協議全体の記録を残したいと思うようになり、それと取り組んだ。しかし合併がご破算になったので、新市の歩みを検証する必要はなくなったが、私が見つめてきた合併協議の記録は一応まとめることができた。本書がそれである。

本書はしたがって、幻に終わった東濃西部三市一町の合併の記録である。私の住むまちの記録にすぎないが、平成の大合併を考える一つの素材になればと思う。なぜなら東濃西部三市一町の合併協議は、それに特有な具体的な姿を持ちながらも、今日推進されている多くの他のまちの合併協議に共通するものがそこには貫かれているからである。

合併を実現した多くの新しいまちでは、合併の記録が今後行政の手によって作られるにちがいない。

それはそれで大変貴重な資料であるが、多くの場合どうしても当たり障りのない記録となりがちである。本書は具体的な事実に基づきながらも、私の考えがそれなりに反映したものとなっている。ひと味違うものを読み取っていただけたらと思う。

さて本書の出版を決意するまでは、私が勤務する大学の紀要に掲載する目的で書き始めた。「岐阜県東濃西部　三市一町の合併問題を考える」という題名で、その（一）を『愛知県立大学外国語学部紀要（地域研究・国際学編）』第三五号、二〇〇三年三月に、その（二）を第三六号、二〇〇四年三月にそれぞれ掲載した。それらを本書に転載したが、その（一）は「第一章東濃西部合併協議会の発足まで」、その（二）は「第二章新しいまちづくり計画と合併協定項目」の第一節から第三節までがそれにあたる。

なお本書の大半は、合併協議の最中に書かれたものである。住民意向調査の結果がわかったのは第三章の執筆中であったが、それまでに書き上げたものに手を入れなかった。合併が白紙に戻ることが決まった前と後では、記述に若干の変化があるのはそのためである。

前の『市町村合併を考える』に続いて、本書も開文社出版から出版することになった。前回同様、快く引き受けていただいた安居洋一開文社出版社長に厚くお礼申し上げる。

二〇〇四年四月

早川鉦二

著者略歴

早川鉦二（はやかわしょうじ）

1941年生まれ。1965年九州大学文学部卒業。1967年京都大学大学院経済学研究科修士課程修了。愛知県立大学教授（地方自治）。『自治体革新への道』（編著、えるむ書房、1994年）、『スウェーデンの地方自治』〈現代シリーズ12〉（労働大学、1999年）、『市町村合併を考える』（開文社出版、2001年）など。

わがまちが残った　〔検印廃止〕

2004年5月28日　初版発行

著　　者	早　川　鉦　二
発 行 者	安　居　洋　一
組　　版	エ　デ　ィ　マ　ン
印　　刷	平　河　工　業　社
製　　本	難　波　製　本　所

〒160-0002　東京都新宿区坂町26
発行所　開文社出版株式会社
TEL 03 (3358) 6288・FAX 03 (3358) 6287
振替00160-0-52864

ISBN4-87571-868-3 C 3036